严文明文集

（第3卷）

严文明　著

文物出版社

总 目 录

本卷目录

中国新石器时代

上篇　中国新石器时代
（1964 年）

下篇 中国新石器时代
（2005 年）

1. 人面鱼纹彩陶盆

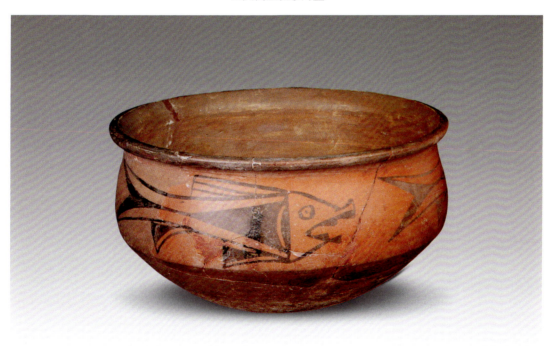

2. 鱼纹彩陶盆

仰韶文化半坡类型的彩陶（西安半坡出土）

本卷图版为《中国新石器时代》（1964年）图版

1. 花瓣纹彩陶盆（H46：128）

2. 圆点勾叶纹彩陶罐（H338：36）

仰韶文化庙底沟类型的彩陶（陕县庙底沟出土）

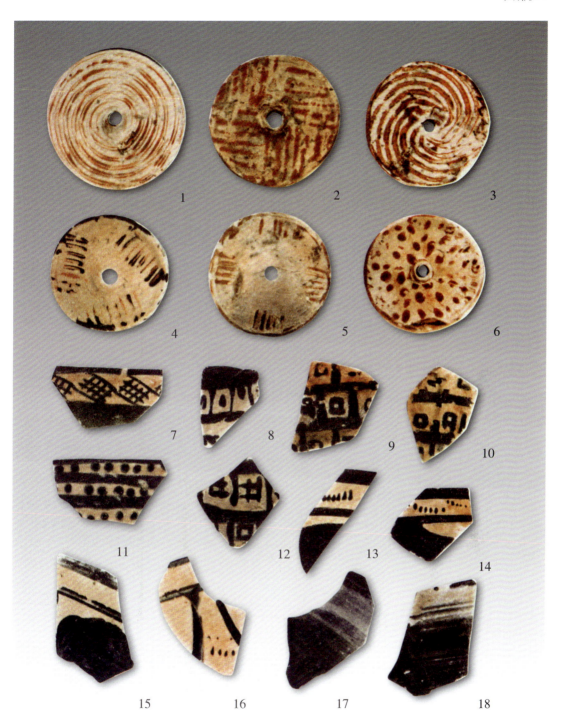

1 ~ 6. 彩陶纺轮 [T104：4（1）、T56：2（1）、T94：4（1）、T120：3（39）、T106：4A（3）、T115：4（1）]

7、11.蛋壳彩陶杯残片 [164：3（1）]（7正面，11背面）　8.蛋壳彩陶碗残片（T117：5A）

9、10、12.蛋壳彩陶碗残片（采集）　13 ~ 18.蛋壳彩陶杯残片（采集）

京山屈家岭出土彩陶

1. 方形房址 F37

2. 圆形房址 F3

西安半坡房址

1. 华县元君庙 M405

2. 西安半坡瓮棺群

华县元君庙墓葬和西安半坡瓮棺群

2. 宁阳堡头 M37（龙山文化）

1. 临夏秦魏家 M105（齐家文化）

齐家文化和龙山文化墓葬

马家窑类型彩陶瓮（临夏三坪出土）

上篇

中国新石器时代

（1964年）

关于本书[*]

　　本书原本是北京大学历史系考古专业计划编著的《中国考古学》的第二分册《新石器时代》，1964 年 5 月由北京大学印刷厂铅印，因封面为红色，称为"64 红皮铅印本"。作为考古专业本科生的教材，除了本校自用，还有不少流传到校外。因为是中国新石器时代考古的第一部综合性著作，尽管不是正式出版，还是得到学界的重视。今天看这本书，似乎还有一定的历史意义。这话得从头说起。

　　以田野考古为基础的中国考古学是从 1921 年河南渑池仰韶村遗址的发掘才开始的，那也是中国新石器时代考古的开始。而考古学的发展需要有一个资料积累的过程，短时期内难以进行全面的综合性研究。1952 年第一次在北京大学历史系设立考古专业的时候，很需要有相应的考古学教材，但在短时期很难办到。记得最早开设的课程中，"史前考古"是由裴文中先生讲授的。后来史前考古改名为石器时代考古，其中旧石器时代考古还由裴文中先生（有时还有贾兰坡先生）讲授，新石器时代考古则由安志敏先生讲授。我做学生时，新石器时代考古就是听安先生讲的。当时除了夏鼐先生讲授的考古学通论外，中国考古学各段课程都没有讲义，连讲课提纲都没有，只发一些晒蓝的器物图片。

　　1958 年我毕业留校，任新石器时代考古助教。当时正赶上所谓"大跃进"，学校提出要在学科领域大破大立大跃进，要敢想敢说敢干，让学生编写讲义，甚至让低年级学生给高年级学生编写讲义。按照原来的教学计划，我要给 57 级学生上新石器时代考古课，但在那种形势下已不可能讲课了，只好同学生一起编写讲义。这样在 1959 年就由师生结合编写出了第一份新石器时代考古讲义，总共不过 5 万来字。后来由我和研究生杨建芳两人修改，杨负责仰韶文化部分，我负责其余部分。文稿同《中国考古学》的另外几部分（也是由师生结合编写的）合在一起于 1960 年出了一个《中国考古学》的红皮铅印本。我第一次跟 58 级学生上课用的就是这份讲义，但总觉得过于简单，有些观点我也不太同意。于是一面上课

---

　　[*]　本文是作者为《中国新石器时代》（文物出版社，2017 年）出版时撰写的前言。

一面修改补充，1962 年印发了一个油印本，篇幅已增加到 15 万多字，名字叫作《中国新石器时代考古学》。其所以用这个名称，是想先走一步，准备再修改后正式出版单行本。因此 1963 年又花了比较大的精力进行全面地修改，篇幅增加到 20 多万字，就是这个"64 红皮铅印本"。历史系主任翦伯赞先生一直关注考古学教材的建设，我在本书印出来后不久，特地登门送请翦老审查。翦老见了我非常高兴，一面翻着书一面说："这些年考古工作有很大发展，就是没有一部综合性著作，你们编写的教材就是综合性著作。还特别慎重，一再修改，这回总该可以正式出版了吧？"我说还要多征求意见，准备再作修改。出版的事我不能做主，要看苏秉琦先生怎么说，因为教研室主任苏先生是《中国考古学》的总主编。翦老不以为然地说："那要等到什么时候？革命也有个阶段论嘛！"后来我送给苏先生审查，苏先生翻了翻，也说了些鼓励的话。接着又说新石器时代考古问题很多，新发现也特别多，可以慢慢消化，不要着急，一正式出版就不好修改了。再说《中国考古学》其他各段都还没有修改好，可以再等一等。没有想到不久就发生了长达十年的"文化大革命"，此事就这样搁下来了。"文化大革命"后我也曾想重新充实修改一次，几次动手都因工程量太大，自己杂事又多，难以集中精力，全都半途而废，现在就更无力进行了。北大原先计划的多卷本《中国考古学》也只有《商周考古》由邹衡先生等修改后，于 1979 年正式出版。俞伟超执笔的《战国秦汉考古》（上）和宿白先生执笔的《三国—宋元考古》（上）于 1974 年作为讲义铅印，其余各卷都未能完成，实在感到非常之遗憾！

本书所用的资料绝大部分引自 1964 年以前正式发表的考古发掘报告、简报和调查报告等，少数是北京大学考古专业实习所得，后来也都是发表了的。从那以后已经过去了半个多世纪，中国考古学有了巨大的发展，新石器时代考古更是取得了骄人的成绩，理应有一部能够反映当前水平的著作问世。我自己虽也有不少新的认识，也发表了不少论文，但要完成一部有相当分量的专著已经没有可能了，这只能寄望于长期坚持考古第一线，掌握丰富的考古资料而又具有相当理论水平和研究能力的后学了。不过在新的著作出版之前，这本讲义还是研究中国新石器时代考古前 40 年成果的唯一专著。书中不仅收集了当时可能见到的全部资料，经过分析消化并初步建立一个体系并不容易。从考古学发展的历史来看，还不失为一块铺路的阶石。这大概是有关方面觉得有必要正式出版的缘故。

本次出版完全按照原书的样式，文字部分一仍其旧，不加改动。插图是根据原来油印和晒蓝的图片稍加整理编排，尽量保持当年的体系而有所剪裁。几面图版也都是放过幻灯片的，选入本书希望能增加一点色彩。

2015 年 2 月 1 日于北京大学蓝旗营寓次

第一章　引论

一　从旧石器时代到新石器时代的过渡——中石器时代

（一）石器时代文化阶段的划分

从旧石器时代结束到青铜时代到来之前，人类物质文化的发展一般要经过三个时代，即中石器时代、新石器时代和铜石并用时代。其中中石器时代和铜石并用时代都带有过渡的性质，在有些著作中划分石器时代的时候，往往不把它们列为单独的时代，而只是划分为旧石器时代和新石器时代两大阶段[1]。

（二）什么是中石器时代

中石器时代（Mesolithic）一语源出于希腊文，原有中介的、转义可为过渡的意思。这个时代之被提出是很晚的，直到第一次世界大战以后才被考古界普遍地接受。

中石器时代大约开始于公元前 12000 年，而于公元前 5000 年左右结束[2]。地球上曾经连续几次的冰河时期已经过去，冰川退到了遥远的北方，大地变得温

---

［1］　在中国，直到目前为止，中石器时代的遗存仅仅找到了一些线索，铜石并用时代的文化也还有待进一步的研究和确定，要把它们单独划分出来都还存在着实际的困难。我们现在暂时都组织在这一课程中，将在引论中介绍有关中石器时代遗存的线索，而关于铜石并用时代的问题则留待以后有关的章节中进行讨论。

［2］　中石器时代的年代正如全部石器时代的年代一样不易确定。这里引用的数字是依据苏联考古学家 A. B. 阿尔茨霍夫斯基的估计（见所著《考古学通论》，科学出版社，1956 年，40 页）。近年来，用碳－14 测定古代遗存年代的方法逐渐得到推广。据测定，英国纽克州 1949~1950 年发掘的斯塔卡尔中石器时代遗址出土的木材为 9488 ± 350 年（W. F. Libby, 1952. *Radiocarbon Dating*, Chicago）；伊朗伯尔特洞穴第 2 层中出土中石器时代末期的烧骨为 10560 ± 1200 年（C. K. Дикшит, 1960. Введение в Археологию. стр. Москва 489）。

暖湿润了，生命再一次苏醒过来。从前是荒凉的地方现在长出了密林茂草，爱好温暖的动物逐渐地向北方迁移。自然加给人类的藩篱已慢慢松弛，而人类也以较过去更大的改造自然的力量来冲击这种藩篱，大大地扩展了活动的范围，从而开始移居到几乎所有的大陆[1]。

在中石器时代，石器开始显著地细化，出现了各种几何形的细石器。但是细石器并不是中石器时代的唯一工具，人们还使用大型打制石器、局部磨光的石器和骨器等。

中石器时代发明了弓箭，在细石器中，有一部分就是做镞用的。恩格斯曾经非常强调这一发明的重大意义，认为"弓矢对于蒙昧时代，正如铁剑对于野蛮时代及枪炮对于文明时代一样，乃是决定性的武器"[2]。

在中石器时代，人类的经济活动主要是狩猎、捕鱼和采集植物，仍然完全仰赖于自然的赐予，和旧石器时代的攫取经济没有什么本质的不同。但是到了中石器时代的末期，在某些地方已经开始了养狗，甚至有了农业的萌芽，个别地方还已发明陶器[3]，这就为新石器时代的到来准备了条件。

（三）对于中国中石器时代文化的探索

同世界的许多地区一样，中国的广大区域，在旧石器时代之后，气候也有回暖的倾向，并且湿润多雨[4]，这就为中石器时代人类的活动提供了很好的条件。

中国中石器时代文化的问题，在 20 世纪 30 年代就被提出来了，当时曾有人指出东北的"扎赉文化"和广西的"武鸣文化"是属于这一时代的遗存[5]。

中华人民共和国成立以后，对于中石器时代文化的探索一直引起密切的注意。对于以前曾认为是中石器时代的一些遗址进行了复查，同时又新发现了陕西沙苑遗址和广东西樵山遗址等，为中石器时代文化的研究提供了更多的线索。

---

〔1〕　美洲和大洋洲迄今尚未发现旧石器时代文化，人们推测当地的居民是从中石器时代起，陆续从旧大陆迁移过去的。

〔2〕　恩格斯：《家庭私有制和国家的起源》，人民出版社，1955 年，23 页。

〔3〕　在丹麦属于中石器时代的庖厨垃圾堆中发现有狗骨和陶器；又在巴勒斯坦卡麦尔山洞中石器时代遗存中发现有燧石镰刀等，当已知道农业（E. C. Curwen，1946. *Plough and Pasture*，London，pp. 17 – 18）。

〔4〕　中国在旧石器时代是否有冰河的活动，现在虽是悬而未决的问题，但当时是黄土形成时期，如果黄土风成说可信，则其生成需要干燥而寒冷的气候条件。黄土期之后，侵蚀作用显著，是气候变得湿润的明证。

〔5〕　Pei W. C.，1934. On a Mesolithic（？）Industry of the Caves of Kwangsi，BGSC 14/3.

兹分为华北、华南和东北三区，将几处遗址的情况简单地介绍于后。

1. 华北地区——沙苑遗址

在陕西省东南的朝邑和大荔之间，有一片东西 80、南北 30 余里的沙漠地区，自古称为沙苑。1955 年秋，黄河水库考古工作队在该地采集到一些打制石器；1956 年春再次进行较详细的勘查时，在 15 个地点采集到石器和石片等共 3000 余件，还发现有石化甚轻、有些并经火烧过的碎骨。

沙苑的石器显然可以分为两类，一类是大型的石片石器，另一类是细石器。

石片石器以石英硅化粉砂岩、淡色硅质砾石和玛瑙等为原料，个体并不很大，一般不超过 9 厘米。制造方法是采用直接打击法打出石片，并且用同样的方法进行第二步加工。加工部位往往仅在器物的一面，并且着重在刃边，致使许多器物上还保留着原来的岩面。器形比较简单，有尖状器、端刃刮削器和复刃刮削器等。

细石器的数量较石片石器为多，以燧石、石英硅化粉砂岩、玛瑙、蛋白石、碧玉和淡色硅质砾石等为原料。制法是采用间接打击法，并用压削法进行第二步加工。加工部位也以一面的为多，加工两面的极少，有些石器也还保留有自然的岩面。

大约是由于原料不足，一件石核往往经过多次利用，在个体已经很小的时候，还要从侧面打片，所以残留的石核甚小，形体也不规则。较完整的石核，则有锥形和柱形两种。石片的形状也不甚规则，长石片的数目较少。

细石器的形状和类别较石片石器复杂一些，以刮削器为最多，其次是尖状器，还有极少的石叶和镞等。刮削器中以圆形刮削器最多，次为端刃刮削器、边刃刮削器[1]、复刃刮削器和石核刮削器等。尖状器中有三角尖状器、椭圆尖状器、长条尖状器和斜刃尖状器等。镞有不规则三角形和凹底三角形两种，后者的加工较为精致（图一）。

沙苑地处黄河中游的关中平原，在它的周围有着丰富的新石器时代遗存，紧靠它的东北边的山西省和邻近的蓝田县，近年来更发现了不少旧石器时代遗址。沙苑的遗物和这两类遗存完全不同。如果拿它和我国北方属于新石器时代的细石器文化（详见第二章）相比较，倒是有不少相似的地方，因为它们都是以细石器为主要文化特征的。

---

[1]　在原报告中，端刃刮削器称为短刮器，边刃刮削器称为长刮器（安志敏、吴汝祚：《陕西朝邑大荔沙苑地区的石器时代遗存》，《考古学报》1957 年第 3 期）。

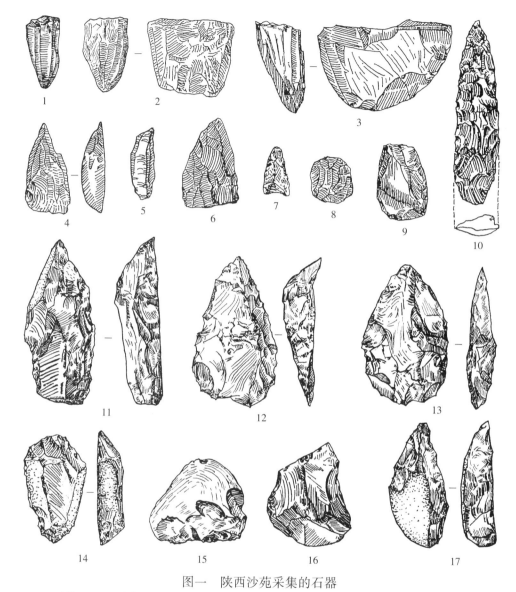

图一　陕西沙苑采集的石器

1～3. 石核　4、5. 尖状器　6、7. 镞　8、9. 刮削器　10. 长石片（以上细石器）　11～13、17. 尖状器　14～16. 刮削器（以上普通打制石器）（摘自《考古学报》1957年第3期）

但是两者之间也有一些不同的地方。例如沙苑的石片石器在北方细石器文化中基本不见，而北方细石器文化中常见的大型打制石器、锤制石器和一些磨制石器又不见于沙苑；沙苑细石器多为一面加工，有时还保留石皮，在器形上也较简单，缺乏像北方细石器文化中常见的钻、锥，也很少长石片和梯形石片，镞的数目既少，制作也比较粗陋；在北方细石器文化中多少可以发现一些陶片，而在沙苑的15个地点均无陶片发现。

以上说明沙苑的文化遗存较北方细石器文化要原始一些，因而时代也可能早一些。根据安志敏和吴汝祚同志的意见，沙苑石片石器中的尖状器和日本中石器时代的武井Ⅱ文化和上之坪文化中的尖状器有共同之处，而某些细石器又接近我国北方属于新石器时代的细石器文化，因而沙苑的文化遗存应当属于中石器时代以至于新石器时代的初期[1]。不过沙苑的遗物都是采集所得，没有地层上的共存关系来证明它们必然属于同一时代。也许其中有一些遗物较早，另外一些遗物较晚，那就不能一例来看待了。

2. 华南地区——武鸣山洞和西樵山遗址

在华南的广西、广东等地，喀斯特地形非常发达，形成了许多石灰岩山洞，在有些山洞中有古代人们生活的遗迹。

1935 年，在广西武鸣的苞桥、芭勋、腾翔和桂林市附近就发现了这样的洞穴遗址，其中除出土有石化甚轻的动物化石和少许人骨化石外，还有砾石刮削器、敲砸器、磨石和穿孔石锤等。过去曾被定名为"武鸣文化"，并认为可能是中石器时代的遗存[2]。但是这些文化遗物制作技术比较进步，并且和越南新石器时代的北山文化与和平文化的遗物很是相近，时代应当较晚。中华人民共和国成立以后，这类山洞遗址已有更多的发现，并查明其中常出陶片，大部分当属于新石器时代了（图二）。

在华南的另一处重要遗址为广东南海西樵山，那是一座古老的小山丘，位于珠江三角洲的冲积平原上，周边长约 13 千米，四周是低矮的小山坡和高矮不等的台地。1958 年，广州中山大学的师生们在该处进行地质实习时发现了打制石器，以后在 1958 年和 1959 年，曾经几度由广东省博物馆等单位的同志们进行复查和试掘，在环山的 14 个地点都发现了文化遗物（图三、图四）。

遗物的分布状况在 14 个地点中是不一样的，有的地点多，有的地点少，有的地点出土遗物单纯，有的则比较复杂。从各地点遗物的比较中可以看到以下的现象。

第一，在全部 14 个地点中，都以打制石器为最多，其中又以第 2 地点所采集的石器打制技术比较原始，类型简单，并且在同一地点没有发现磨制石器和陶片。

第二，多数地点中都采集到少量的磨制石器，有些是局部砥磨的，有些则通体磨光，其中有一种有肩石斧，乃是广东地区新石器时代文化中常见的遗物。

---

〔1〕 安志敏、吴汝祚：《陕西大荔沙苑地区的石器时代遗址》，《考古学报》1957 年第 3 期。

〔2〕 Pei W. C., 1934. On a Mesolithic（?）Industry of the Caves of Kwangsi, BGSC 14/3.

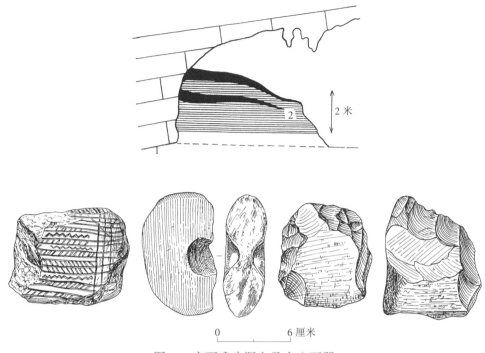

图二　广西武鸣洞穴及出土石器

　　第三，在 14 个地点中只有 3 处发现陶片，其中第 1、第 10 地点出土的为红色、灰白色或黑色陶片，饰以篮纹和点纹；而第 12 地点则出几何形印纹软陶，饰方格纹。

　　第四，第 11 地点的试掘发现打制石器和磨制石器共同出于一层，第 10 地点的试掘又发现打制石器与少许磨制石器和篮纹、点纹陶片共同出于一层。

　　上述情况表明，西樵山的遗物是很复杂的，绝对不属于同一时代。由于各地点彼此靠近，难免有相互混杂的情况，而遗物又多系地面采集，虽知其必有早晚之分，却没有能够从地层关系上把它们区分开来。但是如果用遗物包含单纯的地点去分析那些复杂的地点，还是可以把它们分为几类，其中最早的一类遗存，可能就是以第 2 地点为代表的大部分的打制石器。

　　这批石器多以燧石、砂岩和石英岩等为原料。制法主要是用石锤敲击，片疤深而短。第二步加工用压削法，有双面加工的、单面加工的，也有不进行第二步加工即行使用的，仅有个别的还保留自然的岩面。

　　器形最多的是尖状器和刮削器，其次有矛、镞形器、斧形器、敲砸器和石球等。尖状器的种类很多，有三棱尖状器、三角尖状器、长条尖状器、圭形尖状器和斜刃尖状器等；刮削器则有圆形刮削器、边刃刮削器和"S"形刮削器等，斧形器中似有个别的带肩者。

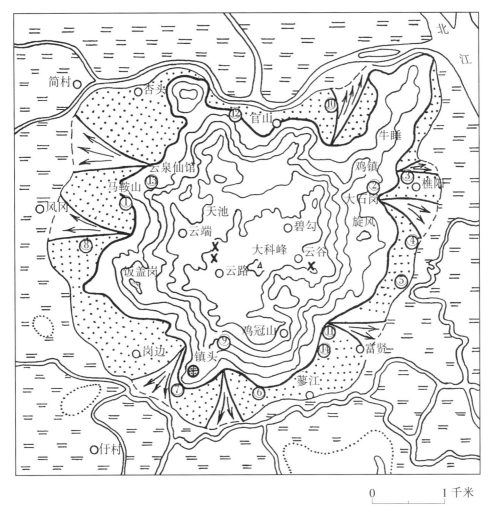

图三　广东南海西樵山遗址

①~⑭：石器地点　＋：介壳、石器地点　×：采石和加工场地

这批石器乃是西樵山的主要遗物，基本上不与陶片共存，在第 2 地点也不与磨制石器共存[1]。更重要的是它本身特征显著，在华南地区可资比较的新石器时代遗存中尚没有看到类似的东西。反之其中有些器形和陕西沙苑的石片石器相似[2]，

---

[1]　如前所述，在第 11 地点和第 10 地点的试掘中，有打制石器分别与磨制石器和陶片共同出于一层的情况。但是因为西樵山的遗物比较复杂，几个时代的遗存交织在一起，在较晚的地层中混杂着较早的遗物是完全可能的。所以地层上的共生不一定能说明其时代的一致，特别是在只发掘了一两条小探沟的情况下。

[2]　如西樵山 p10：80 扁平尖状器与沙苑 k23：51 式尖状器相似，西樵山 p11：28 三角尖状器与沙苑 k26：42I 式尖状器相似，西樵山 p7：12 斜刃尖状器与沙苑 k17：6II 式尖状器相似，等等。

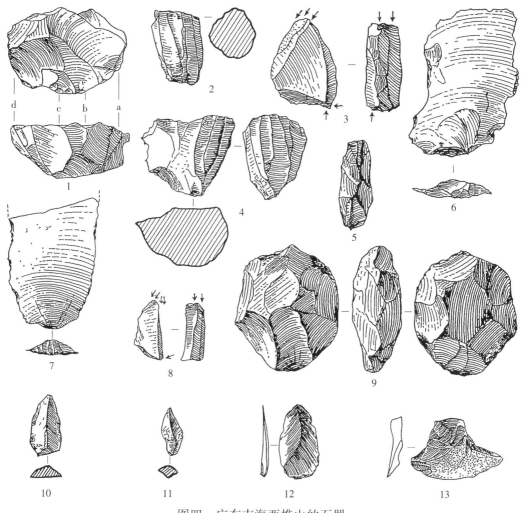

图四　广东南海西樵山的石器

其时代当不会太晚。根据莫稚同志的意见，第 2 地点大约属于新石器时代早期或者稍早一些[1]，在我们看来，就是其他地点的一部分打制石器也可能同样地早。

3. 东北地区——扎赉诺尔和顾乡屯

在东北地区的扎赉诺尔和顾乡屯发现的文化遗存，过去都曾被当作中石器时代的，但是这两处的问题很多，我们在这里仍然提到它们，只不过是作为对于探索中国中石器时代文化历史的一个回顾。

---

[1]　广东省博物馆：《广东南海西樵山出土的石器》，《考古学报》1959 年第 4 期，13 页。

扎赉诺尔位于内蒙古自治区满洲里附近的呼伦湖边，从 20 世纪初起就因为在该处开采褐炭而陆续发现了大量的动物化石、几个人头骨化石和一些石器、骨器等。中华人民共和国成立以后，裴文中先生等曾前往调查。

扎赉诺尔的动物化石中有毛象、披毛犀和原始牛等，都是更新世晚期的动物。人骨化石包括 2 个头骨、1 个下颌骨、2 块尺骨和一些肋骨碎片。第 1 号头骨是标准的圆头型，女性；第 2 号头骨大约是在生时经人工缠头而变形，男性（图五，1）；第 3 号下颌骨亦为男性。其中除第 2 号石化较深，并具有一些原始性外，其他两个石化程度都很轻微，形态和现代人也没有什么差别。

历次出土的遗物中有细石器，流纹岩石板打制的巨型石器，磨制粗陋的方形石锤和中间穿一个方形大孔的鹿角锤等（图五，2、3）。

该处的地层，在褐炭层之上为沙砾堆积，延续的时间约自上新统以至于现代。过去日本人因没有从地层上加以考察，把全部出土物都归为一个时代，以为都是旧石器时代的。以后裴文中先生提出了可能属于中石器时代的看法，后经他本人实地考察，发现上述化石和文化遗物不出在同一地点，也不在相应的地层中。就文化遗物来说，与黑龙江昂昂溪的细石器文化颇相接近，当属于新石器时代了[1]。

顾乡屯遗址在黑龙江省哈尔滨附近的温泉河谷，过去因为烧砖取土而发现了大量的动物化石，自 1931～1938 年曾经进行了七次发掘。出土的动物化石和扎赉诺尔的相同，文化遗物中有细石器，包括石核刮削器、端刃刮削器和圆形刮削器等，上面均有很好的第二步加工，还有 1 件骨凿和 1 件骨锥。过去亦被误认为是旧石器时代的遗存，以后又推测属于中石器时代，与扎赉诺尔同一性质，称为"扎赉文化"（图五，4～7）。经中华人民共和国成立后的调查，其化石乃是出在第二次堆积的层位中，与细石器也没有共生关系。就文化遗物的性质而论，亦当属于新石器时代[2]。

（四）　问题在哪里

在我国的广大地区，尤其是华北一带，在旧石器时代曾是人类活动比较频繁的地方，到新石器时代，文化的发展更是达到了相当的高度。不可能设想作为这两个阶段之间的过渡时代的中石器时代遗存，会是完全缺如或很稀少的。同时在旧石器时代之后，气候条件已变得温暖湿润，更加适于人类的生存，所以也不能

---

〔1〕　裴文中：《中国石器时代》，中国青年出版社，1963 年，40～44 页。

〔2〕　裴文中：《中国石器时代》，中国青年出版社，1963 年，40～44 页。

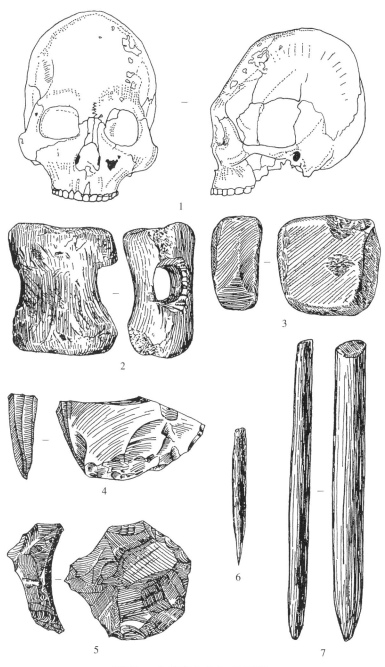

图五　"扎赉文化"的石器

1. 2 号头骨　2. 角锤　3. 石锤　4. 船底形石核刮削器　5. 圆形刮削器　6. 骨锥
7. 骨凿（1～3 为扎赉诺尔，4～7 为顾乡屯）

成为导致中石器时代文化不发达的一个理由。但是直到目前中石器时代的考古的确还是一个薄弱的环节，甚至新石器时代早期的文化我们也不清楚。据我们揣想，大约有以下几个原因。

第一，基于中石器时代人类经济活动的特点，可以设想其遗址会是比较散漫的，文化堆积露头不甚显著，因而不容易寻找。

第二，我们现在还缺乏调查中石器时代遗址的实际经验，尚没有掌握它的规律。

第三，在目前还缺乏比较研究的基点，即便有某些遗物的发现，如果不是很单纯很集中，也就很难识别。

自然，作为一个过渡时代，其文化的发达程度自不能和旧石器时代与新石器时代这两大阶段相比拟。但是我们相信目前存在于中国中石器时代考古上的薄弱状态主要还是工作上的原因，是考古发现上暂时存在的缺失，而不是文化发展上本来就有的缺环。

二　新石器时代的特征和研究的目的与任务

（一）什么是新石器和新石器时代

新石器时代（Neolithic）一词源出希腊文（Vεοs——新的，λιθοs——石头），这个术语是 1865 年由英国人卢波克（J. Lubbock）首先确定的。当时他把具有磨光石器的时代称为新石器时代，而把尚不知有磨光石器的时代称为旧石器时代[1]。卢波克的这一提法是非常概括的，但是也是过于简略的。事实上新石器与旧石器的区别不仅表现在是否磨光这一点上，而新石器时代与旧石器时代的差别更是多方面的，从工具、技术、经济、日常生活到社会发展阶段都有很大的不同。

在新石器时代，用来制造工具的材料种类增多了，除石头外，还有骨、角、牙、蚌、陶、木、竹等各种不同质地与性能的材料，但是石材的利用仍然是大量的和基本的。

石器的制造方法已经相当复杂了。打制技术虽然仍很流行，打制的方法甚至有所发展，但是在许多情况下它已经不是一种独立的加工技术，而是石器制作过程中必经的第一道工序。

---

〔1〕　John Lubbock, 1865. *Prehistoric Times*, London.

　　许多新的技术被采用了，诸如裁断、琢打、砥磨和钻孔等等，其中尤以砥磨和钻孔两种方法，乃是新技术的集中表现。这表明了人们已经不只靠震击崩裂，并且也靠逐步磨蚀（钻孔也是一种磨蚀）的方法来获得预期的形状与功能。用这些方法来加工石器，就能赋予它们以确定的形状，加强刃端的锋度，并减少工作部位的摩擦力。

　　在新石器时代，人类发明了农业，同时学会了家畜饲养。正如恩格斯说的，它是一个"采用畜牧业及农业的一个时期，是已学会用人类活动增加天然产物生产的方法的一个时期"[1]。这种生产经济的出现，是人类生活资料谋得方式的一个根本性变革。现在工具的改进和劳动的加强，都会使生产品成正比例地增加，而不虞有攫取罄尽的一天了。

　　常常是由于地理条件的不同，农业和畜牧不是在每一地区都同时发生，也不是在每一地区都达到同样的发达程度。在某些地方，狩猎、捕鱼和采集经济仍然占据首要地位，从而出现了在不同地区之间的经济类型上的差别。不过这种差别从来不是很绝对的，例如在农业区域，通常的情况下，农业、家畜饲养、狩猎、捕鱼和采集等多种经济结合在一起，形成一种自给自足的"混合经济"。

　　在新石器时代发明了纺织，也发明了制陶。纺织改变了人们的衣着，陶器的出现则使生活日用器皿为之改观。纺织品是不易保存的，纺织工具除纺轮外也不易发现，而陶器或陶片则可以永久地存留至今，成为考古学上区别文化、划分时期等最有用的标尺。

　　陶器的发明正如农业与畜牧业的发生一样，乃是时代的产物，是人类社会经济文化发展到一定阶段的必然结果。新石器时代经济的发展，尤其是农业的发展，以及由此而来的定居生活的持久化，对于生活日用器皿提出了大量的需求，要求找到一种既能适用、又能大量取得和便于制造的东西。黏土是到处可以取得的，黏土的可塑性使它可以被制成任何形状以便适应于各种用途的器皿，黏土硬化为陶质只需 600℃的温度，这在当时也是完全可能达到的，于是人们就选中了黏土来制造陶器，陶器就是这样应运而产生的。

　　陶器的发明既是时代的产物，那么它就不会是在一个地方，而是在许多地方，不会在同一个时期，而会是或先或后地发明的，从而发明的具体方法也会是多种多样的。我们既要研究在新石器时代发明陶器的必然性，又要探索在不同地区陶

---

　　[1]　恩格斯：《家庭私有制和国家的起源》，人民出版社，1955 年，27 页。

器发明的具体途径[1]。

一般认为，新石器时代是属于发展的母系氏族阶段的，那正是原始社会的鼎盛时期[2]。人口显著地增加了，社会组织也有所扩大，这在农业区域表现得尤为突出。常常在一个很小的范围内可以发现数十处遗址，每个遗址的面积达数万以至数十万平方米。有些村落遗址中有好几十座房子遗迹，有的墓地埋葬着数百个死者，这和旧石器时代以至中石器时代的情形是全然不一样的。

如果说在旧石器时代，我们可以把发展过程看作是一般的，那是因为那时的物质文化极度贫乏而缺少特点。那么现在到了新石器时代，地方性的特征越来越显得突出了，地区之间文化发展的不平衡状态加深了。所以新石器时代没有统一

---

〔1〕　据泰勒（Tylor）说，古奎（Goquet）是"19 世纪最早提出陶器的发明方法的第一个人，即人们将黏土涂于可以燃烧的容器之上以防火；其后他们发现只是黏土一种也可以达到这种目的，因此制陶术就出现在世界之上了"（E. Tylor, 1870. *Early History of Mankind*, p. 273）。古奎的假设主要是根据美洲印第安人某些部落在木制容器上涂黏土作为炊器，因而得出的逻辑推论。这种情形在美洲不乏其例，还有用柳条或灯芯草编成篮子再涂上黏土的。所以后来摩尔根（《古代社会》，生活·读书·新知三联书店，1957 年，13 ~ 16 页）和恩格斯（《家庭私有制和国家的起源》，人民出版社，1955 年，23 页）都曾引用了古奎的观点。但是现在见到的原始制陶方法和古代发明陶器的方法究竟是两回事，即便是现存的一些最原始的制陶方法，也并非都是以某种可以燃烧的容器为胎骨的。例如安达曼人制陶时是把黏土揉成半球的形状，然后用贝壳挖去内部的黏土（M. O. 柯斯文：《原始文化史纲》，人民出版社，1955 年，117 页），我国云南的佤族是用陶拍插入一块泥中，向外挤压，然后用卵石垫里，外用陶拍拍打成型，待晾干后置篝火上烧成（李仰松：《云南省佤族制陶概况》，《考古通讯》1958 年第 2 期）。但是这些原始的制陶方法，最多只能为我们探索陶器的起源提供一些启示。黏土经过火烧而能够硬化成陶是很早就被人们知道了的，例如在摩拉维亚的维斯托尼斯（Věstonice）旧石器时代晚期遗址中，发现其灶旁有被火烧硬的动物雕像，并且看来是有意烧成的（Klima B., 1952. *Archaeologickě Rozhledy*, 4, 193）。但是在那个时候并没有制造陶器，因为当时的实际生活还不可能提出这种需求。在伊拉克库尔的什（Kurdish）山麓之查摩（Jarmo）的一处新石器时代早期的遗址中，发现地面有许多似盆的坑穴，坑壁周围涂以黏土，并经火烧硬。当地在较查摩文化为晚的时期才有陶器，因而那种被烧硬的小坑穴实乃陶器的萌芽（Robert J. Braidwood, Linda Braidwood, 1950. Jarmo: A Village Early Farmers in Iraq, *Antiquity*, 24（96）. Perkins Ann, 1949. Archaeol. News, *Amer. J. Archaeol.*, 53（1）: p. 50）。

〔2〕　M. O. 柯斯文说："发展的母权制存在于考古学上新石器时代中期，有的地方也延入新石器时代后期"（见所著《原史文化史纲》，人民出版社，1955 年，131 页）。他所指的新石器时代早期即我们所说的中石器时代，后期即铜石并用时代，中期才是标准的新石器时代。柯斯文关于新石器时代社会发展阶段的见解代表了许多人的看法，但是从考古学的角度看来，这个问题并非已经解决，而不过是一个探索的开端。

的起讫年代，也不可能有统一的分期[1]。我们所说的某某文化期，往往只能适用于一个很小的范围。而对于各地区考古学文化的研究，便成了新石器时代考古学研究的主要内容[2]。

（二）中国新石器时代考古学研究的对象特性与任务

考古学是历史学科的一个有机组成部分，它以古代人们的实物遗存为史料，并以适应于处理这种史料的方法，以研究人类往昔的历史。同样，新石器时代一般地说既属于原始社会的后一阶段，中国新石器时代考古学，自然也就是中国原始社会史学的一个有机组成部分。

现在研究中国原始社会的人们，已经越来越感到运用考古资料的重要意义。在探索原始社会的生产力与生产关系、社会结构与意识形态等方面，都可以从考古资料中找到直接或间接的说明。

原始社会历史的研究，是马克思主义历史科学的一个重要组成部分，它证明了人类历史曾经有一个前阶级的社会存在，从而证明阶级社会并非自古就有，也就不会是永恒不变的，这是马克思主义理论战线上的一个光辉的胜利。对于新石器时代考古学的研究，归根到底就是为了阐明原始社会晚期的历史，因而也是有着重要的理论意义与现实意义的。

但是新石器时代考古学和原始社会史学不同，它不正面地研究古史传说的史料，而是通过实物遗存，对人类社会的各种问题进行探讨。从前，还在考古学发展的初期阶段，它所能探讨的问题还极有限，主要是物质文化的发展历史，尤其是劳动工具和武器的变化与发展的历史，人们正是根据这种研究，把人类早期的

---

〔1〕 利用现代科学技术来确定每一地区新石器时代文化的绝对年代，有助于比较各地区文化发展的不平衡性及其相互关系。几处经过碳 – 14 测定的较早的新石器时代遗址的绝对年代如下：1950 年在伊拉克查摩（Jarmo）遗址发现的蜗牛壳为距今 6707 ± 320 年；埃及法雍甲（Fayum A）的两批麦粒标本为距今 6095 ± 250 和 6391 ± 180 年（以上均见 W. F. Libby，1952. Radiocarbon Dating，Chicago）。又伊朗伯尔特（белт）山洞经过烧过的碎骨为距今 8085 ± 1400（С. К. Дикшит，1960. Введение в Археологию，стр. 489，Москва）。

〔2〕 考古学文化是用来表示在考古遗迹和遗物中所观察到的共同体的术语，这种共同体包括一群具有明确特征的遗迹（例如特定形式的房屋或墓葬）、遗物（例如某种形式的工具、陶器和装饰品）或花纹（例如彩陶纹饰、小窝篦纹）等，不止一次地共同伴出，我们就将这些共同伴出的全部物质遗存称为一个考古学文化。考古学文化一般用最初发现的典型遗址所在地的名称来命名，也有以该文化中最富特征的遗迹、遗物或花纹来命名的（参阅苏联大百科全书《考古学文化》条，详载《考古通讯》1956 年第 3 期；又夏鼐：《关于考古学上文化的定名问题》，《考古》1959 年第 4 期）。

历史划分为石器时代、青铜时代和铁器时代的。现在，在考古工作已经充分发展的情况之下，能够探索的问题，在深度和广度上都要超过从前，但也不是什么问题都能解决。以下的两个问题是很清楚的。

第一，新石器时代考古学虽然可以探索原始社会的生产力、生产关系、氏族部落的组织、意识形态和文化关系等方面的问题，但是研究每一个问题都有一定的局限。因为并不是人类社会的一切事物都是以物化的形式表现出来的，而保留到现在的实物遗存只能是活的社会中的实物的极小一部分，我们得以发现和研究的又是更小的一部分，靠它们来反映当时社会的全貌，自然是很困难的。

第二，利用考古资料来探索上述问题时往往不是很直接。首先要对实物遗存本身进行研究，要研究考古学文化的发展变化，然后透过考古学文化再来观察当时的社会。这种间接的反映也使得探索问题的深度受到一定局限。但是如果我们企图越过对考古学文化本身的研究，脱离考古学的一些基本规律，一下子就深入到社会的本质问题，那我们就很难得到任何切实的知识，很难希望得到正确的结论[1]。

（三）　新石器时代考古学的方法论基础

新石器时代考古学的方法论基础是辩证唯物主义和历史唯物主义。它首先把新石器时代考古学当作是一门社会科学，认为物质文化的发展离不开人类的活动，离不开社会的发展。从这一观点出发，就不能同意那种把某某文化或某些文化因素看作是可以脱离人类社会的自在之物，或者把它们看作是固定不变的，把文化的发展看作只是某某因素的传播，或扩大，或机械的混合的观点。

其次，物质文化的发展变化，首先是由于内在的原因，是由于创造该物质文化的社会内部的矛盾运动。过分地强调地理环境的作用，或者把"借用""迁移"等等看作是文化发展的主要动力，都是不正确的。

对于任何文化，都需要考察它的各个文化因素，考察诸因素之间的内在联系，同时还要把它放在一定的时间和空间来观察，进行认真的比较研究。不要因为个别特殊因素的诱惑，而失之于远处求同，近处求异，人为地割裂事物间本来存在的内部联系，那样将会对文化的发展描绘出一幅不真实的图画。

事物的发展总是有其特殊性和普遍规律的两个方面，研究中国新石器时代，

---

〔1〕　新石器时代考古学研究的对象、特性与任务牵涉整个考古学的有关问题，对这些问题的看法现在并不一致，在苏联考古界也是有过争论的（А. Л. 蒙盖特：《苏联考古学"绪言"》，译载《考古通讯》1956 年第 5 期），这里只是提出个人的意见，当否有待讨论。

也必须注意到它与世界其他新石器时代文化共同的一面和它自身的特点，而更重要的是研究它的特点。这就需要详尽地占有资料，进行实事求是的分析，而不宜于用与外国文化个别因素的类比，轻易地做出带有普遍意义的结论。只有把它本身的特点认识清楚了，那么它所体现的普遍规律也就清楚了。

（四）新石器时代考古学与其他学科的联系

新石器时代离开现在也不过数千年，紧接着它的后面就是有文字记载的历史时期，对于古代的人们来说并不是荒远的过去，因而在古史传说中能够保留一部分当时历史的真迹。研究传说中各族人民的活动，有助于观察考古学文化的变迁；传说中的某些器用、风习和社会状态等，也有助于考古遗迹、遗物的阐释。但是传说毕竟是支离破碎的，许多地方又有讹错、抵牾和被神话化的情形；还有一些根本就不是历史的传说，而只是古代人们对于他们以前社会的一种追忆和设想。所以要拿古史传说和考古资料相印证，首先便要对传说本身进行科学的研究。似是而非地进行联系，是无助于这两门学科本身的发展，无助于推进历史研究的。

新石器时代考古学和民族学的研究有着密切的关系。民族学也是历史科学的一个组成部分，支配民族学研究的许多理论往往为考古学，尤其是新石器时代考古学所引用。民族学对于当今仍然保持着原始残余民族的研究，有助于解明考古研究中的一系列发现，诸如某些东西的使用方法及意义，由某些宗教遗物、埋葬习俗和艺术作品等的比照研究，能够探索当时的社会面貌和意识形态的某些方面，等等。

但是现今残存原始形态的民族不等于古代的原始社会，类比的方法在这里只能启发我们的思路，而不宜于套用和引申。我们在将同一时代的考古学文化进行类比时都切忌舍近求远，对待民族学的资料就更应当有必要的谨慎了。

新石器时代考古学在研究人们的种族，探索绝对年代、当时的地理环境和对实物遗存本身的研究等方面，往往需要人类学、地质学、古生物学、物理学、化学等学科的帮助，至于就它和这些学科的性质来说，却并没有什么内在的联系。

三　中国新石器时代考古学的发生和发展

（一）中国新石器时代考古学的开端

在中国，很早就有人注意到新石器时代的遗物了。东汉袁康《越绝书·宝剑篇》写道："轩辕、神农、赫胥之时以石为兵……黄帝之时以玉为兵……禹穴之时以铜为兵……当此之时作铁兵。"如果完全没有石器的知识，是不能把石兵作为一个时代的特征来提出的。我们可以在古文献中找出不少有关出土或贡献石器的记载。《旧唐书·高宗纪》："楚州刺史崔佽献定国宝玉十三枚，其十二曰雷公石斧，长四寸，阔二寸，无孔，细致如青玉。"宋沈括《梦溪笔谈》："元丰中予居随州，夏日大震，一木折，其下乃得一楔……楔乃石耳，似斧而无孔。"元倪瓒《云林石谱》写道："临江军新淦县东北数十里，地名白羊角……地中往往获古箭镞，锋而刃脊，其廉可刿，其质则石。"这些显然都是新石器。但是它们既非"珍品"，又没有任何铭文可借以"考经证史"，是故在以后很长的时期里，都不曾为金石学——中国考古学的前身——学者们重视，没有谁把它列为研究的对象。

直到 19 世纪末至 20 世纪初，一些外国的传教士和"学者"们，多半为着侵略的目的，加强了对我国各地的调查，捎带采集了一些新石器时代的遗物。例如在 19 世纪 60 年代之末，印度加尔各答亚洲博物院院长、英国人约翰·安特生（John Anderson）沿伊洛瓦底江进入云南，于磨明（译音）附近采集了石斧、石凿等 150 件[1]，1900～1901 年，瑞典人斯文·赫定（Sven Hedin）在新疆罗布淖尔采集到了细石器；之后英国人斯坦因（Stein）在同地也采集到一些石器，同时日本人鸟居龙藏在辽宁和内蒙古东南调查过若干新石器时代遗址。又劳弗尔（B. Laufer）《中国古玉考》（*Chinese jade*），1898 年几格里阿里（E. H. Giglioli）《中国石器时代》[2]，1920 年瑞典人安特生（J. G. Andersson）《中国新石器时代之石器》[3]和 1923 年英伯尔特（M. H. Imbert）《中国石器时代》[4]诸文中，除征引中国古籍中所载发现石器之事例外，亦均列举当时在各地采集之石器，其出土地点包括了东北、内蒙古、新疆、山东、河北、陕西、福建、四川、云南等省区。

瑞典人安特生原在 1914 年受聘为当时北洋政府的矿业顾问，后来逐渐对考古发生了兴趣，从 1918 年起就在华北各地采集和收买了许多新石器标本。1921 年，他根据助手刘长山提供的线索，主持了河南渑池仰韶村的发掘，那是在中国考古史上第一次试图应用近代方法，并且工作量较大的一次工作。在仰韶村发掘的结果，发现了以彩陶为特征的甚为丰富的遗存，并被命名为仰韶文化。

1923～1924 年，安特生及其助手赴甘肃、青海调查考古遗迹，结果发现了约

〔1〕　John Anderson，1871. *A Report on the Expedition to Western Yün-non via Bhamo*，Calcutta.

〔2〕　E. H. Giglioli，1898. *Le'tà della pietra nella Cina*，*Archivio per l'antropologia e la etnologia*，Firenze.

〔3〕　J. G. Andersson，1920. Stone Implements of Neolithic Type in China. *China Medical Journal*：*Anatomical Supplement*，Issue 7，Shanghai.

〔4〕　M. H. Imbert，1923. *Revue indochinoise*，Hanoi.

50 处遗址，大部分都包含有新石器时代的遗存。

安特生的工作并没有一套完整的方法。绝大多数的遗址是委之于完全没有经过考古训练的助手采集和主持发掘的，层次不分，也缺乏必要的田野记录。即便是他亲自参加的几次工作，也并非按照规定的方法有目的有计划地发掘，而是东挖一块西挖一坑，并且常常不挖到底。其结果是层次混乱，共存关系不明，往往把不同时期的东西都混杂在一起了。

安特生根据他收集的资料发表了一系列的著作，部分资料的整理和专题研究曾经委托给阿尔纳（T. J. Arne）、巴尔姆格伦（N. Palmgren），比林·阿尔沁（M. Bylin-Althin）诸人。他们提出的许多论点充分反映了他们，尤其是安特生本人是用唯心主义的观点和形而上学的方法来处理问题的，西方资产阶级考古学诸流派的一些理论在他们的著作中有很明显的反映。例如当时由于田野考古工作尚未充分开展，在旧石器时代与新石器时代诸文化间还存在着很大的一段缺失，安特生利用了这一暂时的缺失，竟然臆想中国新石器文化是从西方传播过来的，或者是由西方文化传入的推动而得到发展的。又如他认为马厂较半山陶器为晚，因为马厂的纹饰比较成熟；认为齐家早于甘肃仰韶，不召寨早于仰韶，因为齐家和不召寨只出单色陶器，其他二地均出彩色陶器。但究竟什么样的纹饰才能叫作成熟？为什么单色陶器一定早于彩色陶器？这里便有很大的主观随意性。事实上，安特生提出的有关中国新石器时代分期和文化来源等一系列问题的论断，大部分都是脱离了考古学的规律，用主观臆测代替科学分析的。

在安特生的同时和稍后，即在 20 世纪 20 年代和 30 年代初，一些外国人在我国北方展开了大规模的调查。其中有法国人桑志华（E. Licent）和德日进（Teil-hard de chardin）在内蒙古东部和南部的调查，美国自然历史博物馆亚洲调查队的纳尔逊（N. C. Nelson）在整个内蒙古北部的调查，中瑞科学调查团的贝尔格曼（F. Bergman）在内蒙古和新疆的三次调查，以及日本人、丹麦人和白俄人的一些零星调查和个别遗址的发掘等。在这些调查中发现了数百处新石器时代遗址，使我们对北方新石器文化第一次有了初步的了解。但是这些工作大部分是在外国帝国主义的政治、宗教甚至军事势力的荫蔽之下进行的，是对我国文物的一种掠夺行为，较之安特生的工作更为浮浅和粗放。

（二）中国新石器时代考古学的初期阶段

外国人算是给中国新石器时代考古开了一个头，但是他们并没有也不可能为这门学科的发展奠定任何基础，这件事情是由中国的考古学者们在 20 世纪 30 ~ 40 年代逐步完成的。

1928 年，中央研究院历史语言研究所成立考古组，其中新石器时代的工作主要由梁思永、吴金鼎和刘燿（尹达）等担任，他们在 20 世纪 30 年代前期于黄河中下游一带做了不少工作。

吴金鼎和梁思永于 1930~1931 年主持了山东龙山镇的发掘，发现了一种与仰韶文化不同而以黑色无纹的陶器为特征的遗存，并被命名为龙山文化。接着在 1931~1934 年，梁思永和刘燿等在发掘河南安阳后冈时发现了小屯（殷）、龙山与仰韶依次叠压的层次关系，从而规定了三种文化在豫北的年代顺序，推动了人们从三种文化的关系进而探索中国古代文化源流的努力。另外，考古组的工作人员还组织过河南安阳高井台子、秋口、浚县辛村、大赉店、广武（今成皋）青台、永城造律台等处和山东滕县、日照两城镇等处的发掘，以及在山东、安徽、河南等地的比较广泛的调查。

在北方，1930 年由梁思永发掘了黑龙江昂昂溪细石器遗址，接着在林西、赤峰等地进行了调查。他在昂昂溪的发掘乃是我国细石器文化研究中最有成绩的一次工作，是我们研究北方细石器文化的一个有效的立足点。

梁思永先生的工作细致严谨，无论在田野考古方法或在一些重要学术问题领域的开拓方面都起了先驱的和奠基的作用。

除考古组的工作外，前西湖博物馆施昕更于 1936 年发掘了浙江杭县良渚等地，前北平研究院徐炳昶等在陕西也发现了新石器时代遗址。

1937 年，日本帝国主义发动了全面的侵华战争，在那些最困难的岁月里，考古工作人员不得不首先服从抗战的需要，只是在可能的条件下争取整理以前的发掘资料，并断断续续地在大后方做了一些田野工作。当时尹达已赴延安，他在工作之余曾采集到一些新石器时代的遗物，并继《龙山文化与仰韶文化之分析》（1937 年）一文之后，又写成了《中国新石器时代》（1939 年）一文，根据历年发掘的比较可信的资料，分析了各文化的具体内容，论述了它们之间的相互关系，批判了安特生的错误论点，是试图运用马克思主义的观点和方法综合处理我国新石器时代考古资料的一个成功的尝试。

1938~1940 年，吴金鼎、曾昭燏等在云南大理地区调查和发掘了一系列新石器时代遗址，这是西南地区第一次颇具规模的工作。1944~1945 年，夏鼐作为西北科学考察团的成员，在甘肃兰州、临洮、广通等地调查和发掘了一些遗址，从齐家墓葬的填土中发现了甘肃仰韶的彩陶片，从而改订了被安特生倒置的两个文化的相对年代。抗战以后，考古工作并未得到应有的恢复，只有裴文中于 1947 年在甘肃大夏河、洮河和渭河上游做考古调查时发现了一些新石器时代遗址。

在近代中国，考古事业不过是反动统治者用来装点门面的花边，那时要从事田野工作，首先就受到人力、经费和治安情况等种种限制。当时的一些爱国的和进步的考古工作者们在这种情况下坚持了工作，做出了一定的成绩。尽管他们之中的一些人因为受到资产阶级世界观的局限，在他们的研究中也反映着资产阶级学术思想的影响，但是他们没有拜倒在外国资产阶级"权威"之下，而是通过自己的工作，彻底批判了那些伪学者的错误理论，更有的同志尝试着用马克思主义的观点来分析处理已经积累的资料，从而为中国新石器时代考古学奠立了初步的基础。

（三）中国新石器时代考古学的发展

中华人民共和国成立以后，考古事业成为人民事业的一部分。党和政府十分关怀这一科学的发展，1950 年中国科学院成立考古研究所，各省区也相继成立文物工作队和博物馆等，这些机构共同承担了全国的考古工作任务。

新石器时代考古很快就开展起来了。1951～1953 年，中国科学院考古研究所组织了河南和陕西省调查发掘团，分赴河南的郑州、成皋、渑池、灵宝，陕西西安附近的沣河、浐河、皂河流域进行了调查和探掘，发现了许多重要的遗址。前华东文物工作队和南京博物院等单位，为配合伟大的治淮工程，从 1950 年起就在江苏和安徽一带调查和清理了不少新石器遗址，并于 1953 年发掘了新沂花厅村。1952 年，由中国科学院、中央文化部和北京大学合办的第一届考古工作人员训练班在郑州实习，发掘了二里岗龙山文化遗址。1953 年，河南省文物工作队发掘了信阳三里店遗址。

从 1954 年起，中国科学院考古研究所开始发掘陕西西安半坡村，这是在中国新石器时代考古历史上第一次运用大面积揭方的方法，并以探讨一个原始氏族聚落各方面的问题为目的的一次工作。同年河南省文物工作队发掘了洛阳孙旗屯，发现仰韶文化可以分期，而龙山文化有承袭仰韶文化的迹象。

1955 年，为配合黄河开发计划的执行，曾经由中央文化部和中国科学院考古研究所合组黄河水库考古工作队，在河南、山西、陕西交界的三门峡水库区展开了考古普查，接着在 1956 年又在甘肃刘家峡水库区及其附近进行普查。这一工作随后便在全国范围内推广，到 1960 年，通过普查而发现的新石器时代遗址，约计有 3000 处。

在普查的基础上，曾经依据学术目的和工程建设的缓急选择了一些地点进行大面积的有时是连续几年的发掘。

黄河流域一直是工作的重点，发掘的地点最多，规模也最大。半坡的发掘一直持续到 1956 年，结果发现了数十座房屋遗迹和数百座墓葬。中国科学院考古研究所 1958～1960 年在宝鸡北首岭的发掘，揭示了几乎和半坡相同的一个氏族聚落遗址。1958～1959 年考古所在华阴横阵的发掘和北京大学实习队在华县元君庙的发掘，都发现了许多仰韶文化的合葬墓，为探讨当时的社会形态提供了可贵的资料。1955～1957 年考古所在西安客省庄的发掘，发现了龙山文化的另一种类型。1956～1957 年考古所在河南陕县庙底沟与三里桥的发掘，提出了由仰韶文化向龙山文化过渡以及两个文化本身的分期问题，1959～1960 年北京大学实习队在洛阳王湾的发掘更把这一问题的探讨向深处推进了。

在河北，省文物工作队于 1955 年发掘了唐山大城山龙山文化遗址，从而扩展了这一文化分布的北界。该队 1957 年与北京大学合作发掘了邯郸涧沟和龟台，提出了当地龙山文化的分期问题。1961 年北京大学发掘了北京雪山，发现了龙山文化以及早于它的雪山一期文化。

在山东，省文物管理处和省博物馆等单位于 1959 年发掘了宁阳大汶口墓地，发现了一种此前未被注意的新文化遗存；1960 年发掘的潍坊姚官庄更是大大地丰富了典型龙山文化的内容。

在甘肃，省文物工作队和省博物馆等单位于 1957 和 1959 年发掘了武威皇娘娘台，第一次在齐家文化的地层中发现了红铜器。中国科学院考古研究所于 1959～1960 年发掘了临夏大何庄和秦魏家齐家墓地，也同样发现了铜器，从而可以认为齐家文化是已经进入铜石并用时代了。此外，对于甘肃仰韶文化也做了不少工作。

在这个时期，长江流域的工作也有相当程度的开展。在下游地区，南京博物院于 1955～1958 年发掘了南京北阴阳营，那是一处接近于青莲岗文化的墓地。该院 1959 年发掘了吴江梅堰袁家埭，1960 年发掘了苏州越城；又上海博物馆 1960 年发掘了青浦崧泽，浙江省文管会 1956 年和 1958 年发掘了吴兴钱山漾，1959 年发掘了吴兴邱城，等等。这些工作大大地丰富了我们对江浙地区新石器时代文化的认识，而且已经可以提出初步的分期系统。

在湖北，主要是中国科学院考古研究所的工作，该所于 1955 年发掘了京山屈家岭和天门石家河，发现了一种以薄肉彩陶和彩绘纺轮为特征的屈家岭文化。1958～1961 年，在长江流域规划办公室领导之下，又先后发掘了郧县青龙泉、大寺及均县朱家台、乱石滩等地，建立了当地新石器文化的分期，并对探讨黄河流域与长江流域新石器文化的关系有重要意义。

在四川，省博物馆于 1959 年发掘了巫山大溪，在这里发现的新石器时代遗存，无论就其文化特征或其特有的埋葬习俗来说，都是此前所未及见的。

长城以北地区，主要是由于地方文物机构的努力，近年调查了不少地点，对该地新石器文化的分布与分区有了进一步的了解。中国科学院考古研究所、内蒙古历史研究所考古组和内蒙古博物馆等单位在黄河河套一带的调查，有助于探讨北方细石器文化与黄河流域新石器文化的关系。中国科学院考古研究所 1962 年在内蒙古昭乌达盟富河沟门的发掘，发现了一个相当大的细石器文化村落遗址，同时通过杨家营子的发掘，明确地提出了内蒙古东南细石器文化的类型与分期问题。

华南地区近年来新石器时代考古的重要收获之一，是确定了过去一向认为是新石器文化的以几何形印纹硬陶为特征的文化，实际上是青铜文化。而真正的新石器文化则是包含有彩陶、黑陶或橙黄砂陶一类因素的遗存，且多属贝丘或洞穴遗址。现在的工作还刚刚开头，有些问题还不易谈得清楚。

以上就是这几年新石器时代考古的一个大概轮廓，实际上做的工作比我们所列举出来的还要多得多，但就是只从这儿列举的例子也可以看出这些年新石器时代考古确实有了很大发展。现在我们来谈文化的类型与分期便有比过去坚实得多的基础了，一些文化的内容已大为充实了，对于每一文化每一时期的生产水平、经济特点，以至于社会面貌、精神文化等都渐渐有所了解了。在有些地方，例如长江流域，过去还是一片未被开拓的园地，人们对这一地区的远古历史只有逻辑的推测而无实际的印象。现在情况就大不相同了，我们可以根据这几年考古工作所提供的资料，确实知道这个区域在新石器时代也有很发达的文化，并且与黄河流域新石器文化有着密切的关系，从而也使得我们能够更正确地理解黄河流域新石器文化的历史了。

但是这几年的工作也还有薄弱的地方，现在我们对长城以北和华南地区的新石器文化仍然所知甚少，即便是在黄河流域，从中石器时代到新石器时代早期基本上还是一个空白。要使中国新石器时代有一个完整的体系，必须填补这些空白，这就为今后进一步开展工作提出了任务。

由于新石器时代考古学本身的发展，它在研究我国原始社会历史中的重要作用已日益显露出来了，并且容易被人们理解了。现在要研究中国原始社会史，离开新石器时代考古学的资料几乎是不可能的了。但是在提出任何历史结论以前，都需要做许多基本研究工作。前几年由于田野工作任务繁重，人力不能满足需要，发掘报告一时来不及编写，在田野工作中提出的一系列问题也都来不及进行应有的专题与综合研究。大约从 1959 年起，这种情况已有所改变，有些报告已陆续出版了，对有关学术问题的讨论也比较活跃起来了。但是这些都仅仅是一个开始，如何运用马克思主义的观点和方法，充分掌握考古学的规律和特点，实事求是地研究中国新石器时代的丰富资料，以求正确地阐明我国原始社会后一阶段的历史，更是今后长期而艰巨的任务。

四　中国新石器时代概观

中国新石器时代是从什么时候开始的？中国新石器时代早期的文化是个什么样子？我们现在是一无所知的。但是到了新石器时代晚期，则北起黑龙江，南到广东，东从山东，西至新疆，文化遗存几乎遍布全中国。

统观全国的新石器文化，按照它们的特征，大约可以划分为四个区域，即长城以北、黄河流域、长江流域和华南地区。它们是彼此区别同时又是相互联系的（图六）。

（一）长城以北

长城以北地区，由于气候干寒，沙漠和草原交错分布，新石器时代的人们不得不以狩猎和畜牧等为其主要谋生手段，只是在局部地方才发展了农业。适应于这种经济的特点，他们保持并发展了从中石器时代便已流行的细石器技术，从而本区的新石器文化遗存，绝大部分都是以细石器的大量存在为其特征的，我们称之为细石器文化。细石器文化的居民流动性大，因而遗址一般较小，也很少发现陶器，仅有的陶器，制作技术也较低下。近年来的工作，使我们逐渐地认识到东北、内蒙古和新疆等地的细石器文化并非完全一致，而是各有其自身特点的。如果再做一些工作，所知的内容更丰富一些，更确切一些，便很可能再划分为几个文化。要是这样，则细石器文化的名称就不过是以细石器为其共同特征的一个文化群的代名词罢了。

（二）黄河流域

黄河流域较之长城以北气温稍高，雨量稍多，土壤发育亦较良好。在新石器时代，这里是以种植小米为主要作物的；这里的新石器时代晚期诸文化，都是以锄耕农业为主要经济的文化。较早的阶段，在中原称为仰韶文化，在甘肃、青海称为甘肃仰韶文化。它们都是以彩陶为其显著特征的。这个阶段的社会大约是母系的，一个母系氏族集居于一个村落。人们在生时居住在树木和黏土搭成的固定性房子里，死后埋葬于村旁的氏族公共墓地。这些墓地和村落遗址，是我们借以恢复当日氏族社会情景的绝好资料。

在仰韶时期之后，在中原和山东继起的是龙山文化，在甘肃、青海是齐家文化，这两个文化都是以单色、饰拍印纹饰的轮制、模制陶器为特征的。这时生产力水平已有一定程度的发展，在齐家文化中还发现了红铜器，根据种种迹象，龙山文化也可能已经生产铜器，因此这个时期很可能已经进入了铜石并用时代。在社会发展阶段方面，有人认为已进入父权制时期，也有人认为仍处在母权制时期的，一时还难以彻底解决。龙山时期距离有文字记载的历史时期已经很近了，它的某些部分，很可能与夏族、先商、先周等都是有些关系的。

（三）长江流域

长江流域较黄河流域纬度低，离海洋近，因而更加温和多雨。这里的新石器时代文化的居民多以水稻为主要的农作物，也是生活资料的主要来源。这里不同地区的文化各有差异，但都与黄河流域的新石器文化有着密切的关系。四川的大溪文化、湖北的屈家岭文化和江苏的青莲岗文化均有彩陶，大约与仰韶文化的晚期相当；在它们之后，有良渚文化和类似龙山文化的遗存等，亦均和黄河流域的龙山文化相当。

（四）华南地区

华南地区已属亚热带气候区，又接近海洋，新石器时代的人们除从事农业外，还有很多是以渔捞为生的。沿海岸边有许多贝丘遗址，遗址里堆积着很厚的蛤蜊、螺蛳壳等；广东、广西喀斯特地形发育颇佳，则多山洞遗址，闽、浙丘陵多山坡遗址。现在对这些遗址的调查还不够深入，但是也澄清了一些问题。例如以往一向认为这一地区的新石器文化是以几何印纹陶为特征的，现在知道这种陶系主要的是属于殷周青铜时代甚至更晚的，较早的新石器文化，还是以彩陶、黑陶和红砂陶为特征的，几十年中所造成的错误印象，将被日益增多的事实纠正。

除上述各地外，在台湾也曾发现过新石器时代的彩陶和黑陶，在西藏黑河则发现了典型的细石器。这些事实证明了我国新石器时代文化的分布是非常普遍的，它们既具有各自的地方特性，文化内容非常丰富多彩，又具有统一的一面，并存在着不同程度的联系和相互影响。

第二章　长城以北的新石器文化

一　概述

（一）地理环境

长城以北的东北三省、内蒙古自治区、宁夏回族自治区和新疆维吾尔自治区等地，自古称为关外、口外、塞外，是我国北方的边陲。这里绝大部分地区海拔较高，乃是蒙新高原的一个组成部分；又因距海甚远，雨量稀少，形成大陆性气候。河流多是内流性的，土壤发育不良，沙漠、草地相间分布，现在成为我国最大的牧场。由于地区广大，各个地方的情况也不完全相同。例如东北地方雨量稍多，森林茂密，从而在大部分地区生成了黑钙土，农业比较发达。又如在内蒙古南部和新疆部分地区，是沙漠草原的边缘，或为绿洲，或为丘陵地区，由于灌溉的便利，土壤发育较好，也是适于农作的区域。

上述的地理条件在经济上是宜于保持狩猎和发展畜牧的，而对于农业的发生和发展则带来不利的影响。这种情况不能不从新石器时代的文化遗存中反映出来。

（二）考古工作

本区的新石器时代考古工作，就全国来说是开展得较早的。远在 20 世纪初年，已经有人在做田野调查了，并发现过一些遗址和零星的文化遗物[1]。在 20

---

〔1〕　1900～1901 年，瑞典人斯文·赫定（Sven Hedin）在新疆维吾尔自治区东南的罗布淖尔沙漠中采得一件细石器石核和一件打制燧石石片，是为我国细石器文化发现之始；又日本人鸟居龙藏从 1906 年起就在内蒙古东南一带做人类学和考古学的调查，发现了赤峰、林西等地的许多细石器文化遗址。

年代和 30 年代初调查规模扩大了，发现了数以百计的遗址〔1〕，同时对几处重要的遗址做过一些规模不大的发掘〔2〕，其中中国科学院考古研究所前副所长、已故的梁思永先生在黑龙江省昂昂溪的一次发掘，乃是对研究我国北方细石器文化的一次很有成效的工作。

中华人民共和国成立以后，各省区的地方文物工作机关曾经做了不少工作，如内蒙古自治区文物工作队在昭乌达盟曾经做过多次调查，在伊克昭盟、巴彦淖尔盟等地也曾进行调查，并于 1954、1958 年两度发掘了包头转龙藏遗址。在黑龙江、吉林、辽宁、宁夏和新疆等省区也各自做了不少工作。

1956 年，北京大学考古专业实习队在内蒙古东南的赤峰和林西进行了调查和试掘。1962 年，中国科学院考古研究所内蒙古工作队在内蒙古东南复查和发现了许多遗址，并在巴林左旗的富河沟门等处进行了发掘，发现了许多细石器文化的房屋遗迹，这是一次非常重要的工作。

（三）文化概貌

本区新石器文化最大特色之一，就是在绝大多数的遗址中都有大量的细石器存在，我们称为细石器文化。此外，在东北南部有类似龙山文化的遗存，在内蒙

---

〔1〕 20 世纪 20 年代和 30 年代初期比较重要的调查有以下几次：

从 1919 年起，法国人桑志华（E. Licent）为天津北疆博物院搜集文物，曾屡次到内蒙古东部做考古调查；以后于 1923、1924、1926、1927 四年间和德日进（P. Teilhard de chardin）合作，在内蒙古东部和南部调查了许多新石器时代遗址。

1922~1923、1925~1928 年间，美国自然历史博物馆亚洲调查队成员之一的纳尔逊（N. C. Nelson）从张家口往西直到蒙古国的乌里雅苏台，沿途发现了一百多处新石器时代的细石器遗址。

1927、1929~1931、1933~1934 年间，由斯文·赫定率领的中瑞科学调查团的成员贝尔格曼（F. Bergman）曾经三次在内蒙古和新疆做了仔细的调查，发现了三百多处细石器文化遗址。

1930 年，日本人驹井和爱和水野清一等调查了内蒙古多伦诺尔的细石器文化遗址；同年水野清一和江上波夫在内蒙古锡林郭勒盟等地调查了许多细石器遗址。

上述多次调查都是外国人做的，并且大部分是在帝国主义军事势力掩护之下，或是在宗教外衣荫蔽之下进行的，所得遗物也多被运往国外，实际上是一种掠夺文物的侵略行为。

中国人的工作有两次，一次是 1930 年冬，梁思永先生在黑龙江和内蒙古东南调查了昂昂溪、林西、赤峰等处细石器文化遗址；另一次是 1931 年，杨钟健先生和法国人德日进合作，在内蒙古和新疆调查了几处细石器遗址。

〔2〕 田野发掘共有三次：1921 年，瑞典人安特生发掘了辽宁锦西沙锅屯洞穴遗址；1930 年，梁思永发掘了昂昂溪遗址；1935 年，日本人滨田耕作发掘了赤峰红山后遗址。

古南部有类似仰韶文化和龙山文化的遗存，它们都与黄河流域的仰韶文化和龙山文化有着密切的关系。

细石器作为一种特殊的工具，从中石器时代起就广为使用了，到新石器时代，沙漠—草原区继承并发展了这种技术，一直延续到铜石并用时代。我国北方的细石器文化的年代虽未确定，但是根据共出陶器和磨光石器等来看，绝大部分当是属于新石器时代的。

细石器是一种个体细小，在石材选择、制造方法和器物类型上都有一定特色的石器[1]。细石器选用的原料绝大部分是石英系统的造岩矿物，包括石英及其变种：纯净透明的水晶，由放射状石英晶体组成的石髓，具有霓虹色彩的玛瑙，致密的氧化硅碧石，非晶质的含水氧化硅蛋白石，以及由石英、石髓混合，有时与蛋白石混合构成的燧石等。它们一般具有一定的韧性，硬度甚高，并呈现黄、红、灰、褐、绿、白等各种美丽的颜色。

在制作细石器的时候，一般都用间接打击法，即先将石核打成一个平坦的台面，然后用一木制或骨制的短棒垫在台面上，用石锤击棒，便可获得很完美的细长石片。打剩下来的石核，常呈多棱的锥形体。在少数的情况下，一个石核被打出两个相对的台面，并从两端击片，这样剩下来的石核就成为多棱的柱形体了。

打下来的石片，有的直接用于刮削或切割，而绝大部分则需进行第二步加工。加工的方式以压削法为主，痕迹浅而长，被于器物的全身，镞、刀和一部分刮削器就是用这种方式加工的。另一些器物用直接打击法进行第二步加工，痕迹深而短，有时两边都有，有时集中于一边或一端，如钻、尖状器和某些石片等是。

细石器的类型比较固定，一般可分为刮削器（端刃刮削器、边刃刮削器、复刃刮削器等）、尖状器（包括钻、锥等）、刀形器（横式刀、竖式刀等）、镞和石片（用以作为某些复合工具如刀、镰、矛等的刃片）等。这些工具都是用作狩猎或处理动物皮肉的，是适应于狩猎、畜牧等经济的需要的。

在考古学上通常把以细石器为主要生产工具的文化称为细石器文化，在大多数地方，小窝篦纹的灰褐色手制陶器也是细石器文化的一个显著特征。中国细石器文化都有很精美的细石器，一般也包含有为数不多的灰褐色手制陶器，其中一部饰有篦纹，此外还有较多的大型打制石器（斧、砍伐器、敲砸器、刮削器等）和锤制石器（石磨盘、石磨棒和环石等），磨制石器的比例则是很小的。

---

〔1〕　细石器（Microlithic）一名源出希腊文：Micro——细小的，lith——石头，日文译为细石器，我国以往的考古论文中有称为幺石器的，但不久就都通称为细石器了。

长城以北的范围是很大的，每个地区的文化面貌并不相同，即便同是属于细石器文化，也不是完全一致的。考虑到这种情况，以下便分为东北地区、内蒙古东南、内蒙古中西、新疆四个区域分别叙述。

二　东北地区

（一）地理环境和文化分布

这里所指的东北地区包括了现在行政区划的东北三省和内蒙古自治区的呼伦贝尔盟等地，四周环山，中间是广大的松辽平原。由于纬度甚高，气温低下，许多地方形成草甸草原和干草原景观。但在铁岭以南辽东半岛等地气温较高，土壤和天然植被都与华北接近[1]。文化分布也和地理区划相联系，北部是细石器文化，南部辽东半岛则为接近龙山文化的遗存。

（二）细石器文化

东北地区的细石器文化遗址是很多的，尤以嫩江中游分布密度最大，单是在1960年春季和夏季的两次调查就发现了近百处遗址和3处墓葬。这些遗址的所在地有三种情形：

第一种在平原区，往往分布在水泡子四周的沙岗上。

第二种在江套及河迹沼泽地方，有一些孤立的小沙岗，高约2～15米，其上往往有细石器文化遗物。

第三种是丘陵和山区，遗址甚少，多分布于向阳的坡地。

三种遗址的面积都很小，文化层也很薄，并常常被风力扰动了原来的文化层，地面只见遗物散布，遗迹就难以发现了。

在100多处遗址中，较重要的有昂昂溪、海拉尔、江桥、莫古气、大小登科、二克浅、富拉尔基等处。在长春、哈尔滨等地也有不少遗址被发现。

海拉尔、昂昂溪和黑龙江肇源县的乌拉尔基等处基本上是同一类型的遗址。海拉尔位于呼伦贝尔盟，是已知最北且发现较早的一个遗址[2]，在那里的沙丘上曾采得许多细石器和少量陶片。乌拉尔基是位于村西北的小山头上的，除发现大量细石器、陶片和鱼骨、贝壳等外，还有文化层和灰坑的发现，这在细石器文

---

[1]　刘培新：《东北区自然地理》，新知识出版社，1958年，1～3页。

[2]　海拉尔遗址首先是由俄罗斯人托尔马切夫（V. G. Tolmatcheff）发现的。

化遗址中还是不多见的[1]。

（三）昂昂溪细石器遗址

昂昂溪遗址是 1928 年发现的[2]，1930 年由梁思永进行探掘，发现了许多遗物和一座墓葬，其后日本人曾在附近发现了贝丘遗址。中华人民共和国成立以后，在 1960 年黑龙江省文化局组织三江沿岸的考古调查，重新勘查了该处遗址，并有若干新的收获。

遗址位于嫩江东岸，该地因江水泛滥而成为一片沼泽区，在沼泽地中有四个风成沙岗。梁思永曾于第 1、3 两个沙岗上发现文化遗物，据最近的调查，第 2、4 沙岗上也是有遗物散布的。

由发掘和剖面的观察得知，沙岗的上层是流动的黄沙，中层是半固定的黑沙，下层是更新世的净黄沙，这样的地层，在东北地区的许多遗址中是具有一定代表性的。黑沙的形成，大概是腐殖质大量掺入的结果，并不是文化层的标志，但是新石器时代的文化遗物正是出在这一层的。

梁思永在黑沙层中发现了一座墓葬和少数陶片，墓中出土了不少的骨器、石器和陶器。该墓之南，俄罗斯人路卡什金也曾发现一墓，亦出土了若干石器和陶器。两座墓中都曾出土少量的细石器，由此可以知道它们是属于细石器文化的[3]。其余还有很多的细石器和其他遗物，则多是从地面捡拾得到的。

昂昂溪的石器可分细石器、大型打制石器和磨制石器三类，所用原料有燧岩石、燧石（绿、棕、黄、红）、石髓（红白、净白）、玛瑙、硅化石板、似玉石、玄武石、粗大理石和石英，其中以绿燧石和石髓占绝大多数。

细石器的数量很多，而大型打制石器和磨制石器都为数甚少。细石器有镞、尖状器、刮削器、刀形器和梯形石片等五类。镞是由燧石或石髓做成的，多数为凹底三角形，个别的为桃核形，全器都有由压削法进行加工的痕迹。尖状器是在石片的一端琢成尖形，数量甚多，其中个别的可能为钻或雕刻器等。刮削器有好几种形状，以圆头刮削器为多，凹边刮削器和复刃刮削器都较少，它们多半是刮治皮张和修理工具的（图七，1～4、8）。

昂昂溪墓葬中出土有一种很好的长条形石器，均为半透明净白石髓制，通体

---

〔1〕　乌拉尔基遗址是 1957 年由黑龙江省博物馆发现的。

〔2〕　1928 年，俄罗斯人路卡什金（А. С. Лукашкин）发现了昂昂溪遗址。

〔3〕　梁思永在报告中说在两墓中都没有发现过真正的细石器，但是在同报告中列举的墓葬出土的遗物中，如燧石或石髓做的镞、刀形器、尖状器、刮削器、小石核等，都应当是细石器。

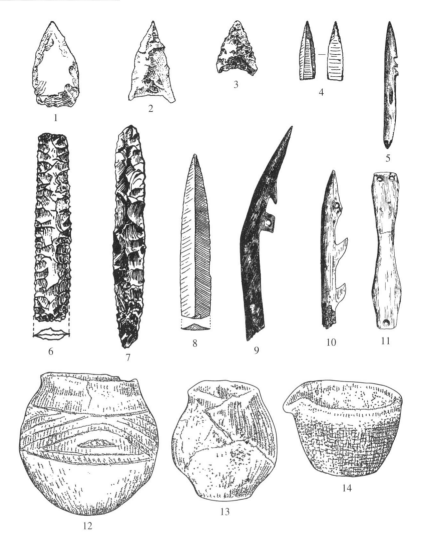

图七　昂昂溪出土的石器、骨器和陶器

1~3. 石镞　4、8. 尖状器　5. 骨鱼镖　6、7. 长条形石片　9、10. 骨枪头
11. 穿孔骨板　12、13. 陶罐　14. 陶带流钵

经压削法加工，有的两头平齐，有的一头呈尖形。过去曾被视为昂昂溪的一种特产，实则在内蒙古西北部的许多遗址中都有发现，大概是用于切割皮肉的一种刀类（图七，6、7）。

由绿燧石或半透明石髓制成的梯形石片为数甚多，一般在一边琢成锯齿状，一边琢钝或不予加工，这大概是专为镶嵌到木、骨把柄中使用的。这样的骨柄在梁思永发掘的墓葬中曾出土一把，两边有嵌放石片的凹槽，末端有小孔以便系缚于长柄上，看来是一柄两边嵌刃的枪头，这种枪头在西伯利亚的细石器文化遗存中曾有发现。

非细石器的打制石器，有网坠、刀形器和盘状器等。刀形器共两件，一呈长方形，一为镰形，在形状上和黄河流域新石器时代的收割用农具非常相像，但是制法完全不同。昂昂溪的是用燧石片在刃口精琢而成的，与其说是农具，不如说是一般的切割工具倒比较恰当。

磨光石器仅小锛一种，一般为梯形，斜刃，最长不过 5.5 厘米，是一种手工工具。

骨器在昂昂溪的生产工具中也占有很重要的地位（图七，5、9～11）。其中主要的是作渔猎用的枪头和鱼镖，每有一列倒刺。大型的长达 16.4 厘米，在一侧或末端穿孔以便于安柄；小型的长 7.15 厘米，大约也是安柄用的。这类工具，在狩猎和捕鱼时都是利器，它们的大量发现正说明了渔猎经济在昂昂溪细石器文化居民经济生活中的重要作用。

陶器主要发现于墓葬，地面只捡到了一部分陶片。按照质地可分为泥质灰褐陶和夹砂灰褐陶两种[1]，色泽均有深浅之别。夹砂陶器大都以介壳末作为掺和料，也有掺和砂粒的，目的都在使陶质坚硬耐烧。

陶器的形式非常简单，基本上只有鼓腹罐和带流钵两种，前者口稍侈，鼓腹，小平底或凹底，后者深腹平底，有一小尖流，或近于嘴状（图七，12～14）。

所有陶器都是手制的，在有些陶片上还可清楚地看到泥条捏合的痕迹。从这些痕迹可以推知当时制陶的方法大约是这样的：先做平底卷边，在边上捏出凹沟，然后再往上接着做。这是一种比较原始的方法，人类在发明陶器的初期就曾采用过这种方法。

纹饰往往成带，多饰于器物的上半部，主要有刻划纹、附加堆纹和捏起的凸形纹饰，也有少量不大清晰的浅绳纹。真正的篦纹，在这里没有见到。

昂昂溪的两座墓葬，迄今还是说明细石器文化埋葬习俗的唯一资料。路卡什金所得的一墓在发现时已经暴露而有所扰乱，梁思永发现的一墓则是从黑沙层中发掘出来的。兹为方便起见，把它们分别编号为 M1 和 M2。

M2 头朝北，仰身葬，骨架有些凌乱，可能是二次葬的结果。头部随葬一件陶罐，脚端随葬 1 件带流钵、1 个石锛和 13 件骨器：枪头、鱼镖、骨锥、骨刀梗（嵌细石片用的）和穿孔骨器等，还有少量的细石器。同出还有鸟骨和一根切锯过的鹿腿骨。

M1 在 M2 之南，骨架已乱，同出有丰富的石器：细石器镞 6 个、长条刀形石

---

[1]　梁思永在报告中把昂昂溪的陶质分为六种，实则基本上只有 A、B 两种，其余四种一部分只不过是前两种的变体，另一部分从纹饰和质地看来可能是较晚的遗物。

器 10 件、大型石刀 2 件以及石钻和坠饰等。此外还有 1 个陶罐、1 个带流钵和 1 件残断带倒刺的骨枪头。

据对 M2 人骨的观察，知为短头颅，颧骨大而阔。第三臼齿还仅出左下方的一个，但是其他牙齿已经磨损得相当厉害，可见当时食物的粗糙。初步推断这是一个中年男性的个体。梁思永又根据随葬品的不同，推测 M1 为女性墓葬。不管这种推测有多少根据，它们的随葬品的不同是不能被忽视的：M2 多渔猎工具——枪头和鱼镖等，而 M1 多切割用具——刀，还有装饰品——坠饰等，但是也有狩猎用的镞。另一方面，它们又有更多的共同之处：都没有明显的墓圹和葬具，都有一定数量的随葬品，特别是都有一个陶罐和带流钵，表明二人的身份和地位是完全平等的。

以昂昂溪为代表的细石器遗址的特点在于多量的细石器，很少大型打制石器和磨制石器，制作原始并且形式简单的陶器，缺乏真正的箆纹陶。昂昂溪细石器居民在经济上是以渔猎为主的，这不仅从遗址的环境、生产工具的性质上能得到明确的启示，就是从发掘中得到的动物骨骼上也可提供直接的证据。在第 1 和第 3 沙岗的黑沙层里，曾经出土了鹿、猪（野猪?）、狗、兔、鸟、鱼和蛙的骨骼，在墓葬中也曾发现鸟骨和被锯过的鹿骨。反之，在这个遗址中不曾发现任何明确的农业痕迹，因此有理由认为它是一个渔猎经济类型的遗址。

（四）　晚期的细石器遗址

在嫩江下游和松花江的两岸分布的一系列细石器遗址，如黑龙江杜尔伯特蒙古族自治县的官地，肇源县的西南低根，哈尔滨市附近的黄山南北城遗址，又吉林镇赉县的坦途和包力屯、安广县永合屯，大安东山头和长春市郊的黑咀子、肖家堡子、红石砬子、庙山等处，在文化面貌上都和以昂昂溪为代表的细石器遗址不同。

官地和西南低根是 1957 年由黑龙江省博物馆发现的，采集的遗物以陶片为多，石器甚少。永合屯也是 1957 年发现的，不仅有遗址，还有细石器文化的墓葬。包力屯、坦途和东山头诸遗址都是 1960 年吉林省博物馆发现的。所有这些遗址都是沙丘或类沙丘的性质，靠近河流或沼泽。地层状况一般是上面为褐色沙层，下面是净黄沙，遗物是出于褐色沙层的。

除西南低根和官地外，一般都出土大量的细石器，其中有镞、尖状器、钻、刮削器（圆头刮削器、凹刃刮削器和复刃刮削器等），也有个别全体精琢的长条刀形器，就种类和制作技术来说，和昂昂溪没有太大的不同。

但是和昂昂溪不同的是在这些遗址中往往有一部分农业工具，例如在包力屯后岗子和西南岗都有石磨盘，坦途乡北岗子有石磨棒，坦途西岗子更有收割用长方形石刀的发现。从这些迹象可以认为，当时人们除从事渔猎外，也已知道了农业，至少是已知道利用谷物了。

在这些遗址中发现的陶器和昂昂溪是不同的，在永合屯和坦途北岗子主要为灰褐色泥质和夹砂陶，也有个别的红陶或红衣陶。前者多罐，也有鬲，多素面，少数饰划纹、附加堆纹、点状纹和细绳纹等；后者则多碗钵之类。虽都为手制，但在类型上已较昂昂溪复杂得多。坦途西岗子、东山头、官地和西南低根的陶器更为进步，主要为夹砂或泥质的灰褐陶或黄褐陶，也有部分红陶（夹砂或泥质），器形多直领罐、鬲、杯、碗、盆、盂等。有些陶器外表经打磨光滑，纹饰有篦纹，呈细齿状，往往组成三角形或其他形状的几何图案，还有锥点纹、划纹、乳丁纹、附加堆纹和细绳纹等。火候一般较高，在制作技术上又更进一步。其中某些器形和东山头墓葬中发现的很为相近，而那些墓中是曾经出土过青铜器的，是一种青铜文化[1]，由此可见这一群细石器遗址的年代是相当晚的。

哈尔滨和长春附近的一系列细石器遗址多数是发现于河旁台地或小山头上的，不过在哈尔滨黄山头南北城遗址主要是发现细石器，陶器种类较简单，多罐、钵之类；而长春红石砬子等地除大量细石器外，还有很多磨制石器，如斧、锛、刀、锄、石磨盘和纺轮等。陶器也很复杂，有鼎、鬲、罐、钵、杯、豆等。农业相当发达，时代也显然较晚。

三　内蒙古东南

（一）地理环境与文化分布

内蒙古东南主要是指西辽河上游内蒙古昭乌达盟一带，旁及辽宁和河北省的一部分。这是蒙古高原和滨海平原之间的一个过渡地带，南部多丘陵，北部呈现高原地貌，主要的河流有西拉木伦河、老哈河和乌尔吉木伦河等。在这个区域，大部分为黄土所覆盖，但是很薄，土质亦往往不纯。有些地方，因为气候干燥和冬季强风的侵蚀，在河边或小湖附近堆积成许多沙丘。适应于这种地理情况，本区的新石器遗址也分为两类，一类是沙丘遗址，遗物往往分布在半固定的沙丘或沙窝子中，这类遗址为数较多；另一类是黄土台地或坡地遗址，一般保存较好，

---

[1]　吉林省博物馆：《吉林大安东山头古墓葬清理》，《考古》1961 年第 8 期。

可发现灰层和遗迹，这类遗址较少。

在整个长城以北的地区，内蒙古东南是工作较多且研究得较好的一个地方。从 1908 年发现赤峰红山起，迄今已发现了近百处遗址，比较重要的有林西沙窝、经棚瓦盆窑、赤峰红山、巴林左旗富河沟门、杨家营子、丰水山、太平地、辽宁锦西沙锅屯等处，其中赤峰红山、林西沙窝、沙锅屯、富河沟门、杨家营子等处都是经过发掘的。

所有遗址都出土多量的细石器，因此可以纳入细石器文化的系统。但是这些细石器文化遗址的文化面貌并非完全一样的，我们可以把它们分为两群，一群以赤峰红山为代表，另一群以林西沙窝为代表，前者分布于整个内蒙古东南，后者则稍稍偏北，在年代上前者可能较后者为早。

（二）赤峰红山遗址

红山在赤峰城东北约 6 千米，是一座花岗岩的小山，在山北（山后）和山南（山前）低平的沙质黄土坡地上都暴露着新石器时代的遗物和灰层堆积。该遗址于 1908 年即已发现，以后迭经调查，并于 1935 年进行发掘，中华人民共和国成立后又组织了复查，并于附近的其他地点进行了发掘。

当日本人在赤峰组织发掘时，仅仅是依据地面的露头东一块西一块地进行清理的，并不是考虑到遗址的整体而进行有计划地揭露，所以得到的资料不能不是零星的和片面的。当时在 e 区东部厚约 2.5 米的文化层的底部曾发现由石块围成的不规则形的圆圈，其中有多量炭灰和被烧过的兽骨、兽角等，大约是一座灶址。在 f 区的黑沙土中，发现有红烧草泥土，厚约 2 寸，推测是房屋建筑的碎块。在这块红烧土的北部也发现有灶址。

在文化层中发现了丰富的遗物，其中除各种石器以外，还有大量的陶器，这在细石器文化中是不多见的。

石器可分为细石器、大型打制石器、磨制石器和锤制石器四类。细石器用石英、水晶、玛瑙、蛋白石、玉髓等制成，第二步加工比较精致，有三角形凹底镞、钻、尖状器、圆头刮削器和细长石片、梯形石片等（图八）。

大型打制石器绝大部分是砾石石器，有"犁"、叶形石器（矛?）、有肩石锄、敲砸器和斧等。磨制石器有"犁"、斧和穿孔石刀等。"犁"的残块发现了 100 多件，绝大部分是石英玢岩（quarte-porphyrite）制的，也有用安山岩（andesite）和片岩（schist）制的。形似烟叶或草履，前端往往有因使用而留下的摩擦痕迹，后端则有安柄的痕迹。从其形态和使用痕迹来看，无疑是一种翻土工具，也许是一种耕具。考古工作者一般称之为石犁，其实不过是一种锹或耜头之类的

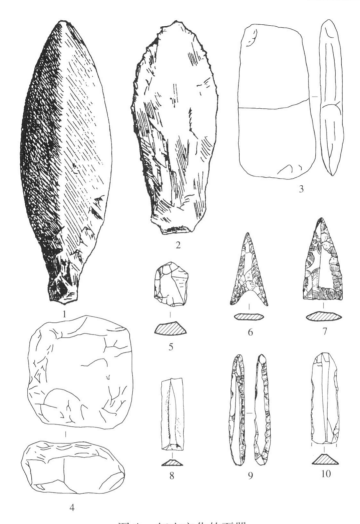

图八　红山文化的石器

1、2. 耜　3. 斧　4. 敲砸器　5. 圆头刮削器　6、7. 镞　8. 石片石器　9. 锥
10. 端刃刮削器（1、2 为林西，3～10 为赤峰红山后）

东西[1]。

　　有一类石器，包括石磨盘、石磨棒和石杵等，既看不出打击的劈裂痕，也没有砥磨的痕迹，梁思永把它列为锤制石器，大约是打成雏形后，通体加以锤砸而成的。这几种石器在赤峰发现不算太多，石杵更是少见。磨盘一般长约30厘米，大的有长达50厘米的，两头较厚，中间较薄，是因长期使用而凹陷下去的。磨棒多呈棱柱形，很少有圆柱形的，使用痕迹是和棒轴垂直的。由其形态和使用痕迹可以说明当时使用的方法，大约是两手握棒在磨盘上一来一往地推动，而不是滚

──────────

　　〔1〕　孙常叙：《耒耜的起源和发展》，《东北师范大学科学集刊》1956年第2期。

压的。所有磨盘和磨棒都是用火山喷出岩如玄武岩、凝灰岩、闪绿岩等制成的，这种岩石中有均匀的气孔，很适于粉磨谷物。不过就磨盘和磨棒的表面观察，很容易区分为粗细两种，粗的较厚，磨蚀较甚，细的较薄，磨面也较平整。很可能当时在粉磨谷物时必须经过两道工序，第一次粗磨成碎粒，第二次才精磨成细面[1]。

赤峰红山的陶器呈现着一种复杂的情况，它们可以大致分为两类：一种是泥质红陶，另一种是夹砂粗褐陶，两种陶器的数量都比较多（图九、图一○）。

泥质红陶一般呈橙红色，质地细匀，火候甚高，有时因火候不匀而在下部或里面呈鼠灰色或黑色。全部都为手制，器形有敛口、腹带双耳的罐、直筒状罐、平底钵和碗等。在大多数器物上都有彩绘，有成组的涡纹、斜方块，竖行或斜行的平行条纹等几何图形。这种彩陶，就其制法和质地来说，是和黄河流域仰韶文化的彩陶很相像的。在泥质红陶中也有不绘彩的，外面打磨光滑，有的甚至饰以连续折弧线篦纹或划纹，这种纹饰乃是内蒙古东南部所特有的。

夹砂粗褐陶呈灰褐色或黑褐色，陶质粗疏，火候较低，也都是手制的。器形主要为直筒形罐和敞口平底钵类，在其底部有烟熏的痕迹，推测是用作炊器的。在这种陶器上多饰连续折弧线篦纹或划纹，有的竖行，有的横行。在器物的底部往往印有席纹，这大概不是有意的装饰，而是在置坯于席上晾干时无意中印上去的。

在赤峰红山还发现了陶纺轮和骨器、牙器等。动物骸骨有鹿、獐、猪、羊，还发现了文蛤壳制的环，文蛤是海蛤，可能是由交换得来的。

我们从各种工具，动物骸骨和遗址堆积状况等来看，当时的经济是农业、家畜饲养、渔猎等的结合，农业的发展程度则是在细石器文化中较为突出的。

和红山性质相同的遗址在内蒙古东南是很多的，在它的西边有土城子，东南

---

[1]　在转磨发明以前，世界上许多民族都曾使用手磨盘，在埃及古王国第五王朝的雕像中就出现了双手握磨棒研磨谷物的妇女形象。我国云南的独龙族，不久以前也还使用这样的工具。粗磨和细磨分别进行的推测，可以从现代印第安人的部落中找到例证。豪夫（W. Hough）关于霍庇印第安人研磨玉米的方法有如下的记载："在霍庇人家里最使人感到兴趣的是在地上石砌的槽里斜放着的一排两块或更多的石板，这就是他们的磨盘。研磨时持棒上下推动，有如在搓板上搓洗衣服。有时三个女人同时工作：第一个在较粗的盘上将玉米碾成粗粉，第二个在较细的盘上磨得细点，第三个更细一点。有时在人口简单的家庭便由一个女人单独完成上述几步手续。"见：W. Hough, 1915. *The Hopi Indians*, Little Histories of North American Indians No. 4. The Torch Press.

图九　红山文化的彩陶

1~4. 盆　5. 豆　6. 瓶　7. 罐（1~4、7 为红山后，5、6 为三道井子）

有三道井子，更东南数百千米有辽宁锦西沙锅屯；往北西拉木伦河流域有林西西山；往东北乌尔吉木伦河流域有巴林左旗的丰水山、上伙房、太平地、杨家营子等处。

沙锅屯洞穴遗址是 1921 年发现的，当时进行了发掘清理[1]。遗址位于离海不远的山坡上，是一个石灰岩山洞，北壁长 4.9、南壁长 6、宽 2.2~2.5 米，洞口

----

〔1〕　这个遗址是由安特生发现并清理的，其中包括有新石器时代、青铜时代、战国和辽金各时代的遗物，当时由于工作草率，未能分辨清楚，俟后安志敏有专文详加分析。

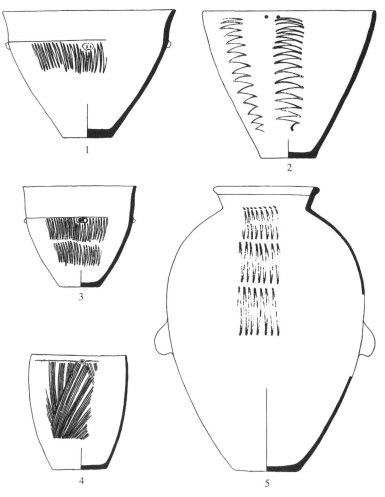

图一〇　红山文化陶器

1～4. 夹砂褐陶罐　5. 泥质红陶小口罐（均为赤峰红山后）

宽仅 1.8 米。口朝西偏南 35°，较洞内略低，在新石器时代，它是一个居穴。这里发现的陶器与赤峰红山后属于同一系统，同样分为泥质红陶与夹砂粗褐陶两类，在纹饰上也有一定数量的彩纹和划纹、连续折弧线划纹等。还有一些疏朗的绳纹，但没有见到真正的篦纹。

（三）林西沙窝遗址

林西沙窝遗址在县城南，北临木石匣河，西有两个"水泡子"，整个遗址是连绵不断的沙丘，面积约 4 平方千米。定向风的作用形成了许多西北—东南向的沙窝，原生堆积大部遭到破坏。从断面上观察，知最上为流动的黄沙，中为黑沙，下为净黄沙或白沙。黑沙层并不是普遍都有的，但凡出遗物的地方，都多少与黑沙层有些联系。

遗址从 1908 年发现以后，先后有桑志华、江上波夫和梁思永等进行复查；中华人民共和国成立以后，内蒙古文物队汪宇平和中国科学院古脊椎动物与古人类研究所裴文中等也曾进行过调查和试掘，从而对该地的细石器文化有了较多的了解。

林西出土的石器可分四类，即细石器、大型打制石器、磨制石器和锤制石器，这和赤峰的情形相同，但是在比例上有别，这里细石器远比赤峰为多，而磨制石器则甚少见。

细石器和细石片的数量之多是惊人的，在各个沙窝的底部几乎俯拾皆是。其原料多是玉髓、燧石、水晶、玛瑙和蛋白石等。石核多锥形，也有柱形的。石片长度多在 5 厘米以内，宽约 0.4～0.8 厘米，较赤峰的略大。器形有尖状器、钻、锥、圆头刮削器、凹刃刮削器、复刃刮削器和凹底三角形镞等，和赤峰的情形大体相同。

大型打制石器在沙窝不但数量较多，而且器形复杂，很不定型。一般不修理台面，打击方向也不固定。其中砾石石器有砍伐器、敲砸器和石砧等，石片石器有砍伐器、刮削器和尖状器等。另外还有石"犁"。

磨制石器有斧、"犁"等，数量很少。

锤制石器数量甚多，有磨盘、磨棒和环石等。环石是用粗面岩做的，大的直径有 18 厘米以上，孔径则只 2～3 厘米，周围往往有砸击的斑痕，可能是一种石锤，如果作为掘土棒上的重石，孔径就未免太小了。

总观沙窝的石器，直接用于狩猎和农业的都不很多，大量的细石器中有不少是嵌入物，是作刀等用的。细石器和大型打制石器中的刮削器和尖状器除用来修理工具外，也还可以处理兽肉和切割皮张。这使我们有理由推测当时肉食的来源除狩猎外还应当有畜牧经济。在林西沙窝中经常可以捡拾到残碎的动物骨骼和牙齿，其中除鹿外，还有牛、羊、马等，有的牙床外包裹着一层钙质，说明其年代不会很晚。在发掘中也曾于黑沙土层中得到一些碎骨，不过因为太碎而莫辨种属。要之在当时畜牧经济已经发展起来，是完全合乎逻辑的。

历来在沙窝发现的陶片很少[1]，所得陶片一般为夹砂黄褐陶或灰褐陶，手制，火候甚低。纹饰有附加堆纹、细线篦纹、划纹、弦纹、细绳纹和连续折弧线

---

[1]　梁思永在报告中所描述的许多陶片，经判明大部分是辽代的。参见汪宇平：《内蒙昭乌达盟印纹陶的时代问题》，《考古通讯》1955 年第 4 期。

纹等，在器物口沿往往有堆纹上附指甲纹或连点纹。器形多为直筒形平底罐。这和赤峰有明显的区别。

由于沙窝陶器甚少，而地层关系也不十分清楚，我们现在对它的文化特征还不能很确切地把握。大体上和它相同的遗址，在乌尔吉木伦河流域有巴林左旗的富河沟门、乌尔吉、义和屯、马家园子、杨家营子等，在西拉木伦河流域有经棚瓦盆窑和林西锅撑山等处。这些遗址细石器较多，农业工具较少；陶器中多夹砂褐陶，少数为泥质灰褐陶，饰堆纹、席纹、划纹、细绳纹、连续折弧线篦纹和划纹等，而缺乏彩陶。这是和以赤峰红山为代表的一群遗址所不同的。

由于现在掌握的资料有限，上述两群遗址的划分容有一些出入。总之，内蒙古东南的许多细石器文化遗址，包括林西、赤峰等处在内，在文化特征和经济类型等方面并不是完全一致的，尤其是赤峰和沙锅屯等处彩陶较多，所受黄河流域新石器文化的影响较大，这也是应当注意的一个事实。

但是就整个内蒙古东南的各遗址来说，还是具有一些共同的特点，从而有可能把它们作为一个整体来看待。由于地理条件的特点，在经济方面，多数是农业、畜牧和狩猎等的互相结合，只是在各地点的比重不同，赤峰和乌尔吉木伦河流域的若干遗址农业比重较大，而林西沙窝、巴林左旗富河沟门等处比重较小。在这个区域有着特有的农业工具，它们是"犁"、有肩锄和三角形锄。现在发现石犁的地点有赤峰红山、土城子、林西沙窝和西山坡，巴林右旗益司毛道村，阿鲁科尔沁旗德博勒庙区，巴林左旗丰水山、公司营子、博力罕吐、太平地、福山地等处，单是赤峰红山一地就曾发现百余件残块。形状可大致分为两种：一种烟叶形，两边对称，后端较窄，形体较大，体长常在 30 厘米以上；一种草履形，多不甚对称，后端较前一种为宽，体长多在 30 厘米以下。两种石犁多数为打制而成，烟叶形的则有一些是磨制的。当桑志华首先发现这种工具时，曾经命名为"石犁"，但作为犁头，首先就要具备分土前进的物理条件，这种工具中脊虽稍稍隆起，但基本上还是扁平的，很难起分土的作用，因此我们推测它应当是锹头或耜头，是一种手持的翻土农具。

有肩石锄和三角形石锄之所以称为锄，是因为其体短刃宽，后端较厚，不大像斧或铲类，作为锄倒是比较合适。这两种工具大体上也只发现于内蒙古东南区。这里应当注意不能把有肩石锄和我国南方的有肩石斧等混同起来，后者一般体扁平，多经砥磨，它们是属于功用不同的两种工具。

此外，石磨盘和石磨棒在细石器文化的各个区域虽都有发现，但以内蒙古东南为最多，也算是一个特点。

在陶器方面，直筒形罐（无论是夹砂陶或泥质陶）的发达以及连续折弧线篦

纹和划纹是无论早晚都有的，是内蒙古东南陶器一个很大的特色，和东北地区的
细石器文化显然不同。

四　内蒙古中部和西部

（一）遗址的状况和主要发现

在昭乌达盟以西，黄河河套以北，是一片广大的内陆区域，气候干燥，雨量
稀少，呈荒漠或半荒漠状态。在内流河的两岸或湖泊周围则有成片的草地。遗址
多分布在河、湖岸边的草地或沙丘中，在没有河流与湖泊的地方，则位于水泉近
旁或小山坡上，常常成群地分布着，每一个遗址的面积都很小。

本区的考古工作主要是由贝尔格曼（Bergman）做的，他从张家口到新疆边界
的整个内蒙古境内共发现了 300 多处遗址。

东部的遗址，以百灵庙和乌拉特中后联合旗（今乌拉特后旗）的空霍尔鄂博
比较丰富。百灵庙位于一条内流小河名为埃伯格新河的流域，在河流两岸的草地
上有四五处细石器遗址。遗物均从草地拾得，其中有石核、石片、刮削器、刀形
器、钻、穿孔器和镞等，这些都是细石器。镞均为三角形，有平底与凹底之分。
此外还有打制的砾石石器——石斧以及少许陶片等。

空霍尔鄂博是一座小山，在小山东部向阳斜坡的小荆丛中散布着许多遗物。
该处地面为沙质土，在有些冲沟的断岸上也采得一些遗物，但是没有任何清晰可
辨的文化层可言。在这里发现的细石器和百灵庙的基本相同，但在刮削器中以圆
头刮削器和凸边刮削器为多。镞除三角形者外，也还有叶形的一种。大型打制石
器甚多，主要为斧、砍伐器和刮削器，也还有矛。斧的形状上窄下宽，多凸刃，
有些已经磨光，有些还保留石皮，可能为半成品。此外还发现一些石磨盘和石磨
棒的残块。

在空霍尔鄂博遗址中也曾发现一些陶片，多属褐陶，饰绳纹和其他一些不甚
清晰的压印纹，另有 2 片泥质红陶，上绘黑彩，惜陶片太小，彩纹主题不辨。

从三德庙往西到阿拉善旗，景观有很大的改变，由草原变为干旱的荒漠。这
里较重要的遗址为乌克托霍依，该处为一玄武岩高地和矮山所包围的宽广谷地，
中有水泉。到处都覆盖着流沙，在高地和一些山坡上也为流沙所掩。这里发现的
一系列遗址，大多分布于谷地，少数在高地上，其间距离一般为两三千米。在这
里曾经试掘了若干地点，但没有发现任何文化层，所有遗物都是从地面采集的
（图一一，1、13）。

在乌克托霍依的一系列遗址中，曾经发现大量的打制石片和半成品，还发现了 32 个石锤，它们大约是一种制石工具，可能这是一个制作石器的场所。这里的遗物非常丰富，其中细石器有石核、石片、各种刮削器：圆头的、凹头的和边刃刮削器，还有钻和尖状器，镞则只发现 2 件。大型打制石器中有各种斧，一般上窄下宽，平刃或凸刃，也还有锛和凿、砍伐器、刀形器等。砍伐器有相当多的数量；刀形器有大小两种，全体均有精细的第二步加工，大的曲背直刃，较小的有窄条状和匙状两类，匙形石刀迄今只有这一处发现，它的后端较窄而延长，大约是安柄使用的。此外，在这里也发现了少许石磨盘和石磨棒的残块。

出土陶片极少，多夹砂褐陶，另一片黑红陶片，似有彩绘。

这些遗址的分布地区现在已完全变为不毛之地，大约在新石器时代附近有更多的水泉，否则人们是难以生存的。

再往西去，在额济纳河流域也有一系列的细石器遗址。尤其在河流东部的圭尔奈，曾有许多遗物较为丰富的遗址发现。

圭尔奈是一处风成的沙漠低地，定向的西北风将流沙搬运到低地的东南，形成数十千米长的环形沙丘，在这些沙丘的边缘满生着芦苇和灌木丛，许多细石器遗址就是分布在这里的。在这里发现了许多细石器，其中有石核、石片、穿孔锥、钻、镞和刀形器等。大型打制石器极少，但见小块的经砥磨的绿石，可能是石斧的残片。

陶片较多，有夹砂褐陶和泥质红陶两种，前者饰有绳纹和刻纹，后者呈亮红或砖红色，有的饰几何形黑彩。此外，还发现有由鸵鸟蛋化石做成的穿孔圆珠等。

内蒙古最西部的黑戈壁中也曾采得一些石器，其中有大型打制石斧等（图一一，2~8）。

此外，在黄河河套和伊克昭盟一带也出土一些细石器，有些遗址甚至细石器的比重很大，但是它们都和仰韶文化与龙山文化交织在一起，有些就是该二文化的组成因素，和上述细石器文化有所不同。

（二）共同文化特征

如果我们把内蒙古中部和西部的细石器文化作为一个整体来看，可以归纳出一些共同的特点。

在石器方面，以细石器的数量最多，占 80% 以上，大型打制石器约占 8%，磨制和半磨制石器约占 2%，锤制石器更少。石料多为各种火山岩，玉髓，硅质沉积岩如板岩、黏板岩和页岩等，更有石英斑岩的凝灰岩，这些石料就和海相沉积的燧石结核一样致密和利于制作石器。从乌克托霍依等制石场所来看，当是就地

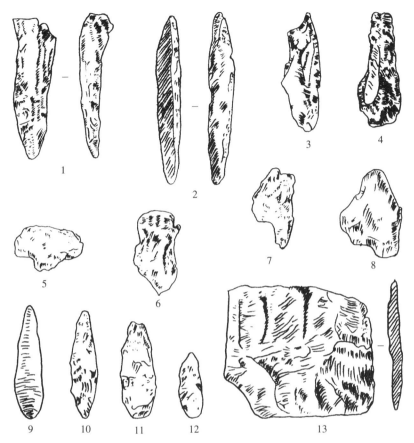

图一一　内蒙古西部、宁夏和新疆的石器
1、2. 锥　3～8. 刮削器　9～12. 叶形石镞　13. 石刀（1、13 为阿拉善旗，2～8 为内蒙古西部，9～12 为新疆辛格尔）

取材的，主要是天然的岩石碎块，很少用到河光石的。

细石器的种类和东北以及内蒙古东南区并无多大区别，但似乎刮削器和刀形器的数量较多。刮削器分端刃和边刃两大类，前者以凸刃为多，个别有凹刃的；后者多直刃，也有凸刃和凹刃的。刀形器中有一种窄条状的，和昂昂溪所见很是相像。镞除百灵庙发现较多以外，其他各遗址都较少，石矛更少。

大型打制石器多为斧类，其中最富特征的是上窄下宽、凸刃、剖面呈菱形的一种。某些磨制石斧有剖面椭圆或扁平的，但是为数很少。打制石器中还有相当数量的砍伐器和刮削器，它们的形状很不固定，大凡双面开刃的属砍伐器，而单面开刃的就算作刮削器。

上述石器清楚地表明内蒙古中部和西部农业是不发达的，因为几乎没有一件工具可以肯定为农具的。但是在有些遗址中发现过一些石磨盘和石磨棒的残块，一般认为它们是加工谷物用的。那么这些谷物是哪里来的呢？是人工种植的还是野生的呢？是本地生产还是从内蒙古以南交换来的呢？我们现在是无法知道的。但是不管怎样，它们在整个经济中所占的比重是微不足道的。

我们再来看看各遗址所在地的自然环境，多数都是内流河的两岸，特别是东部迄今还是丰美的草原，另一些遗址，有的接近水泉，有的靠近干涸的河床，有的则在湖泊四周的沙丘上。尽管有些河流现在失去了水分，有些湖泊水位已经降低，盐分也未免过高而不适于饮用，这是由于几千年来自然界的变迁，在新石器时代或许并非如此，作为一个广大的狩猎和畜牧场所还是很相宜的。但是在全部工具中直接用于狩猎的（镞、矛等）并不很多，估计打猎也不可能是人们主要的生活资料来源。大约在当时除从事采集和狩猎外，还已开始了家畜的放牧，这从有同等发展水平的内蒙古东南区已有畜牧经济看来，并不是不可能的。

在这个区域的遗址一般很小，陶片又特别少，表明当时居民的流动性很大。在为数不多的陶片中，主要的是手制灰褐陶，饰绳纹、刻纹和小窝纹等，缺乏真正的篦纹[1]。彩陶主要是从圭尔奈采集的，其他各处也有零星的发现，均为黑彩，纹饰可辨的有平行纹、三角纹、条纹和网格纹等，它们同黄河流域的仰韶文化与甘肃仰韶文化应有一定的联系。

另外，在内蒙古中部和西部各遗址间也并非完全一样的，有人根据其间的差别，将它们区分为四个文化相：东部草原文化相，阿拉善沙漠文化相，额济纳河文化相和西部黑戈壁文化相[2]。但由于全部遗物都是地面采集的，难免不发生片面的印象，有些甚至时代都不能十分确定，因此这种区分只具有相对的价值。

五　新疆维吾尔自治区

（一）地理环境和文化概况

新疆维吾尔自治区的地理环境在许多方面和内蒙古中西部相像。气候干燥，雨量稀少，大部分地方呈草原或荒漠草原景观。在内流河旁、山间盆地、湖泊周围，往往就有新石器时代的遗址分布着。

新疆的新石器时代遗存早在 20 世纪初就有发现，其后陆续有过几次调

---

〔1〕　马林吉尔：《史前蒙古》（J. Maringer, 1950. Contribution to the Prehistory of Mongolia. *The Sino-Swedish Expedition*, Probl. 34. Stockholm）图版 40 图 11 之一陶片，在两道弦纹之间有许多平行的连点纹，虽略似篦纹，但与一般细石器文化者不同，可能是较晚的出品。

〔2〕　马林吉尔：《史前蒙古》（J. Maringer, 1950. Contribution to the Prehistory of Mongolia. *The Sino-Swedish Expedition*, Probl. 34. Stockholm）第三部分：结论。

查[1]。但对于全面地了解本区的新石器文化分布及其性质来说，还是远远不够的。

　　现在知道：新疆的新石器文化是以细石器文化为主体的，另外发现过一些彩陶和磨制石器，可能也是属于新石器时代或铜石并用时代的遗存。这些遗存在南北疆都有分布，但多数偏于东部地区。主要的遗址有哈密以西的三道岭子和七角井子、吐鲁番的雅尔崖和阿斯塔那，乌鲁木齐东南的柴窝堡，托克逊以南的辛格尔，罗布淖尔附近、南疆且末的七金寨和新疆西陲的阿克苏等处。

（二）　细石器文化遗址

　　新疆发现的新石器时代遗址主要是属于细石器文化的，它们分布于南疆、北疆、东部和西部。

　　在新疆东部天山的隘口或盆地中，有三道岭子、七角井子、雅尔崖、阿斯塔那和柴窝堡等遗址，这些地方都有许多细石器，包括石核、石片、刮削器、尖状器和石镞等，也有大型的打制石锤。在阿斯塔那还发现不少夹砂红陶片和带红衣的灰陶片等。从细石器的制法和形状来看，和内蒙古西部的没有什么不同。

　　在上述遗址稍南一些，在新疆中部库鲁克山中有个小村庄叫辛格尔，村西南水泉旁边有许多小沙丘，上面生长着柽柳和芦苇，在那里发现了细石器遗址。遗址中出土大量的镞，多呈叶形，有的细长，有的较短，没有明显地分化出来的铤部，这种镞在其他地方是很少见的，是辛格尔的一个特点。除镞外，其他细石器还有石核、尖状器、锥、钻、窄条刀形器和刮削器等。在地面还有许多打碎的石片和未经加工的半成品，看来石器就是在当地制造的（图一一，9～12）。

　　遗址中发现的陶片呈褐色或略带红色，不太粗，有的饰以刻纹。

　　由辛格尔再往南，便到了南疆的罗布淖尔附近。罗布淖尔是一个不固定的大咸水湖，在它周围的沙漠中，曾发现过许多细石器地点。出土的细石器有圆柱形或扁锥形的石核，长石片、钻、尖状器和边刃刮削器等。镞较少，呈叶形，有的有铤，和辛格尔所出的颇相像。还有一些大型打制石器和磨制石器，如斧、锛和刮削器等。在个别地点出土少量陶片，多为褐色素面陶，有的饰刻纹，掺粗砂，

---

[1]　新疆新石器时代遗址的调查，除最初斯文·赫定和斯坦因的零星发现外，主要是由中瑞科学调查团的贝尔格曼等于1928～1934年，中法科学调查团的德日进于1931年发现的。贝尔格曼等发现的遗址有柴窝堡、辛格尔、七金寨和罗布淖尔附近的一系列遗址；德日进发现了七角井子、三道岭子和阿克苏。同时黄文弼在罗布淖尔附近也有不少发现。中华人民共和国成立后，中国科学院民族研究所委派史树青等在新疆调查少数民族文物，于1959年复查了七角井子和雅尔崖；1960年新疆博物馆在吐鲁番阿斯塔那发现了细石器遗址。

火候甚低。由于沙漠中风力和气候冷热的影响，大多已被剥蚀为无皮的碎片。

由罗布淖尔再往南，便到了大戈壁南边的且末，那里有个七金寨，出土有细石器石核、石片和刮削器等，也有刻纹的陶片，文化特征和罗布淖尔的相近。

最后在新疆西部的阿克苏也发现过一些细石器遗址，细石器和罗布淖尔的接近，但大型打制石器较多，还出土一些褐色手制的陶片等。

新疆地区辽阔，各地细石器遗存的面貌自然不会完全一致。大约北部的七角井子和阿斯塔那等是比较接近的一群，它们和内蒙古西部的细石器文化比较相近。而较南的辛格尔等遗址则有比较突出的特点，例如叶形镞和刻纹陶器等。

（三）彩陶文化遗存

在新疆，现知出土彩陶的地方有吐鲁番的胜金口、雅尔崖，托克逊，哈密的庙儿沟、焉不拉村，库车的哈拉墩，焉耆的阿希土拉、白土墩子，新和的于什格提，且末，拜城赛里木旧城和伊犁的阿脱洛克旧城等处，其中哈拉墩是经过发掘的。

胜金口、托克逊和庙儿沟是贝尔格曼发现的，雅尔崖是黄文弼发现的，这几处遗址位于新疆中部偏东，在天山东段的峡谷与盆地中。

庙儿沟在哈密东南85千米，位于天山南面喀尔雷克山的地方，在村南小溪旁有一彩陶遗址。出土多红色或橙黄色，厚0.3~1.3厘米。泥质陶常饰彩，彩为黑色或红色，彩纹有叶脉状纹、三角纹等。夹砂陶多素面，有些有指纹，其陶色和泥质陶是一样的。器形可辨者有罐、杯等，有些有耳或把，约皆平底。

胜金口遗址在吐鲁番东33千米的胜金谷口，在天山山麓与吐鲁番盆地交接之处。出土陶片均呈红色，掺少量粗砂，火候甚高。饰黑彩，有横线、竖线、折线等。器形可辨的有碗、瓶等。

托克逊遗址在托克逊河之北约100米，道旁发现彩陶片和几枚人牙，可能有墓葬。出土陶片壁薄，红色、光面，质地甚佳，常饰红衣，然后绘黑彩，彩纹似垂縒，口沿里边则多三角形彩。器形多瓶，有把，可能为圜底。

雅尔崖遗址在村西南约2千米，除遗址中出土一些彩陶片外，还在一座墓中发现一彩陶瓶，红陶，单把，圜底，外饰红衣，绘黑彩，彩纹于口沿为垂幛式，腹部则为成组的竖线。同一墓地的其他墓葬中还出土直筒形罐和石斧等。

在天山西段的几处遗址，哈拉墩可作为其代表。这个遗址位于龟兹古城中，是一个南北25、东西15、高约3.2米的土墩。1957年11月至1958年4月，中国科学院考古研究所黄文弼等曾对该土墩进行发掘，推测其上层为唐及其以前的堆积，下层则为石器时代的遗存。堆积厚约2~3米，发现有灰坑和柱洞的遗迹等。

出土遗物则有石器、骨器和陶片等。

石器多磨制，也有打制的。器形有镰刀（或半月形刀?）、锤、钻、杵、磨石、纺轮和耳坠等。骨器有锥、针、簪、镞和装饰品等。

陶片都是夹砂红陶，一种涂白衣，绘紫色彩，彩纹有三角形纹、平行条纹，也有涡纹和网格纹；另一种涂朱红陶衣，饰凸旋纹、三角纹或刻圆圈纹等。器形则有碗、瓶等。

在南疆塔克拉玛干大沙漠之南之且末也曾发现一种彩陶瓶，据说是在柯那沙尔旧城出土的。该瓶长颈球腹，腹有双耳，圜底。红陶，红衣、饰黑彩和黄白色彩。颈部为斜网格纹，腹部为垂缀纹，口沿内有三角纹，纹样流利，色彩绚丽。

六　小结

长城以北地区的新石器文化是以细石器文化为主体的，其他文化遗存都比较少。在我国，除长城以北外，其他地方也还有细石器发现。其中最主要的是陕西朝邑、大荔间的沙苑遗址，那里发现的细石器和类似莫斯特尖状器的大型石器在一起，可能是中石器晚期或新石器早期的遗存。其次在青海的托托河沿和西藏的黑河分别发现了细石器的刮削器和石核[1]。在黄河流域的甘肃仰韶文化、齐家文化和龙山文化的若干遗址中，也曾出土过一些细石器，这种情况，究竟是受到北方文化的影响，还是基于本身生产的需要，或者两种原因都有，是有待研究的问题。

细石器文化不仅在中国存在，在亚欧非的沙漠—草原地带更有着广阔的分布，中国细石器文化只不过是这一广阔地带的一部分而已。近来有些人致力于细石器文化区的研究，他们认为这种区域的形成取决于自然—历史条件。在中石器时代，当人类还只知道狩猎和采集植物的时候，细石器对任何区域的居民都是适用的，必需的，因此无所谓细石器文化区的问题。到新石器时代，南方大河流域的许多部落发明了农业，石铲、石锄和石刀等大型农业工具在经济中起着主导的作用，从而逐步地排挤了细石器的使用范围。极北的森林苔原地带则发展了渔业，细石器的使用范围也受到限制。而在横亘欧亚大陆的沙漠—草原地带，流动性的狩猎生活仍然继续着，后来发展了一部分畜牧经济，也没有必要从根本上改变既有生产工具的性质，因此细石器技术被保持下来并发展了，从而形成了一个和自然地理带非常相近的细石器文化区，这种巨大的文化区的形成，显然是因为经济的原

---

[1]　邱中郎：《青藏高原旧石器的发现》，《古脊椎动物学报》1958年第2卷第2～3期。

因，而与人们的族的共同体无关[1]。

基于上面的认识，我们就不能满足于大的细石器文化区的划分，应该对各种文化特征进行综合分析，划分出更小的文化区来。我们根据现有的资料，暂时把中国细石器文化分为东北、内蒙古东南、内蒙古中西部和新疆四区。这种区分容有不当之处，在将来资料更丰富以后，可以考虑更确切的划分方法。

最后应当注意的是，新石器时代的经济尽管是公社范围以内的纯自然经济，然而人们之间的交往和文化传播还是经常进行的，对于农业不甚发达因而流动性较大的细石器文化居民来说就更是如此。因此，在仔细地划分各文化区时，丝毫不应忽视各区之间的联系。同时，既然中国细石器文化不过是欧亚大陆整个细石器文化的一个部分，它和相邻的蒙古国以及俄罗斯亚洲部分的细石器文化，便必然会有若干联系。有人曾将内蒙古所得细石器材料与蒙古国的资料进行逐一对比，在总的方面基本上是差不多的，只是后者的石矛较多，鸵鸟蛋壳化石的珠子较多，这不过反映其狩猎较为发达，在根本的文化性质上还是很相近的[2]。

我国细石器文化和俄罗斯亚洲部分的细石器文化也有一些共同之处。有些苏联考古学者认为，俄罗斯东部甚至中国的细石器文化受到中亚细石器文化的影响是可能的[3]，不过现在要回答这个问题还为时过早，这需要中、俄和蒙古国的科学家们共同的努力。

---

〔1〕　A. A. 佛尔莫佐夫：《苏联亚洲部分的细石器遗迹》，原载《苏联考古学》1959 年第 2 期，译文见《考古》1960 年第 4 期；A. A. 佛尔莫佐夫：《苏联细石器文化研究》，《考古学报》第十册，1955 年。

〔2〕　马林吉尔：《史前蒙古》（J. Maringer, 1950. Contribution to the Prehistory of Mongolia. *The Sino-Swedish Expedition*, Probl. 34. Stockholm）第三部分：结论，表 V。

〔3〕　A. A. 佛尔莫佐夫：《苏联亚洲部分的细石器遗迹》，原载《苏联考古学》1959 年第 2 期，译文见《考古》1960 年第 4 期；A. A. 佛尔莫佐夫：《苏联细石器文化研究》，《考古学报》第十册，1955 年。

第三章　黄河流域的仰韶文化
和甘肃仰韶文化

一　概述

（一）黄河流域与黄土地带[1]

黄河流域是曾经孕育了中国古代文明的圣地，而中国的古代文化就某种意义来说又是黄土的产儿，黄河以及被覆于整个流域的黄土对于我国古代文化的这种密切关系，自从新石器时代——那时人类第一次知道了农业——起始，就清楚地显现出来了。

黄河发源于青藏高原，曲折东注，流域面积约达 75 万平方千米。青海贵德以上为黄河上游，穿行于山地峡谷之中，水流湍急。贵德以下至河南中部沁河口为中游，大部分流经黄土高原。上段起始为兰州盆地，在那里辐集着大通河、湟水、庄浪河、大夏河、洮河等著名支流，以下流入干燥区域；下段至山陕间转入峡谷，然后汇入泾渭河、伊洛河和沁河等较大支流。沁河口以下，为黄河下游，河道极不稳定，历经改道和泛滥，以至形成了构成华北平原主要部分的巨大冲积扇。

黄河流经的所在，同时也就是我国著名的黄土地带。中游流经的黄土高原，遍地覆盖着原生黄土，厚自数十米以至百余米不等。大量黄土的堆积，大约是在更新世后期形成的。当时由于冬季蒙古高气压造成了强劲的西北风，吹扬起蒙古沙漠区的尘埃，一直运送到黄河流域，年长日久，便形成了厚厚的黄土层。人们注意到接近蒙古沙漠的西北地区黄土颗粒较粗，多粉沙粒，堆积较厚；愈向东方则堆积愈薄，颗粒也愈细，黏粒增多，不啻对于上述假说的一个有力的证据。

---

[1]　本节主要根据中华地理志编辑部编纂：《华北区自然地理资料》（科学出版社，1957年）和李学曾：《黄土高原》（商务印书馆，1959 年）二书写成，如有引述的错误，当由编者负责。

黄土质地均匀粗松，持水力弱，抵抗水流的冲刷能力很差。黄土还具有垂直劈理，能直立数米以至数十米而不崩倒。因为有这两个特性，若是遇到经年流水的冲刷，便很容易形成累累沟壑，远望如波涛起伏的黄土海洋，近前则川谷深坠，高崖陡峻。

在黄土高原以东的华北大平原，主要是由于河流流经黄土高原时携带的大量泥沙沉积而成的，习惯上称为次生黄土，含较多的有机质并具有水平层理，和原生黄土性质不同。

在黄土形成的时期，华北的气候是比较干燥而寒冷的，当时河流的冲刷作用不甚显著。但在黄土的旺盛堆积时期过去以后，华北气候变得温暖湿润了，每逢夏天都会有急骤的暴雨造成洪水激流，严重地侵蚀着黄土地面，许多沟谷和阶地就是在这一时期形成的。其时正当考古学上的中石器和新石器时代[1]。

由于长期的侵蚀作用，使黄土地貌出现三种不同的类型：第一种是黄土塬，侵蚀轻微而平坦，面积亦较大，在陕西渭河流域的冲积阶地发育很好，一般可分三级，当地居民称为头道塬、二道塬和三道塬；第二种是黄土丘陵，是由黄土塬经沟壑分割破碎而发展起来的，或是在黄土生成以前原有丘陵地形而继承下来的，长条的脊岭称为梁，孤立的圆丘则称为峁；第三种是黄土川地，是河谷中的冲积阶地，川地两侧还可发育小冲积扇，是黄土地带比较肥沃的地方。

整个黄土地带的土壤是以褐色土类为主的，这种土壤具有显著的黏化作用，其生成条件是气候温和、干湿季明显和干燥森林草原的植被。由于侵蚀作用的影响，各地土壤结构和肥力并不一致，一般在川地、塬面和下游冲积黄土区域，腐殖质含量较高，团粒结构较好，肥力较强，新石器时代的农业文化，就是在这样的土壤中成长起来的。

（二）仰韶文化的发现与分布

黄河流域新石器时代文化的首次发现约当 20 世纪 20 年代之初，在此之前，只有一些零星的关于石器的记载，当时甚至有人怀疑中国是否有石器时代之存在[2]。

---

〔1〕　华北第四纪地质可分为四个时期：保德期、汾河期、马兰期和板桥期。马兰期为黄土生成时期，约当旧石器时代的后期。板桥期侵蚀作用显著，约当中、新石器时代。

〔2〕　例如劳弗尔（Laufer）在所著《中国古玉考》（Laufer, 1912. *Jade：a study in Chinese Archaeology and Religion*, pp. 54 - 55）一书中说："这些器物（石器）在某些地方时有发现而为数甚少。在中国没有任何地方发现可称为石器工场的地点，从而可认为当时人们可以不借金属帮助而纯以石器为生，或石器工业之发达是以供给当地大量居民的需要，是故就现有知识来说，不能谓有中国的石器时代，更就中国的典籍考之，也无所谓中国石器时代。"

到 1920 年，瑞典人安特生（J. G. Andersson）派助手刘长山去河南采集古生物化石，便中在渑池县仰韶村收集了数百件石器，其中有磨制很好的石斧和石刀等，从而引起了安特生的注意。1921 年春安特生亲自到仰韶村去勘查，在村南发现了一处很大的遗址，并于灰层中发现了彩陶与磨制石器共存的情况，此后在秋季组织了一次发掘。发现了一些窖穴和墓葬，获得了经过砥磨的石斧、石刀和彩陶、灰黑陶等丰富的遗物，当时确定它为一种新石器时代末期或铜石并用时代的遗存。

当安特生在仰韶村发掘之时，他的助手在以西 6 千米处发现了不召寨遗址。不召寨的遗物除没有彩陶外，其余与仰韶村相同。

紧接着，在 1921 ~ 1922 年间，安特生的另外两位助手在河阴（今成皋）发现了池沟寨和秦王寨等彩陶遗址。

在安特生看来，在上述遗址中发现的遗存，都是同一时代和同一文化系统，有必要给予一个共同的名称。1923 年，他发表《中华远古之文化》，着重介绍了仰韶村的材料，并以仰韶村为代表，提出了"仰韶文化"的名称。

实际上仰韶村的文化遗存很不单纯，除具有以彩陶为特征的文化外，还有以灰黑陶和鬲等为特征的另一种文化，不召寨则只具有后一种文化，我们称为龙山文化。1926 年，李济在山西夏县西阴村发掘了一处遗址，则是以彩陶为特征的较单纯的遗存。1931 年，梁思永等在河南安阳高楼庄后冈发掘，发现了仰韶文化在下，龙山文化在上的地层关系。1932 年，吴金鼎在安阳侯家庄高井台子的发掘，刘燿（尹达）在浚县大赉店的发掘，1933 年石璋如、王湘在浚县刘庄的发掘，1934 ~ 1935 年梁思永在安阳秋口同乐寨的发掘，亦都得到与后冈相同的地层关系。此外，1931 年北京师范大学董光忠等在山西万泉荆村的发掘，1934 年郭宝钧在河南广武青台和陈沟的发掘，同年徐炳昶在陕西宝鸡斗鸡台的发掘，都得到了仰韶文化的遗存。

在上述工作的基础上，刘燿（尹达）于 1937 年写了《龙山文化与仰韶文化之分析》一文，对仰韶文化和龙山文化的特征进行了全面的分析，指出它们是两种不同系统的文化，而原来安特生用来作为仰韶文化典型遗址的仰韶村本身就包含有两种文化遗存，应当加以区别，这是在仰韶文化研究上的一大推进。

1949 年以前对于仰韶文化的研究，主要是在文化性质尤其是陶器的总的特征方面的，1949 年以后，工作规模扩大了，探讨问题的深度和广度也远远地超过从前了。其中最显著的转折是从 1954 年陕西西安半坡的发掘开始的，半坡的发掘一直继续到 1956 年，发现了数十座房子和数百座墓葬，都是属于仰韶文化系统的。继半坡以后，1956 ~ 1957 年河南陕县庙底沟的发掘，1958 ~ 1959 年陕西华阴横阵村和华县柳子镇的发掘，1958 ~ 1960 年宝鸡北首岭的发掘和 1959 ~ 1960 年河南洛阳王湾的发掘等，其规模都与半坡不相上下，且都发现了丰富的仰韶文化遗存。

与此同时，在河南、河北、内蒙古、山西、陕西、甘肃等省区还进行了许多小规模的发掘和普遍的调查，发现了许多仰韶文化遗址。现在我们知道仰韶文化的分布是以河南、山西、陕西为中心，北及黄河河套，南抵湖北边境，东至河北、河南，西到甘肃，遍布整个黄河的中游地区。

（三）仰韶文化的特征与类型

仰韶文化是一种彩陶文化，中国新石器时代文化中具有彩陶的不只是仰韶文化一个，如果就世界范围而言，彩陶文化更是分布广泛。不言而喻，这些分布于广大地区，彼此相距遥远的诸文化之间是会有很大的差别的。但是它们也有一些共同的特征，我们可以归纳为如下五项。

（1）有长期定居的大型村落，村中有固定的通常是黏土住宅，有时还有很大的公共建筑。

（2）以锄耕农业为主要经济。

（3）有各具特征的彩绘陶器。

（4）一般属新石器时代末期到铜石并用时代。

（5）社会性质一般是母权制的。

这些共同的特征是怎样形成的呢？应当怎样来解释这种现象呢？为什么相距遥远的不同文化的彩陶，也会有某些相似的地方呢？应当承认，现在还没有谁能对这些问题找出一个合适的答案。有人解释说这是因为社会经济状况罕见的相似因而引起了各地实用艺术的相似[1]，这种情况也许是可能的。但是无论如何，我们可以肯定地说，要想在世界各地的许多彩陶文化之间设想有什么必然的联系（传播、影响等等），是会行不通的。持这种想法的人，总是失之于个别文化因素相似的诱惑，避开对整个文化诸因素的严肃认真的分析比较，而去远处求同，近处求异。他们从这里出发，从而把仰韶文化说成是由西方传播过来的，或者是在西方彩陶文化影响之下才发生的，就不能不是一个严重的错误。

现在我们可以确认，仰韶文化是黄河流域的土著文化，是黄土的产儿。它的早期主要分布于陕西、山西和河南一带，到了晚期才向四周有所扩大。

仰韶文化是一种锄耕农业文化，它在农业中使用一种爪镰式的石刀和陶刀，这种形式的器具只有远东民族才使用，在西方是找不到它的渊源的。

仰韶文化的居民已经长期定居，有许多大型的村落，他们的房屋结构和建筑

---

〔1〕　A. B. 阿尔茨霍夫斯基：《考古学通论》，科学出版社，1956 年，59 页。

技术也是独具风格的。埋葬的方式尽管多种多样，但是像大量的集体合葬和小孩瓮棺葬等，也是别的文化所罕见的。

仰韶文化的彩陶随着时间和地域的不同而表现出许多差异，我们就是以这种差异为基础，再参照其他文化因素的变化，将仰韶文化分成了若干类型。现在可以基本上确定的有以关中、豫西和晋南为中心分布区域的半坡类型；与半坡类型很接近，但是区域稍稍扩大的，分布于河南、山西、陕西、甘肃一带的庙底沟类型；在河南中西部的秦王寨类型；在冀南、豫北的后冈类型与大司空类型等[1]。另外还有一些遗存，如内蒙古河套地区以海生不浪为代表的一类遗存和山西太原义井的遗存等，显然不属于上述诸类型，也许是可以另立类型的。但是不论哪一个类型，它们既具有其独立的特征，同时在类型间又有着紧密的联系，从而把仰韶文化连接成一个整体。

值得注意的是，我们从上述各类型中看到一种现象，就是较晚的类型有若干因素向当地的龙山文化接近，或者用我们常说的话：向龙山文化过渡。对于华北地区的龙山文化来说，仰韶文化不是一种外来的力量或因素，而是它的直接前身。同时我们知道龙山文化和殷周文化又是有密切关系的，即它的一部分也就是殷周文化的前身。因此，仰韶文化乃是中华民族的远古文化，是没有任何疑问的。

（四）关于甘肃仰韶文化

1923～1924年，安特生在河南仰韶村的发掘工作结束之后，转赴甘肃、青海，在那里发现了约50处古代遗址。1925年他发表了《甘肃考古记》一书，将甘肃远古文化分为六个文化期，其中属于新石器时代的为齐家期、仰韶期和马厂期。仰韶期的遗址在当时是发现得最多的，遗存也是最丰富的，和政（原宁定）半山

---

〔1〕 以前仰韶文化是不分类型的，到1959年，安志敏首先把黄河三门峡水库区的仰韶文化分为半坡类型与庙底沟类型（《庙底沟与三里桥》114页）。接着他把这个提法发展了，用它概括了几乎全部的仰韶遗存（《考古》1959年第10期安志敏文）。到1961年，他又根据1958～1959年安阳的发掘提出了后冈类型和大司空村类型，但同时指出前者接近于半坡，而后者是接近于庙底沟的（《考古》1961年第2期安志敏文）。又石兴邦在一篇文章中主张划分为半坡和庙底沟两个类型（《考古》1959年第10期石兴邦文）。《新中国的考古收获》也采纳了这一意见（见该书第9页）。最近，杨建芳提出了更详细的分法，把仰韶文化分为西阴村、半坡、三里桥、秦王寨、后冈和大司空村六个类型（《考古学报》1962年第1期杨建芳文）。他所说的西阴类型，实即庙底沟类型，已有人提出不必另立新名的意见（《考古》1963年第3期方酉生文）。至于三里桥类型，因发表的材料过少，且有大部分接近庙底沟，一部分接近半坡，本身并没有什么独立的特征，故很难成立一个类型。

和临洮马家窑是其代表。他看到这些遗存同河南的仰韶文化一样具有发达的彩陶，只是在若干陶器的形制和花纹图样上有所不同，并且都属于新石器时代末期或铜石并用时代（他认为如此），于是他就直呼为仰韶文化或仰韶时期，有时为了与河南仰韶文化相区别，便称为甘肃仰韶文化[1]。

后来在1944～1945年，夏鼐在甘肃地区考古，并在临洮寺洼山进行了发掘。他在《临洮寺洼山发掘记》一文中提出了"马家窑文化"一名，当时所指主要是以马家窑为代表的一类遗存，有的地方也包括以半山为代表的遗存，实质上与安特生甘肃仰韶文化一名的含义是相同的[2]。

在甘肃和青海新石器时代的彩陶文化中，还有一种以青海民和（原乐都）马厂塬为代表的遗存，安特生和夏鼐先生都把它称为马厂文化或马厂期，而不把它与甘肃仰韶文化或马家窑文化合在一起[3]。但是实际上它们的文化面貌是非常接近的，尤其是半山与马厂的遗存，无论在陶器形制、彩陶花纹或其他文化因素方面，都表现出二者间的渊源关系，其中有些因素几乎达到难以分辨的程度，很难把它们划分为两个文化，所以在1949年后的一些著作中，总是把马厂一类的文化遗存作为甘肃仰韶文化的一个组成部分[4]。

这样，甘肃仰韶文化就包括了三个类型的遗存，即以马家窑为代表的遗存、以半山为代表的遗存和以马厂塬为代表的遗存。它们分布于整个甘肃的东部和河西走廊、青海的东北部等地。

中华人民共和国成立以后，甘肃省文物工作队等单位曾做了历次的调查，有些地方进行了发掘，黄河水库考古队甘肃分队也曾在甘肃境内进行调查和发掘，除继续发现了许多甘肃仰韶文化的新遗址外，也发现了许多仰韶义化遗址，其文化面貌大部分和中原仰韶文化的庙底沟类型相像，一部分和半坡类型相像，而且在天水西山坪、罗家沟、杨家坪和甘谷渭水峪、临洮马家窑等地发现了马家窑类型叠压庙底沟类型的地层关系。因此我们认为，甘肃仰韶文化乃是由仰韶文化的庙底沟类型（或者也包括半坡类型）发展而来的，在发展过程中吸收了其他土著

〔1〕 安特生：《甘肃考古记》，《地质专报》第5号，1925年，9～10页。

〔2〕 夏鼐：《临洮寺洼山发掘记》，《考古学论文集》，科学出版社，1961年。

〔3〕 安特生：《甘肃考古记》，《地质专报》第5号，1925年，13、20页；夏鼐：《临洮寺洼山发掘记》，《考古学论文集》，科学出版社，1961年。

〔4〕 参见安志敏：《甘肃远古文化及其有关的几个问题》，《考古通讯》1956年第6期；甘肃省博物馆：《甘肃古文化遗存》，《考古学报》1960年第2期；吴汝祚：《甘肃地区原始文化的概貌及其相互关系》，《考古》1961年第1期；石兴邦：《有关马家窑文化的一些问题》，《考古》1962年第6期。

文化的因素而发生了异化的现象，这正同仰韶文化晚期的其他地方性类型一样，并不是自始就属于不同的文化系统，这也是为什么我们仍然使用甘肃仰韶文化一名而不另立新名的原因。

下面，我们将分别介绍仰韶文化和甘肃仰韶文化各类型的主要发现，并试图探讨它们之间的关系。

二　半坡类型

（一）遗址的发现和文化特征

仰韶文化的半坡类型是以陕西西安半坡村遗址而得名的。该处位于西安城东6千米，浐河东岸约800米的一片河谷阶地上，遗址部分稍稍隆起，成为一个缓坡的土丘。1953年春，西北文物清理队首先发现了这个遗址，同年9月，中国科学院考古研究所陕西省调查发掘团进行了复查，接着从1954年秋季到1957年夏天，先后进行了五次发掘，发掘区主要集中在遗址的北部和西部，南部只开了若干条探沟，总计面积约达10000平方米。

在半坡发现的遗存大体上可以分为两期，晚期已接近于渭河流域的早期龙山文化，有些因素又和庙底沟类型接近，是一种晚期的仰韶遗存；早期绝大部分为红陶，多圜底器，彩陶较多，而纹饰板滞，且有部分内彩，母题则多鱼纹，与此前发现的一些仰韶遗存有所不同。

1955～1957年，黄河水库考古工作队在三门峡水库区调查时，发现一些遗址和庙底沟（也和仰韶村）较接近，另一些遗址和半坡比较接近，因而提出了对仰韶文化划分类型的问题，从而也就提出了半坡类型的名称。

现在我们所知道的半坡类型的遗址，以渭水流域分布较多，在山西、内蒙古河套地区和豫西等地也有分布。中国科学院考古研究所沣西队于1957～1959年调查长安、鄠县时发现了45处仰韶遗址，其中绝大部分是属于半坡类型的。考古所山西队1958～1960年在晋南发现62处仰韶遗址，其中属半坡类型的有20处。在甘肃，我们知道的半坡类型遗址有天水刘家上磨、柴家坪，礼县石桥冲、寨子里，平凉苏家台等处，在内蒙古有清水河岔河口、白泥窑子、喇嘛湾及托克托海生不浪等处。

有一些遗址曾经过大规模的发掘，例如半坡的发掘，1958～1960年宝鸡北首岭的发掘，1958～1959年华阴横阵村和华县元君庙的发掘，1959～1960年邠县下孟村的发掘和1958年山西芮城东庄村的发掘等。在这些遗址或墓地所发现的遗存，大部分都和半坡的早期接近，我们把它们的文化内涵综合起来，大约可以概括为如下的几个特征。

（1）生产工具中打制石器较多，磨制石器比较不发达。农具较少，长方形穿孔石刀和石铲尤其罕见，而骨器一般是较丰富的。

（2）陶器群是下面一些特征明显的器物组成的：杯形小口尖底瓶、圜底钵、圜底或平底盆、葫芦形瓶、蒜头形壶、鼓腹弦纹罐和鼓腹绳纹瓮等。纹饰简朴，彩陶的母题以鱼纹和刚直遒劲的几何花纹为多，一部分陶器有内彩。有些陶器上有锥刺纹饰。

（3）村落有一定布局，房屋一般较小，呈方形或圆形，同时有个别的大型房屋。

（4）有较大的墓地，埋葬方式有许多种，其中以多人集体合葬和小孩的瓮棺葬最具特征。

（5）同庙底沟类型比较起来，分布范围较小，遗址较少，每一遗址的面积也较小。

当然，每个遗址的文化面貌并不是完全雷同的，它们之间会有一些或大或小的差别，但这些差别并不妨碍它们仍然构成一个类型基本的共同之处。

（二）北首岭和半坡的村落

半坡类型的村落遗址，迄今发现已近百处，其中以渭河流域最为密集。这些遗址一般位于小河旁边的阶地上，面积一般不超过5万平方米，文化堆积厚度常在2米以上。房子一般是固定的黏上建筑，与这些村落相联系的往往有很大的墓地。这说明当时居住条件是比较稳定的，人们聚居于一个村落，生于斯，死于斯，往往延续很长的年月。

对于村落内部布局的探索是原始社会考古的一个很重要的课题，苏联在特里波列文化的研究中曾经取得了很有价值的成果，在我国则是从半坡类型遗址的发掘开始的。但是这也是一个最困难的课题，仅仅依靠调查、勘测或小规模的发掘是不会解决任何问题的，必须有全面的揭露，才有希望找到一些结果。现在揭露面积最大的要数北首岭和半坡，即便是这两处遗址，也只揭露了一小部分，还看不到整个村落的全貌。就是已揭露的部分，也因人们居留的时间很长，早晚的房子交织在一起，有些晚期的房子直接建筑在早期房子的遗迹之上。因为考虑到这些情况，就使得我们在探索当时村落内部的布局时，不得不保持特别的、谨慎的态度。

比较说来，北首岭遗址的文化堆积比半坡要单纯，各种房屋的遗迹等也保存较好，因而该处村落内部的布局也较清楚一些。

这个村落遗址位于宝鸡市东北部金陵河西岸马兰阶地上，高出河面约20米。遗址中心面积约25000平方米，历经1958～1961年数次发掘，已揭露面积4400平方米，其余大部分只经过钻探。

村落的北面是居住区，南面是墓地，二者之间相距约30米。

居住区的房屋一共发现了41座，大多分成南北两群，遥遥相对，东北和西南部分只有少数的几座房屋。南北两群房屋之间相距约100米，这片地方虽未发掘，但钻探的结果表明那里没有房屋遗迹，仅有两三层路土，可能是一个广场。

在广场的南边，与南部一群房子相接近，发现了三座陶窑。

在房子附近，有的与房子交织在一起，有的单群地分布——有许多口小底大的窖穴。

宝鸡北首岭遗址并非一时的堆积，人们在此曾经定居了相当长的一段时间，有些房子打破了原来的房屋遗迹。但似乎在这样长的时间里，村落的范围和布局并没有太大的改变。

半坡遗址南北300余米，东西近200米，面积约50000平方米，略呈不规则的椭圆形。居住区位于西南方，北部是一片颇大的墓地，掩埋着成百的死者，主要是成年人的墓葬，小孩是埋在居住区的。墓地的东南，也就是居住区的东北方，是一个烧制陶器的区域，有6座陶窑都分布在这个地方。在居住区的北面、东面和南面，围绕着一条大壕沟，把它和墓地与窑场分隔开来。壕沟仅挖了北面和南面一小段，其余部分是探测的结果。北部一段上口宽6～8、底宽1～3、深5～6米，南面的一段略小。

居住区大约有30000平方米，在它的当中有两条小沟，把房屋分隔为南北两群。沟口宽约2、深1.5～1.9米。两沟接头处相距3.2米，使得南北两区仍然可以交通。

房屋一共发现46座，此外尚有400多个零散的柱洞和89个灶坑，它们也都是房子的残迹。房屋的方向大部朝南，或者偏向西南。由于半坡遗址并不是一次的堆积，所有房屋也不是同时的建筑，它们之间常有互相叠压或打破的情形，是故确实估计同一时期房屋分布的规律及其实有数目是不容易的。

尽管两个村落的布局并没有最后搞清楚，但是也可以看出一个概貌，这对于研究当时原始社会的历史仍然是非常宝贵的。我们知道，房屋建筑的形式和村落内部的配置等，取决于很多条件，既取决于经济状况、社会关系，也取决于地理特点等。因此，即便都是原始公社的村落，样式仍然是各种各样的，现在我们看到同一文化同一类型中两个村落的内部布局就有所不同。像宝鸡北首岭那样中心有广场，周围特别是南北有房子，并皆面对广场的情况，在苏联特里波列铜石并用时代的彩陶文化中就曾发现过，人们一般认为那是母权制氏族公社的遗留[1]。在现代的若干仍然保留着原始残余的部落中，也有类似的情况。半坡房屋的配置似和宝鸡不同，但居住区、窑场和墓地还是严格划分的。特别值得注意的是村中的小沟，它把全村划为南北两半。在我国云南的佤族的寨子里，也可以看到划分为几个聚落的情况。如果一个佤族寨子的居民可以看作一个村社，那么那些小聚落就是村社中更小的组织，他们是同姓的，并往往是近亲。半坡村的情况，可能说明当时也存在着比氏族公社更小的单位，犹如易洛魁印第安人有比氏族更小的单位奥瓦契拉一样。我们看到当时的一些公共墓地也有划分为更小单位的情形（详见后述），可见半坡的发现还不是一个孤例。

（三）房屋建筑

半坡类型的房屋遗迹迄今已发现达百座之多，其中半坡 46、北首岭 41、下孟村 7、东庄村 6 座，从这些房屋的结构和建造技术看可以分为以下四种。

（1）地穴式的方形窝棚。

（2）平地起建的方形茅屋。

（3）平地起建或半地穴式的圆形茅屋。

（4）大型的方形茅屋。

在这四种房屋中，第一和第三种是较多的，第二种甚少，且只在晚期出现，第四种只在半坡发现过 1 座。

地穴式的方形窝棚，北首岭有 39 座，半坡 6 座，下孟村 7 座。一般为圆角方形，也有一些长方形的。居住面积一般在 20 平方米左右，个别小的仅 10 平方米，个别大的达 85 平方米（北首岭 F14）。居住面低于当时地面 0.5 ~ 0.7 米，呈一个方形的浅坑。房子前面有一门道，长 1 ~ 2 米，宽仅容身，有的作斜坡状，有的有两三个阶梯。房子的中间有 1 个土火炉，火炉两旁有 1 ~ 4 个柱洞不等。这种房屋是没有墙壁的，它室内的柱子支撑着一个四阿式的屋顶，屋檐覆盖于四周地面，是一种矮塌的窝棚（图一二、图一三）。

另外，北首岭（包括下孟村）和半坡的窝棚仍有一些不同。

第一，在居住面的建造上，北首岭一般是先铺一层厚约 5 厘米的料姜石，然后才抹草泥土，有的更在草泥土上加涂一层灰白色的硬面，再经火烧而成为青灰

---

〔1〕　Т. С. Пассек，1949. Периодизация Трипольских Поселений，стр. 131 – 156，рис. 70 – 71. Москва. 又 А. В. 阿尔茨霍夫斯基：《考古学通论》，科学出版社，1956 年，61 页。

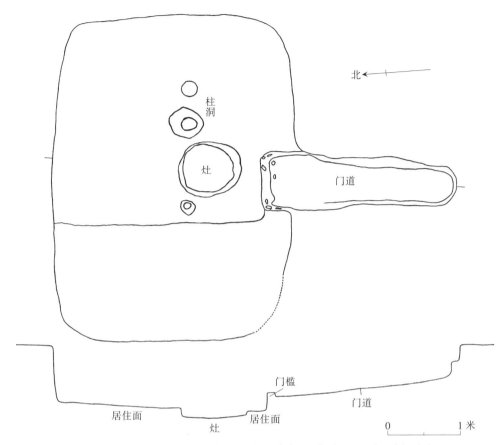

图一二　仰韶文化半坡类型的方形窝棚，半坡 F11 平、剖面图

色。半坡窝棚的地面仅垫一层 2～3 厘米厚的草泥土。

　　第二，北首岭窝棚四周的地面上均敷有约 0.5 米宽的一层草泥土，并且经过焙烧，这种做法能够保持四壁的坚固，使得不因雨水的侵蚀而影响房屋寿命。在半坡则并未发现这种做法。

　　第三，半坡窝棚一般有门槛，门道两边有柱洞，北首岭一般没有。

　　第四，北首岭的土火炉一般呈瓢形，它的后部总是斜放着一个陶罐，以便保存火种；半坡土火炉多呈圆形，一般没有陶罐的设置。

　　平地起建的方形茅屋，仅在半坡发现了 3 座。有的周围由 10 根大木柱支撑，大柱之间为草泥土夹柱做成的厚约 16 厘米的墙壁。室中东西横列二柱，所以估计它是一种屋顶为两面坡式的平房。有的四壁列多数之小柱，而室内仅一大柱，则房顶可能是四阿式的。室内一般有土火炉，呈瓢形，有的后部还置一陶罐。居住面有的先垫一层木板，上面敷一层 5～8 厘米厚的草泥土，并经火烧成红色的硬面。有的则只敷一层草泥土，而无木板痕迹（图一四）。

图一三　仰韶文化半坡类型长方形窝棚复原图

　　圆形茅屋有平地起建的，也有略微下凹的，在半坡共发现了 31 座，北首岭有一座圆角方屋，在建造方式上也和半坡圆屋相同。这种房屋的直径一般为 5～6 米，居住面用草泥土做成，经火焙烧。周围有墙，用草泥土夹柱做成。室内两列大柱，中间有一土火炉，火炉前有两条小隔墙，墙中亦有夹柱。依据墙壁和室内柱子的排列，估计是一种圆锥形屋顶的茅屋（图一五）。

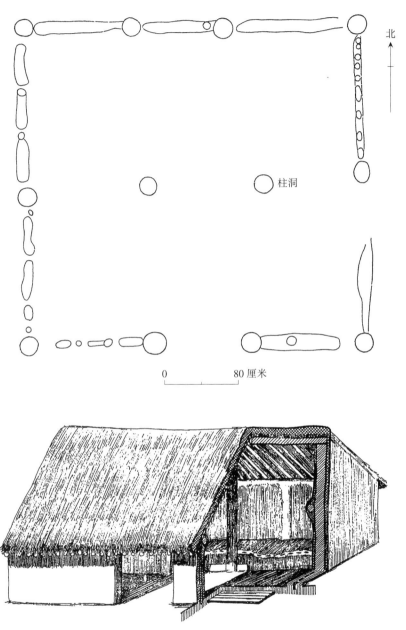

北

柱洞

0   80 厘米

图一四　仰韶文化半坡类型晚期方形房子，半坡 F24 平面及复原图

上述三种房屋，无疑都是供居住用的，因为其中都有一个土火炉，居住面也都经过相当的处理，在有的房屋中还发现了日常生活中使用的陶器、磨谷器和石斧等生产工具。看到这些，你不禁会在脑海里浮现出一幅当时人们生活起居的活的图画。

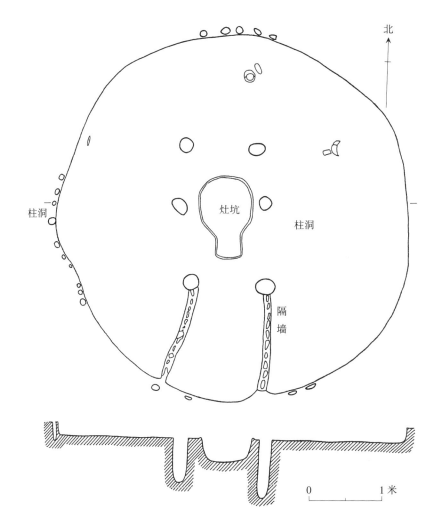

图一五　仰韶文化半坡类型圆形房子，半坡 F3 平、剖面图

　　大型房屋仅在半坡发现一座，呈圆角方形，南北 10.8 米，西部残破，估计东西约 15 米。房基略微凹入地下，墙宽 1 米，高 0.5 米。墙上有夹柱，靠室内有附壁柱。居住面为草泥土铺垫，表面有厚 1 厘米的灰黑色硬面，经火焙烧。

　　房内发现两个柱洞和一个柱洞残迹，估计原有对称的四个。柱径 40～47 厘米，柱基周围统一圈硬泥。每根大柱旁有两个小柱，可能是一种称为"金柱"的辅柱。根据柱子的排列，房顶也可能是四阿式的。

　　由于大型房屋只有一座，并且又是和许多小房子同时存在于一个村落，因而显得很是突出，似乎不像是一般的居室。也许它是一种未婚男子的集体居室——

男子会所，或者是节庆集会与举行宗教仪式的公共活动场所[1]。

（四）　生产工具和经济状况

半坡类型的生产工具就其用途分有农业工具、渔猎工具和手工业工具等，就其质料分则有石器、骨器、陶器等，此外还有个别的蚌器（图一六）。

石器有打制的、局部砥磨和通体磨光的，后者的数目甚少。通常磨制和局部磨制的石器有斧、锛、凿，以及很少的镞和纺轮等。石斧是数量较多的，一般是全身砸平，刃部磨光，剖面呈椭圆形。锛形体较斧为小，一种剖面圆形，仅刃部稍加磨光；另一种剖面长方形，通体磨光。凿子也有两种，一种双面刃，宽小于厚，有类于雕刻器；另一种单面刃，宽大于厚，个体甚小。

打制石器有锄、刀、网坠、砍伐器、敲砸器、刮削器和个别镞等。石刀都是两侧带缺口的，为数不多，在北首岭几乎不见。这是一种在缺口处缠系绳革，把握在手里以便收割谷穗的农具，类似的工具在我国古代称为铚[2]，或者粟鉴[3]，现代称为铚镰或爪镰，在辽宁还称为掐刀或捻刀[4]，华北居民一般用以割粟。网坠一般是在中间打成一个亚腰，以便系网，数目甚多，单半坡一地即达320件。

骨器种类虽较石器为少，数目则比石器为多，其种类有铲、凿、匕、锥、针、镞、鱼叉和鱼钩等。镞数目甚多，形式也很复杂，有柳叶形、三角形、长锥形等，有的铤部分化不显，有的则显著分开，个别有双翼或双刺的。鱼叉的形式也有好

---

〔1〕　在原始社会生产力和技术水平的条件下，要建造一座大型房屋要比建造小型房屋困难得多，但在世界各地保持着原始社会残余的许多民族中建造大型房子的仍不乏其例。为了克服技术上的困难，大多数采取了长屋的形式，只有很少的是方形和圆形。例如南美洲亚马孙河和俄利诺科河流域的印第安人就有大型方屋或圆屋，每一房子居住着一个公社的全体成员（С. П. 托尔斯托夫等：《普通民族学概论》第一册，科学出版社，1960 年，175 页）。长屋的例子如中南半岛渥·克隆（Haut Chlong）高原南部的毕特（Biet）族，居住在长达 100 米的大屋中；缅甸北部的克钦族亦有长达 50～80 米的房屋，一个公社或一个家族的成员全部住在里面（《大东亚の原住民族》53 页，佐藤译自贝尔纳茨克《大民族志》Hugo A. Bernatzik, 1939. Die Grosse Völkerkunde, Leipzig）。美洲易洛魁印第安人的长屋则达 50～100 英尺（约合 15～30 米），居住着一个称为奥瓦契拉的母系家族（《普通民族学概论》117 页）。

〔2〕　《说文》："铚，获禾短镰也"（《说文解字》卷十四，四部丛刊本，3 页）；《释名》："铚，获黍铁也。铚铚，断黍声也"（《释名》卷七，四部丛刊本，49 页）。

〔3〕　王祯：《农书》卷十一，明邓渼校本，4 页；徐光启：《农政全书》第四册，万有文库本，18 页。

〔4〕　安志敏：《中国古代的石刀》，《考古学报》第十册，1955 年。

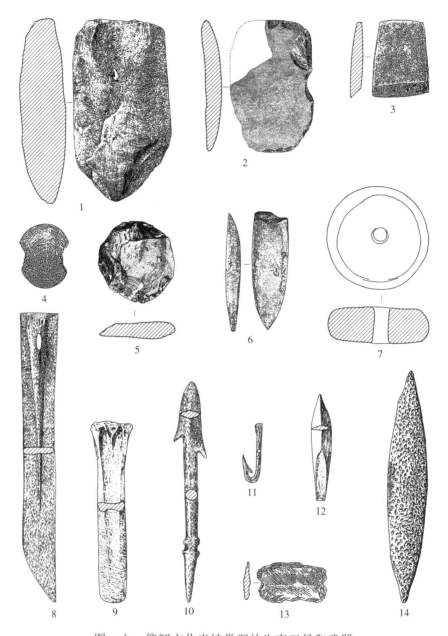

图一六　仰韶文化半坡类型的生产工具和武器

1. 石锄　2. 石铲　3. 石锛　4、7. 石网坠　5. 石盘状器　6. 石凿　8. 骨刀　9. 骨凿　10. 骨鱼镖　11. 骨鱼钩　12. 骨镞　13. 石刀　14. 陶锉（均为半坡遗址）

几种，有双面倒刺和单面倒刺的。鱼钩颇细，有的还带倒刺，锐利异常，制作技术之精到实在令人叹为观止。

　　陶质工具有刀、"锉"、纺轮和刮削器等。陶刀的数目比石刀为多，都是陶器的破片加工制成的。其形制大部分是两侧带缺口的，打制而成；有一小部分稍加磨制，呈长方形，背部穿孔。这种穿孔的作用同缺口一样，也是为穿系绳革而设的。陶"锉"多呈菱形，常为泥质红陶，少数有夹砂的，火候甚高，陶质坚硬，表面密布着小圆窝，似属粟等细小的颗粒印成，许多标本上都有经锉磨而耗损的痕迹。这种工具差不多是半坡类型的特产，其他类型的文化还很少见到，它的用途现在也还难以确定，有人认为是鞣制皮革用的，可以称为瓹[1]，也有人认为可作锉磨陶刀之用。

现在谈一谈半坡类型的经济状况。事实上各种工具本身已在一定程度上反映了当时经济的特点。但是除工具外也还有不少足以说明当时经济状况的材料，能够帮助我们做出更确切的估计。

半坡类型各遗址中发现的农具并不算多，制作也不算精，但是我们不能仅仅根据这一点就做出结论，说当时的农业是不发达的。事实上像当时聚居那么大的村落，定居那么长的时间，势必有相当数量的比较稳定的食物来源，这个来源只有农业才能提供。

一个很重要的问题是，当时种植什么农作物呢？在半坡。已经不止一次地发现谷物朽壳，一次是在一个小土坑中的扑满形罐子里，一次是在一座墓葬随葬罐子中，另外在第 7 号房子的西南角和屋内的东北角的两个小窖穴中也发现了同样的谷物朽粒，其中的一部分曾经河北农学院鉴定，认为是粟 [*Setaria italica*（L.）Beauv]，即我们一般称为小米的。除半坡外，在元君庙墓地发现用粟随葬，在北首岭亦曾发现粟粒朽壳，看来是当时普遍种植的一种谷物了。粟具有很强的适应性和抗旱能力，是黄土地带的一种良好作物，我国的农民今天仍然广为种植。许多农学家根据野生的粟多产于中国和中亚地区，认为有可能是在这个区域首先被栽培的[2]。这一推测现在至少是部分地得到了考古发现的证实。

另外在半坡 38 号房子上面发现了一件小陶罐，内盛炭化了的菜籽，经中国科学院植物研究所初步鉴定，认为是芥菜或白菜（*Brassica*）一类的种子，可知当时已有园艺生产了。

在半坡、北首岭等遗址中曾发现大量动物骨骼，对于这些骨骼的鉴定，说明当时不仅猎捕各种野兽，也还畜养若干家畜。半坡的动物骸骨是经过专门研究的，其中家畜以猪（*Sus domestica* L.）为多，并且多数都是小猪或猪仔，其次是狗

---

〔1〕　安志敏：《古代的糙面陶具》，《考古学报》1957 年第 4 期。

〔2〕　N. I. Vavilov，1931. *The Problem of the Origin of the World's Agriculture in the Light of the lastest Investigations*，London；N. I. Vavilov，1926. Studies on the Origin of Cultivated Plants. *Bulletin of Applied Botany and Plant Breeding*，ⅩⅣ（2）.

（*Canis familiaris* L.），虽也有一些牛、羊、马、鸡的残骸，但因标本过少而又残破，无法判定它们必为家畜。缺乏或少见大牲畜和其他富于经济价值的家畜，表明当时的家畜饲养业，还处在较原始的阶段。

渔猎经济是相当发达的，网坠和镞数量之多本身就说明了这一问题。狩猎的对象主要是斑鹿（*Pseudaxis hortulorum* Sw.）、獐（或名河麂，*Hydropotes inermis* Sw.）和竹鼠（*Rhizomys sinensis* Gray.），其骸骨在半坡遗址中发现很多，有些彩陶盆上画着鹿纹，也表明人们对于鹿的重视。此外，人们还猎取少量的野兔、短尾兔、狸、羚羊和雕等。獐和竹鼠，现在主要生活在长江流域和更南的地区，最北也只能到达陕、甘南部的汉水上游和白龙江流域一带即秦岭的南麓，其习性分别喜欢沼泽地方和竹林之中。半坡既发现这些动物的骨骸，是否就表明当时的气候要比现今温暖湿润呢？依据孢粉的分析，当时半坡的植被景观是在稀疏的草原植物中夹杂着零星的榆和柿等乔木，它们当是半干旱性气候的产物，与当地现今的气候相仿。因此獐和竹鼠较多的事实，可能是由于动物具有较大的迁移性，或者是温暖湿润的气候能够波及半坡，或者是人们狩猎的范围较远。

鱼骨在各地发现得都不多，也许是因为容易腐烂的缘故，但是渔具非常之多，根据这些渔具，我们知道当时捕鱼的方法有钓鱼、叉鱼和网鱼。另外，半坡类型彩陶像生花纹的最重要的主题就是鱼纹，从写实的到图案化的，从单体的到复合的，画在陶盆里面的和外面的，数量均不算少。还有鱼鹰衔鱼的主题画，鱼网和鱼相间布列的彩画，单独的鱼网纹，以及带有神秘感的人面纹，其嘴的两边各衔一鱼。这些都反映了捕鱼在人们经济生活中的重要意义。至于捞取淡水蚌和螺蛳等软体动物，为数是不多的。

在半坡的遗址中，曾发现过一些榛子、松子、栗子和朴树子等硬壳果实，它们因为果壳坚硬而被保存下来了。这些遗物的发现，证明当时对植物性食物的采集仍然是具有经济意义的。

从上面的叙述来看，半坡类型的经济乃是原始农业、家畜饲养、狩猎、渔捞和植物性食物的采集等的相互结合体。我们知道，在原始社会里多种经济相结合，在一个公社里构成一个自然经济单位的情形，并不是表示其生产进步，而恰恰是生产力水平低下的必然结果。人们逐渐在征服自然，却仍然被自然的困难所压抑着。各种经济所能够给人们提供的，只能是最低限度的生活资料而已。

（五）原始手工业

半坡类型的手工业大约包括石器骨器等工具的制作，木器的制作，篮、筐、席子等编织物的制作，麻布的纺织和陶器的制造，等等。马克思曾经说过："工艺发达的研究（Technologie），会把人类对自然的能动关系，把人类生活的直接生产过程，由此也把人类社会生活关系及从此流出的精神观念的直接生产过程揭露出来。"[1]可见对于原始手工业，也就是原始社会工艺制作的研究的重要性了。不过我们应当承认，我们现在关于半坡类型手工业的知识是很少的，研究也是不够的。例如我们对当时木器制作的情况，就只能通过一些木作工具如斧、锛、凿等间接地推知。

石骨器的制造技术稍稍知道得多一些。打击、琢平、砥磨、裁断、穿孔等方法都被采用。半坡类型的打制石器是相当多的，大部分是砾石石器如敲砸器、刮削器、斧、网坠、石刀等。一般用直接打击法，第二步加工的较少。某些石斧和敲砸器等有使用间接打击法加工的。打制石器的工具有石砧和石锤等。

琢平的技术使用得很广泛，但不是一种独立的制作石器的方法，许多石器都是在打成雏形后，体部琢平，刃部磨光。琢点有粗细之分，可能是使用了不同的工具使然。

砥磨石器中多属局部加工，通体磨光的甚少，遗址中发现相当多的砺石，就是用来磨制石器的。

裁断石块用切锯法，半坡曾发现3块裁断的标本。

穿孔多施于斧、刀和纺轮等方面，但是为数不多。穿孔的方法以锥钻为多，也有琢打和管钻的。

至于骨角器，一般经过三道工序：切锯成材，刮削成型，磨光成器。所用原料则多为哺乳动物的肢骨，少数为肩胛骨等。

在半坡、元君庙等地出土的一些陶钵的底部，常常印有席子的痕迹，单是半坡一地就发现一百多件标本，大约是在制陶过程中，将坯子放在席上晾干时无意中印上去的。我们可以凭借这些标本来了解当时编织的技术。

斜纹编织法的例子最多，有的经带和纬带等宽，有的经用细条，纬用宽带，各有两条一压或三条一压的不等。

平纹或棋盘格纹编织法，也是用经条纬带，例子较少。

辫纹平直相交编织法，经纬带等粗，经带成双，每穿过纬带五条，压纬带一条，纬带每穿过两条经带，压五条经带。

缠结编织法，用纬带穿经条一根，即压两根，并编绕后面一根，后一条则缠压前一条所压之后面的一根，编出的纹样，成斜交"人"字纹。

---

[1]　马克思：《资本论》第一卷，人民出版社，1953 年，445 页。

半坡和元君庙等地出土的陶钵底部还有垫布的印痕，布的织法是绞缠法，先将经线正好，然后用两条纬线缠穿经线而成。其经纬密度大约是 6 根×9 根/平方厘米至 12 根×15 根/平方厘米。

纺线的工具只发现纺轮一种，多数为陶制，个别为石制的，形状以圆饼形为多，个别有钝圆锥形的。我们从元君庙墓地的女性死者随葬纺轮、骨针等情况来看，当时纺织和缝纫的工作大概是由妇女担当的。

烧制陶器是一项重要的手工业。现在在半坡发现了 6 座陶窑，北首岭 3 座，下孟村也有发现，表明当时已越出用篝火烧陶的原始技术阶段，而普遍地采用陶窑了。

这些陶窑可分两种形式，即横穴窑和竖穴窑，而以横穴窑为数较多。

横穴窑在半坡有 5 座，北首岭 2 座，它们一般有一个较长而横卧的火膛，略作倾斜状。火膛的前方开口即火口或窑门，后方略向上分为火道，直达窑室。窑室呈圆形，直径均在 1 米以内，底部为窑箅，周边有约 10 个火眼，与火道相接。窑壁均已残毁，原貌不知（图一七）。

竖穴窑窑室结构与横穴窑略似，唯火膛呈上小下大的袋形圆穴，直接位于窑室的下方，并由数股火道相通。这种窑在半坡和北首岭各见 1 座，在下孟村发现 3 座，亦均残毁过甚，不能完全恢复其原貌了。

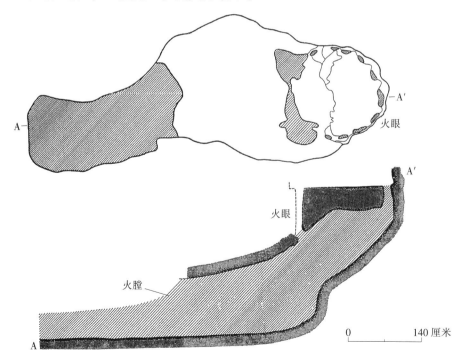

图一七　半坡 Y3 平、剖面图

无论是横穴窑还是竖穴窑，其容量均甚小。人们要烧制足够的陶器，不得不同时建造相当多的陶窑。在半坡，曾经发现有 6 座窑址集中分布于居住区的东面，不过它们的形式既不全同，在方向和排列上似亦无何可寻之规律，是否一时之作尚属疑问；至若北首岭的 3 座窑虽都位于居住区的南半，但是比较分散，我们很难根据这些情况来判断当时制陶究竟是氏族的公共活动，还是仅由公社内某些有经验的家庭担任。

当时制陶所用的陶土可能就是一般的黄土，经过选择淘洗、质地纯净而细腻的称为细泥陶，一般用作水器和饮食器；另一部分经淘洗后又掺入部分砂粒，用来制作炊器和某些容器等。夹砂的陶器，比较耐烧而不易破裂，传热的速度也较快，制作炊器是很相宜的。

至于陶坯的制法，我们只能从陶器本身留下的痕迹观察到一部分。这些痕迹表明，泥条盘筑的方法是普遍使用的，大型的器物分段接合，小型的器皿则直接用手捏成。待基本成型后再用木片或骨片等刮治，用拍子打磨，然后拍印、剔刺、刻划、附加或涂彩以进行最后的装饰，并置于席上晾干。

陶器在入窑煅烧过程中大约是不封窑的，因为绝大部分的陶器都呈砖红色，这是在不封窑的情况下加以高温而使陶土中的铁元素充分氧化的结果。但是我们也看到一些陶器的颜色不纯，红灰相间，表明当时控制火候的技能尚未臻于完善。

（六）陶器皿

半坡类型的陶器是很多的，不仅广泛地运用于人们的日常生活，也普遍地用为死人的随葬品。这些陶器在造型方面的特点是圜底、平底和尖底器均比较多，基本上没有圈足器和三足器；敞口、侈口和小口细颈器比较多，基本上没有敛口器；桥状竖耳较多，嘴和流很少，基本上没有把手，器盖也很少。这就是说，当时陶器的造型是比较简单的。

最常见的器物有以下几种。

圜底钵：直口，圆腹，圜底，口外常有一道宽边，底部常划一圆圈，或呈麻面，或印有布纹、席纹等。

平底钵：底稍平，有时微向上凸，其余与圜底钵相同。

平缘浅腹盆：敞口，宽平缘，多为圜底，也有平底的，缘面和器里常饰彩纹。

卷缘深腹盆：直口微敛，卷缘，腹部曲度显著，圜底，一般器外饰彩。

大头细颈壶：大头，小口，细颈，腹部膨大，其外常饰彩纹。

　　小口尖底瓶：口小，呈直筒杯形，体粗短，腹胖，底甚尖瘦，双耳，在腹部中段常有整齐之斜绳纹。

　　大口尖底罐：大口而直，圆腹，尖底，口外有一周泥突，有时饰弦纹。

　　以上器皿，加上某些盂形器、罐形器、带嘴罐、葫芦形瓶、杯、碟子等，均为泥质或细泥红陶，用作饮食器、水器和盛储器等。

　　敞口平底盆：腹壁斜直而外敞，平底，腹外常饰绳纹。

　　侈口鼓腹罐：数量很多，上腹膨圆，下腹略内收，上部往往饰并列之弦纹，有时杂以不甚清晰之绳纹。

　　绳纹鼓腹瓮：数量亦甚多，且往往用为儿童死者之葬具。

　　以上陶器，加上某些直筒形罐、扑满形罐、杯形器等，都是夹砂陶，主要为红色或红褐色，部分为灰褐色，用作炊器和盛储器等。

　　应当注意的是，半坡的陶器是有早晚之分的，上述各种器物，除带嘴或流的罐外，多数在早期都是有的。在晚期，小口尖底瓶口呈喇叭形，瘦腹，有时有亚腰，并新出现宽平缘平底盆、莲花瓣式器盖、小口高领泥质罐等（图一八、图一九）。

　　在陶器表面，有些是素面无纹的，而大多数则饰有各种纹饰。所饰纹饰的种类，在不同陶质、不同器形上往往有所区别。一般在泥质陶上流行绳纹和彩绘，少数陶器上有锥刺纹和指甲纹。在夹砂陶上，多饰绳纹和弦纹，也有一些附加堆纹等。锥刺纹饰是半坡类型的特征之一，常饰于细泥陶罐类的肩腹部分，极个别的见于器盖上。其形状有三角形、圆点形、梭形和不规则方形等，有的满刺于整个器身，有的整齐地排列为等腰三角形，依次正反地排成一列。从时间上来看，晚期少锥刺纹而多附加堆纹，还出现少许线纹和个别篮纹等。

（七）彩陶纹饰

　　半坡类型的彩陶在整个陶器中所占的比例是很小的，却是很富于特征的。着彩的器物大约有十几种，而主要是在浅腹和深腹盆、圜底钵、盂形器和大头细颈壶等上面。每种器物上所绘纹彩的母题和部位，往往有一定的格式和规律，如圜底钵在口沿，平缘浅腹盆在缘面和器内，卷缘深腹盆在缘面和器外上腹，盂形器在器外上腹，大头细颈壶在头上和上腹等。这里值得注意的是除绝大部分彩纹饰于器物外表以外，还有部分饰于器内的，这种情形在仰韶文化中是仅见的，然而在甘肃仰韶文化中则甚为流行。

　　彩纹的颜色几乎全部是黑的，直接画在红色素地子上。有古朴板滞的纯几何性图案，也有气韵生动的写实性花纹（图二〇）。

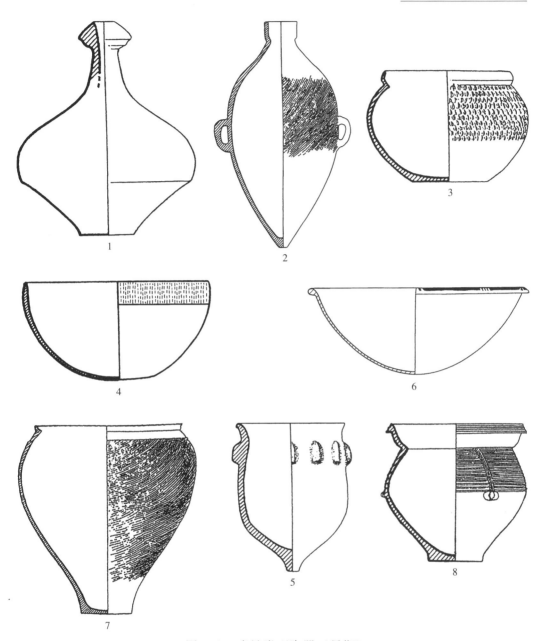

图一八　半坡类型陶器（早期）

1. 大头细颈壶　2. 直口尖底瓶　3. 锥刺纹罐　4. 红顶碗（钵）　5. 尖底罐　6. 圜底盆　7. 大口缸　8. 弦纹夹砂罐（均为半坡遗址）

几何性图案所占比例较大，它们是由宽带纹、三角形纹（等边的、等腰的、直角的；正立的和倒立的，等等）、竖线（单竖线、平行复竖线）、平行斜线、平行横线、方块（正方的、斜立的）、折波线（竖行的、横行的；单体的、复合的）和网格纹等基本元素构成的，其中以宽带纹为多，占全部彩纹80%以上。

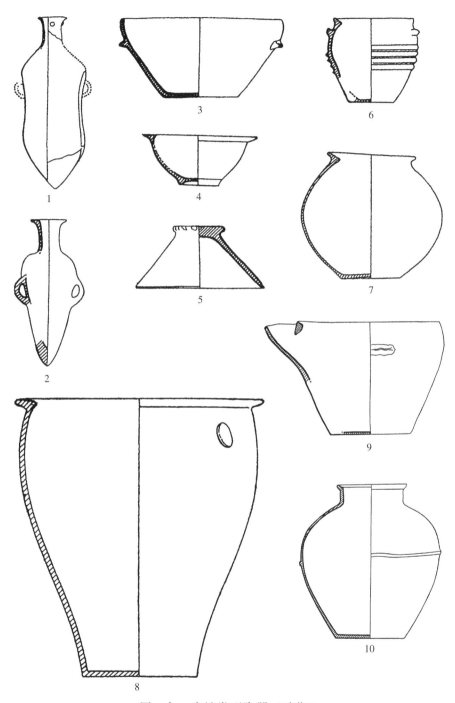

图一九　半坡类型陶器（晚期）
1、2. 小口尖底瓶　3、4. 盆　5. 器盖　6、10. 夹砂罐
7. 罐　8. 深腹罐　9. 带流罐（均为半坡遗址）

图二○　仰韶文化半坡类型的彩陶花纹
1~4. 鱼纹　5、6. 网纹　7、8. 人头形图案　9、10. 鹿纹

几何花纹的构图方式大约可分四种。

（1）对称几何纹，由一种或一种以上的花纹构成中心对称或轴对称。

（2）不对称几何纹，由一种或一种以上的花纹组成，但总数为奇数，不相对称。

（3）同一主题的花纹结成连续而不可分割的带形。

（4）不同主题的两种花纹相互连接，构成一个整体。

写实性花纹的母题有鱼纹、人面纹、鹿（羊?）纹、鱼鹰纹、水藻纹和鱼网纹等。

人面纹见于半坡和北首岭，均有一定程度的图案化，全面作圆形，额部及嘴部以下涂黑。头戴饰茸毛的尖帽，耳旁有时是两个向上翘的弯钩，有时是对称的两尾鱼，可能也是帽子装饰的一部分。下颏两旁亦有茸毛装饰，有的似为两尾鱼形。眼微闭，默默有神，给人一种神秘的感觉。

人面纹除一例见于卷缘深腹盆腹外以外，其余均见于平缘浅腹盆里面，有时是四个对称，有时是与鱼纹两两对称。在这种盆中，也有鱼纹与鱼网纹两两对称，或竟是四只对称的鹿（羊）纹的。

鱼纹占了写实性花纹的绝大部分，一般绘于卷缘深腹盆的外腹，以单体鱼纹最多，双体鱼纹次之，三体鱼纹更少。单体鱼纹写实逼真，双体鱼纹已略有图案化，三体鱼纹则以简笔为之，略具其意而已。此外，在半坡有一件罐形器的上腹绘有四个鱼头，腰身两两相连，头部亦两两相接，是一个特殊例子。

在北首岭出土的一件大头细颈壶上有一幅鱼鹰衔鱼的主题画，另一件船形壶上绘有鱼网纹，两边似带网坠，都是不可多得的作品。

彩陶纹饰在早晚也是有变化的，早期宽带纹较多，晚期其他几何形花纹较多；早期人面纹、单体鱼纹较多，晚期复体鱼纹较多；早期的全为红地黑彩，晚期已开始有个别的白衣红黑彩纹。

（八）陶塑艺术和装饰品

半坡类型陶塑作品不多，且多作为器物上的附饰如盖钮、把手等出现。以鸟形陶塑较多，全身羽毛用锥刺纹表示。兽形陶塑和人头形陶塑等均仅有个别发现，人头是单独捏塑的，塑工不甚精致。

装饰品为数至多，单只半坡就发现1900多件，其中包括环饰、璜饰、珠饰、坠饰和发笄等，使用的质地则有石、陶、骨、牙、蚌、玉等多种。

笄有三种，一种后端尖形，器身较长，皆骨制，为数最多；第二种后端作"丁"字形，器身较短，绝大部分为陶制，数量较少；第三种后端圆柱形，亦甚短，皆石制，为数最少。用陶、石来做笄，在别的文化中似很少见，是这一类型的一个特色。由于笄的大量发现，可以证明当时流行着束发的习惯。元君庙第420号墓中一个成年女性的头顶部分，有一道清晰的带饰痕迹；半坡出土的一件彩陶盆上的人面纹，更可见到束发的具体形象和发笄的用法等。

环饰甚多，以陶为主，也有个别石制和蚌制的。陶环大小不等。其外径6~10厘米不等。形式也很复杂，有圆形的、六角形的、外缘是锯齿状的等，剖面形状有圆形、三角形、五角形、方形、半月形、扁圆形等各种。陶环表面一般是平光无纹的，也有雕化的，为同心圆、平行线等。

璜为石制，甚少，大约是一种佩饰。耳坠用绿松石或碧玉制成，在墓中随葬于耳部。胸部和颈部的装饰品有骨珠、石珠、穿孔蚌壳和猪牙等，骨珠常为数十以至数百粒串在一起，是挂在脖子上的一种佩饰。

（九）　陶器上的刻符

在半坡出土的圜底钵口缘外部的黑色宽带彩纹上，发现有刻划的符记，有些钵外大三角形黑彩上也刻有符记，计 113 个标本。此外，在西安五楼歇子岭有"丰"形记号[1]，郃阳莘野村有 彡 形记号[2]，也都是刻在圜底钵外的黑色宽带彩纹上的。符记共有 27 种，以一竖的为最多，共 65 例，其他约有半数有 2～6 个标本，另有半数只有 1 个标本。我们可以分为下列几类。

竖线：一竖的和双竖的，丨、‖。

竖线带钩：有左钩右钩、上钩下钩、上下或左右双钩的各种，↓、卜、忄、↑、〵、〴、↑、〤。

竖线带刺：有三刺四刺、左刺右刺等各种，〣、〤、彡、〤。

竖线加横道：有一道、三道、五道等各种，丅、十、丰、〼。

其他符记：L、k、ㄨ、∀、米、×、Ⱳ、)(、㇇。

上述各种符记，有些是陶器入窑之前刻的，笔道比较匀称规则，有些是烧好以后刻的，笔道不十分规则，粗细深浅不很统一。

我们认为，上述刻符有可能是当时的陶工和器物的使用者用以记事的一种符号。

刻符位于固定器物的固定部位，是为了便于查找。

刻符结构紧密而不漶漫，各种刻符之间具有规律性的联系，而同一种刻符又不止一次地重复出现，说明它不是偶然为之，而是已经使用相当一个时期，并为若干人所共同认识的。

刻符形式很多，表明所记事物的范围比较广泛。

刻符同时发现于相距数百里的不同地点，且所在部位、刻法和符记本身的结构却都酷似，说明这种符记已经传播甚广，已经为不同的氏族公社所掌握了。

（一〇）　公共墓地

墓地一般没有居住遗址那么容易发现，所以现在所知的半坡墓地比遗址要少

---

[1]　考古研究所陕西调查发掘队：《丰镐一带考古调查简报》，《考古通讯》1955 年第 1 期，图版拾：2。

[2]　黄河水库考古工作队：《黄河三门峡水库考古调查简报》，《考古通讯》1956 年第 5 期，图版壹：2。

得多。已知的 5 处都是经过发掘的，并且规模颇大。其中宝鸡北首岭已发掘的墓葬达 405 座，西安半坡 250 座，华县元君庙 60 余座，华阴横阵村 29 座，山西芮城东庄村 5 座。元君庙和横阵村两处墓地因为合葬特别流行，墓葬虽少，实际上埋葬的死者都达数百人之多。这样多的墓葬和这样多的死者，自然不会是一个时期掩埋的。

几处墓地都靠近当时的村落，例如半坡墓地位于居住区的北面，其间仅有一沟之隔，北首岭墓地在居住区之南，元君庙亦在居住区南，横阵墓地则在遗址东南，等等。

在每一墓地中，墓葬的排列和死者的头向均常有定则。例如半坡墓地，约略可见南北的行列，每墓间距约 1 米。有一部分较凌乱，也许是时间隔得较远的缘故。绝大部分头朝西向，朝北和朝南的均甚少。北首岭的数十座男性墓不仅聚葬于一处，排列整齐，头向亦均朝向西北。元君庙和横阵墓地亦均排成南北的行列，前者头向一律朝西，后者则一律朝东。不过一般说来，墓葬的行列并不十分规矩，行与行的区别不能很严格地划分，这是因为死者的瘗埋不能在一个时期进行，如果早先的墓年代隔得久了，失去了所在的标志，就很难要求日后的新墓和它埋在同一直线上了（图二一、图二二）。

有的地方，成人和小孩分区埋葬，例如半坡成年人埋于村北墓地，小孩则埋在居住区。有的地方，如北首岭，男性死者聚葬于一处。但在元君庙则不论性别年龄有何差异，都是埋在一处的。

（一）墓葬形制和葬具

墓葬形制可大致分为两种，一种是土坑墓，另一种是瓮棺墓。

土坑墓又分单式和复式两种。单式土坑墓是最多最普遍的，常为长方形，大小以适能容纳死者全躯及其随葬品为度。单人的墓，一般宽不过 1 米，长不过 2 米，深亦不过 1 米。多人合葬的墓，则视人数多少而放大其宽度（图二三）。墓边往往不很整齐，有些地方，如北首岭的墓边根本就不清楚。有些墓葬，如元君庙第 458 号墓，周边叠砌石块，有的有二层台，还有用红烧土垫底的，这些都是比较特殊的例子。

复式土坑墓只见于横阵村一地，是一种大坑套小坑的墓葬，共见 3 座。第 1 号大墓长 10.4、宽 2.8 米，内套 5 个方形小坑，每坑长宽各约 1.8 米，深 0.3 米；第 2 号大墓长 11、宽 2.4 米，内套 7 个小坑，每坑长宽亦各约 1.8 米；第 3 号大墓一端已毁，残留部分还套了 3 个小坑。

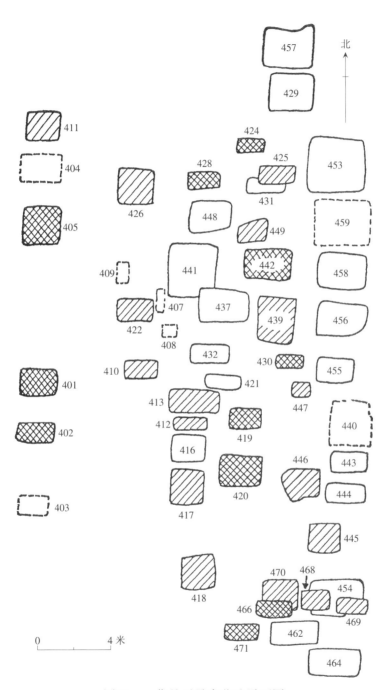

图二一 华县元君庙墓地平面图
（□ 为一期，▨ 为二期，▩ 为三期，▢ 为期属未定）

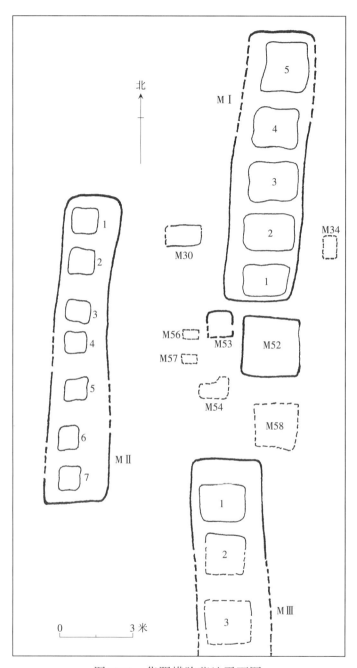

图二二　华阴横阵墓地平面图

　　土坑墓一般是没有葬具的，但在半坡的第 152 号墓葬内，发现了长短宽窄不同的木板遗迹，当是木棺的遗留，棺长 1.4、宽 0.45～0.55、高 0.4～0.48 米，这是迄今发现的唯一葬具。

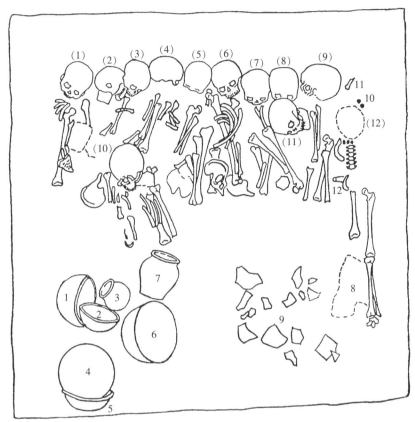

图二三　元君庙 M405 平面图

1、2、4、6、9. 陶钵　3、7. 陶弦纹罐　5. 陶盆　8. 夹砂陶罐　10. 骨珠

11. 骨笄　12. 蚌刀

　　瓮棺墓都是埋小孩的，在半坡发现 73 座，北首岭 57 座，横阵 5 座，东庄村 2 座。元君庙和横阵的大部分小孩则是埋在土坑墓中的。

　　瓮棺墓所用的葬具以瓮和钵为主，也有用盆的。大约可分为以下几类：

　　瓮上盖圜底钵；

　　瓮上盖平缘浅腹盆；

　　瓮上盖平缘浅腹盆，盆底打洞，上面再盖一个小钵（图二四）；

　　瓮上盖圜底钵，钵底打洞，上面再盖一个小钵；

　　两个瓮相套。

　　上述器物与遗址中出土的完全一样，都是人们日常生活中使用的东西，并不是为死者专门制造的。

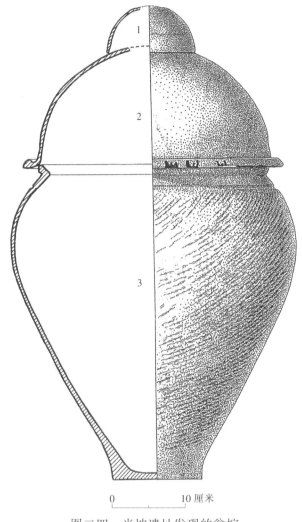

图二四　半坡遗址发现的瓮棺
1. 小圜底陶钵　2. 彩绘陶盆　3. 夹砂粗陶瓮

（一二）埋葬方式

埋葬的方式，在各个墓地中是不完全一样的，即便是在同一墓地，也常有几种方式同时并存。

首先从每一墓中埋葬的人数来看，就有单人葬、多人合葬和由几座多人合葬墓联结组成的复式大合葬等数种。

单人葬以半坡和北首岭为多，分别有约 150 座和 330 余座，元君庙 16 座，横阵和东庄村亦有。单人葬发达的地方，同时也是瓮棺葬甚多的地方，因此绝大部分是埋葬成人的，小孩则埋在瓮棺墓中。

肢体的放置，以仰卧伸直葬为主，占 80% 以上，其次是俯身葬，还有个别屈肢葬和二次葬的。

仰卧伸直葬一般是仰身平卧，四肢伸直，半数以上都有随葬品，是一种最流行的葬式。

俯身葬在半坡发现 15 座，北首岭 11 座，均作爬伏状，四肢亦平伸，有些墓亦有随葬品，看来并不能认为实行这种葬式的死者在身份上有什么特殊的不同。日本虾夷人对于因疾病而死者实行俯身葬，西伯利亚的楚克契人则对各种不平常的凶死者实行俯身葬，因此我们考虑半坡类型的俯身葬大约是对于不同死因的死者尸体的一种特殊处置方法。

多人合葬墓以横阵和元君庙为多，分别为 19 座和 30 座。此外北首岭 10 座，半坡 2 座，东庄村 2 座。横阵还有由数座多人合葬墓联合组成的复式大合葬墓，其中第 1 号大墓有 5 坑，分别埋葬 12、8、10、4 和 10 人，共 44 人；第 2 号大墓有 7 坑，分别埋葬 7、9、6、5、6、3、7 人，共 43 人；第 3 号大墓残存 3 坑，分别埋葬 5、0、3 人，共 8 人。元君庙的合葬墓中则埋葬着 2～21 人不等。合葬墓中既有成年男女，也有小孩，其配合有以下几种情形：

成年男性与男性；

成年女性与女性；

成年男性与女性；

成年女性与小孩；

小孩与小孩；

成年男性、女性与小孩。

最后一种是最多的，其他几种都是少数。

至于肢体的放置，有一次葬的，二次葬的，以及一次葬和二次葬兼而有之的，以二次葬的为最多，全属一次葬的甚少。这是很自然的，因为第一，既是埋在一个墓中，则各人之间的关系应该较一般氏族成员之间的关系为亲近，很可能是属于一个母系家族的；第二，既然都是一次葬，则各人去世的时间应该是接近的，不可能想象在一个很小的母系家族内同时死去数人能够成为一种经常的现象。

所谓二次葬又称为洗骨葬，人死之后，将尸体安放在一个地方，或者暂时埋入土中，等到肉体腐烂以后，将骨骼收拾起来，在另一个地方做第二次的埋葬。由于第二次埋葬时骨骼是重新摆放的，因而免不了有错乱的地方，除头骨、体骨、上下肢骨等的相对位置还能基本保持正确外，肢骨的倒置，指骨或脊椎、肋骨等的移位等，都是经常有的现象。

为什么在同一墓地中，甚至于在同一墓葬中，一部分死者实行一次葬，而另一部分实行二次葬呢？是否两种葬制的死者在身份上有所不同呢？第一，两种葬制的墓在分布上往往是交错在一起的，它们在墓葬结构、大小上和随葬品的多少上都没有显著的不同；第二，有些合葬墓中同时实行两种葬制，在安排上也没有显著的差别。因此我们对于这一看法应当持否定的态度。

现代有若干保持原始残余的部落，对于不同死因的人往往采取不同的葬法。是否半坡类型的二次葬是对凶死或恶疾死者的一种处置方法呢？如果是这样，二次葬的比例一定会比较小，但是在横阵和元君庙等墓地二次葬的死者占了绝大部分，这种解释也就难以成立了。

我们注意到，在元君庙和横阵村等地都曾发现一些当时的空墓，墓中随葬的器物完好不乱，而墓主已被移走。这一事实证明当时存在着一种迁葬的风俗，而这种迁葬又可能是因为合葬的流行而不得不采取的一种办法。

但空墓的数目毕竟较少，如元君庙空墓7座，仅占全部墓葬的七分之一不到，因而把全部实行二次葬制的死者都解释为对这种原属一次葬墓的迁葬，显然是困难的。现代有些部落对冬季的死者因为当时入土困难而实行二次葬，而春夏死者仍为一次葬。也许半坡类型的一部分二次葬就是在冬季死去的。我们也注意到半坡和元君庙等地有一些单人墓也实行二次葬，它们无论如何不能用合葬的需要来解释，便很可能是因为季节不同的关系了[1]。

（一三）关于人骨的研究

半坡、北首岭、元君庙和横阵墓地出土的人骨大部分都经过鉴定和研究，在人种特征方面，几个地点都是接近的。一般是简单的头骨缝，圆钝的眶形，突起的颧形，低矮的鼻棘和犬齿窝的缺如等，结合各种测量指数，表明基本上都是属于蒙古大人种（Mongoloid）的，同时稍带澳大利亚尼格罗人种的性质。依照苏联人类学家的分类，可归入亚细亚蒙古大人种的太平洋支（Тихоокеансая ветвь）。若是与近代蒙古人各小人种系比较，则接近于太平洋支的南亚人种系，太平洋支

---

〔1〕　二次葬制，在现今若干民族中仍然实行。如美拉尼亚某些土人在死后先用木板盛起，放在偏僻地方，待一两年后肉体腐烂了，便将骨架移置于集体埋葬的地方。所罗门群岛的土人在死后先在身上画彩，然后捆起来放在秘密地方，待尸体腐烂后才实行迁葬。其所以如此，因为他们相信血肉是人世间的，必待完全腐烂后正式安葬，死者才能进入灵魂世界。又我国东北的索伦族对冬季的死者先行天葬，待开春后再埋入坟地，而夏天的死者则实行一次埋葬，是以两种葬制同时并存。这种情形在北美密西西比河流域的印第安人中也是如此，其所以然者，是因为冬季土冻，挖穴非易也。

与大陆支的过渡型远东蒙古人种系，其接近的程度，以南亚系与远东系为多，而与大陆支的中亚细亚系相去较远〔1〕。这个结论是具有重大的理论意义的。以前当仰韶文化初发现时，一些西方殖民主义"学者"及其代言人硬说它是从西方传播过来的，并称中国人种也可能自西方迁移过来，这些谬说很早就遭到应有的批判，现在对仰韶文化半坡类型人骨的研究，再一次证明这些谬说是根本站不住脚的。

另外，对人骨的研究还可间接测知当时人类的生活与劳动条件。例如元君庙不少骨架有压缩性骨刺，乃是经常负重过多所致。又绝大部分人的下颌都比现代人的粗壮，而且牙齿被严重磨损，当是食物不良所引起的。死者一般不足天年，如元君庙死者以 30~40 岁为多，北首岭亦相若，而各地均有大量的儿童死者更是非常引人注目，这些都说明在原始社会条件下，生活是非常艰苦的，正如列宁所指出的："在我们的过去并没有什么黄金时代，原始人是完全被生存的困难，与自然斗争的困难所压迫着。"〔2〕

（一四）随葬物品

在半坡类型的墓葬中常常有一定数量的随葬物品，多人合葬墓中差不多全部都有，单人墓中约半数有，只有小孩的瓮棺葬中才没有。随葬品以陶器和其他日常生活用具为多，其次是装饰品，再次是生产工具和武器；在个别的墓中，也有用谷物和鱼肉等随葬的。

陶器一般置于脚下，并有一定的组合，通常包括一个小口尖底瓶（水器）、两三个圜底钵（食器）和一个夹砂罐（炊器和容器），即日常生活中所需要的最基本的器皿。有些墓中随葬陶器较多，除上述几类外，还有大头细颈壶、盂形器、葫芦形瓶和盆等。

随葬的装饰品有骨笄、骨珠和玉耳坠等，骨珠有时很多，如半坡第 152 号墓有 60 多粒，元君庙第 429 号墓两个女孩有 785 粒，它们均环绕于颈部，是一种穿系的项饰。

随葬生产工具的例子不多，在元君庙，女性墓随葬蚌刀、纺轮和骨针等，男性则随葬镞，反映了男女在生产上的分工。

在通常的情形下，随葬品千篇一律，缺乏个性，只能在年龄和性别上约略看出差别来，即女性的一般比男性的多，老年的一般比青壮年的多，小孩，尤其是

---

〔1〕　颜誾：《华县新石器时代人骨的研究》，《考古学报》1962 年第 2 期，90 页。

〔2〕　《列宁全集》第 4 卷，182 页。

男性小孩几乎没有随葬品。例如在元君庙，女性随葬品为6～12件，男性为1～8件，而后者凡在4件以上者均为40岁以上的老人。

（一五）半坡和横阵埋葬习俗之不同

上面我们谈到了半坡类型埋葬习俗的一般情况和某些具体细节。各地埋葬习俗有许多共同之处，这是基本的和主要的，但若是严格说来，则没有一处和任何另一处是完全相同的。大体说来，可以归纳为两类，一类包括半坡和北首岭，另一类包括横阵、元君庙和东庄村，其间的差别主要有以下几点。

（1）半坡等地以单人葬为主，横阵等地以多人合葬为主。

（2）半坡等地以一次葬占绝大多数，横阵等地以二次葬占压倒优势。

（3）半坡等地有少数俯身葬和屈肢葬，横阵等地未见这种埋葬方式。

（4）半坡等地在墓区划分、墓葬形式和葬具等方面特别强调性别与年岁等级的差别，而横阵等地则以不同年龄性别的死者合葬于一墓为常规。

（5）半坡等地成人墓只有半数有随葬品，小孩墓根本没有，而横阵等地各墓基本上都有随葬品。

为了更清楚地表明各墓地埋葬习俗的关系，兹更列表以明之（表一）。

为什么会有上述的那些差别呢？我们注意到半坡和北首岭两地位于西方，而横阵、元君庙和东庄村位于东方，因此这种埋葬习俗的差别可能是体现着同一文化类型中地域间的差异，是较文化类型更小的人们共同体的不同风俗和信仰在埋葬习俗上的反映。

表一

地点	北首岭	半坡	元君庙	横阵村	东庄村
统计墓数	339	118	53	24	3
其中合葬	10	2	30	约19	2
统计人数	349	122	200	约135	12
其中二次葬	31	5	180	约129	
仰卧伸直葬	305	98	200	约135	
俯身葬	12	15	0	0	
屈肢葬	1	4	0	0	
瓮棺葬	57	73	0	5	2

注：在各墓地中，有些墓葬已被破坏或扰乱，未予统计，故本表统计墓数和统计人数均较实有墓数和人数为少。

三　庙底沟类型

（一）庙底沟类型遗存的发现与文化特征

庙底沟类型是因为河南陕县庙底沟遗址的发现而得名的。该遗址位于三门峡市西部，原陕县南关的东南，北临注入黄河的青龙涧。1953 年，中国科学院考古研究所的同志们发现了这个遗址，后经复查，并于 1956～1957 年进行了发掘，揭露面积 4480 平方米，获得了非常丰富的文化遗存。和半坡类型相较，其基本陶器群不同，花纹不同，生产工具等也有差别；同时我们发现类似于庙底沟而不同于半坡的遗存在别的地方还有很多，分布也广，因而就把它们归纳为一个类型[1]。

庙底沟类型的分布是以陕西渭水流域、山西南部和河南西部为中心区域，东到豫中，西至甘肃，北达内蒙古河套，南抵湖北汉水上游，与半坡类型的分布基本相同，只是范围稍稍扩大了一些。

迄今发现的庙底沟类型的遗址是很多的，仅晋南一地，自 1958～1960 年中国科学院考古研究所山西工作队的调查中，就发现达 38 处[2]；甘肃更达 160 处[3]。这些遗址中，先后经过发掘的有河南渑池仰韶村（它的一部分遗存是属于庙底沟类型的），山西夏县西阴村（1926 年），万荣荆村（1931 年），陕西西安客省庄（1955～1957 年），华县泉护村（1958～1959 年），华阴西关堡（1959 年），邠县下孟村（1959～1960 年），河南三门峡庙底沟（1956～1957 年）和洛阳王湾（1959～1960 年）等处。

综观这些地点文化遗存的特点，大约可以归纳为以下几项。

---

〔1〕　杨建芳同志在其《略论仰韶文化与马家窑文化的分期》（《考古学报》1962 年第 1 期）一文中，指出庙底沟的文化包含是不单纯的，本身还可以进行分期，因而拿它来命名是不适宜的，并建议改为西阴类型。但是也有同志不同意杨的意见，觉得还是用庙底沟类型一名为好（方殷：《从庙底沟彩陶的分析谈仰韶文化的分期问题》，《考古》1963 年第 3 期）。我们知道西阴村是早在 1926 年发掘的，当时发掘面积既小，包含也并不单纯，作为一个类型的代表亦有不当之处。庙底沟遗存虽可能有早晚之分，但本身差距不大，且遗存丰富，特征明确，加之大家称呼已成习惯，更改名称的必要性不大。

〔2〕　中国科学院考古研究所山西工作队：《晋西南地区新石器时代和商代遗址的调查与发掘》，《考古》1962 年第 9 期。

〔3〕　据甘肃省博物馆《甘肃古文化遗存》（《考古学报》1960 年第 2 期），文中所称仰韶文化 161 处，除某些遗址同时有半坡类型，某些遗址为甘肃仰韶文化外，绝大部分还是仰韶文化的庙底沟类型。

（1）磨制石器比较发达，石铲、长方形和两侧带缺口的石刀都比较普遍，农业在经济中显然占据主要地位。

（2）陶器群主要由环形口尖底瓶、卷缘曲腹盆、敛口钵、敛口泥质瓮、釜、灶和夹砂罐等组成。彩陶纹饰以曲线为其特色，流畅生动。线纹、绳纹较多，晚期出现篮纹，完全缺乏锥刺纹。

（3）房屋以方形为主，大小差别很不一致，且一般都有墙壁。

（4）埋葬习俗仍将成人和小孩分别处理，前者多长方形土坑，单人仰卧伸直葬，后者多用尖底瓶作为葬具。

（5）同半坡类型比较，遗址数目较多，分布面较广，每一遗址的面积较大，堆积亦较厚，如庙底沟面积 24 万平方米，华阴西关堡达 90 万平方米，等等。

以上几项既可视为庙底沟类型的基本特征，同时也是和半坡类型的主要区别所在。

（二）住房及有关的建筑物遗迹

现在庙底沟类型的遗址发掘虽多，但每一遗址的揭露面积还不够大，有些发掘面积较大的遗址，往往因为同时包含几个时期的文化，早期遗迹大半已被破坏，所以作为一个村落的内部布局等我们现在还不清楚，只是对一些房屋及有关的建筑遗迹略知梗概。

迄今已发现的庙底沟类型的房屋为数尚不很多，分别见于河南洛阳王湾（7座）、三门峡庙底沟（2 座）和陕西华县泉护村（1 座，另居穴 10 座）等处。按照房屋的结构，可以大致分为三种。

（1）平地起建的方屋。

（2）半地穴式的方屋。

（3）椭圆的居穴。

平地起建的方屋在王湾发现了 7 座，但都残破过甚。以小型方屋为多，均分布于遗址的南面和东南面，共 5 座，另外还有一些居住面残块，原有房屋当不止此数。一般每边约 4 米，周围挖一条宽、深均约 20 厘米的沟槽，沟中立一列木柱，然后用红烧土块和碎陶片填实。柱洞较密，多半为墙壁夹柱性质。居住面有两种做法，一种是先在地面挖一个很浅的坑，用红烧土块和碎陶片填平打紧，然后抹一层草泥土，并加以烧红，地面显得结实而平整；另一种是先垫厚约 10 厘米的草泥土，然后抹上一种类似水泥的物质，有的一两层，有的连续抹三四层，每层厚约 1 厘米。呈青灰色，表面光洁，极其坚硬，估计可能是用料姜磨粉，然后调成泥浆而抹成的。至于其他结构，因大都破坏太甚而不清楚了。

中型方屋一座（F15），位于遗址东面，南北 7.4、东西约 7 米，墙基用大块河光石铺成，上面筑草泥土墙，墙中夹木柱。房内亦有柱洞，根据其分布及塌下屋顶木椽的排列，估计屋顶是南北两面坡式的。居住面先用红烧土及陶片末垫底，然后涂草泥土再加以烧红。房子西北角稍稍高起，呈一高约 6 厘米的平台，台南端有一段东西方向的小隔墙。房顶架密集的木椽，上敷草泥土。

另外在王湾遗址东北面 8 个探方中断断续续地发现过一些红烧土面和陶片垫底的情形，并发现一列颇大的柱洞，似属于一座房子的，如果这个判断不误，则其尺寸约为东西 20、南北 10 米，是迄今所见的最大房屋了。

半地穴式的方屋在庙底沟发现 2 座、泉护 1 座，三座房屋的结构完全一致。庙底沟的两座房屋位于遗址的中间偏北，南北相距约 30 米，大小相若，方向一致。其中之一长、宽为 7.4、6.2 米，圆角方形，朝向西南有一斜坡形门道，室内火塘为圆形竖坑，略近前方。地面和四壁均涂草泥土，并用红烧土块铺砌地面。室内有 4 个对称的柱洞，洞中置一天然砾石作为柱础。周壁高 0.43～0.76 米，贴壁有一列柱洞，排列较密，如第 301 号房子便有 33 个。要是把这种房屋的构架复原起来，可能是一种有着坚固墙壁和四阿式屋顶的建筑了（图二五、图二六）。

泉护的房屋后半部已遭破坏，从其前半部来看，与庙底沟的结构完全一致，只是面积特别大，前壁宽达 15 米，柱洞也大，直径约 45 厘米，几可容身。

至于居穴，以往是没有注意到的，1958～1959 年在泉护发掘时共得十多个，大多数为椭圆形，底部下凹，有斜坡或台阶出入。如 H1075，南北长 6.5、东西宽 4、深 2.5 米。底部南高北低，地面铺以厚约 8 厘米的草泥土，东壁下还有一个直径 80 厘米的炉灶，附近有灰烬、猪骨和螺蛳壳等，和一般的灰坑不同，因此推测是当时的一种居穴。

如果把上述三类房屋同半坡类型的比较，则可看出有以下几个特点。

（1）方形和长方形的房子较多，不见圆形房屋。

（2）房屋大小差别很大，而大型房屋数目较多。

（3）一般房屋有墙；有居穴而没有窝棚式建筑。

在居住遗址中除房屋外，往往有许多灰坑，单是庙底沟一处便发现达 168 个，其中圆形的 103 个，椭圆形的 65 个，一般口径 2～3 米，个别大的达 5.7 米，小的仅及 0.54 米，一般深 1～2.5 米，最深 3.9 米，最浅仅 0.45 米。各坑口径和底径的比例是不一样的，其中口大底小的占 125 个，直壁的 29 个，口小底大的只占 14 个，后者一般称为袋形灰坑，可能是当时储藏什物的窖穴。其他灰坑的用途则不甚清楚。

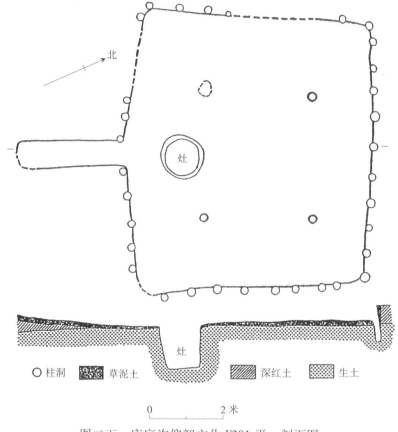

北

灶

灶

○柱洞　草泥土　深红土　生土

0　　　　2 米

图二五　庙底沟仰韶文化 F301 平、剖面图

（三）生产工具和经济状况

庙底沟类型的生产工具以石器占绝大多数，骨角器和陶器都为数甚少。

石器中有打制的，也有经过砥磨的。就种类来说，磨制的远多于打制的；但就数量来说，则打制的反比磨制的为多，这是因为打制石器中有一种盘状器，其数目特别多的缘故。

石器的种类同半坡类型没有太大的差别，计有铲、刀、斧、锛、凿、盘状器和网坠等。石铲在庙底沟、王湾、泉护和山西南部的某些遗址如襄汾寺头村、夏县崔家河等地均有发现[1]，而以庙底沟为数最多，据统计完整的和残块共达130多件。按其形态可分为心形和舌形两种。前者较小，最短者只及 13.4 厘米，刃部呈圆形或略近尖形；后者较大，有长及 29 厘米以上的，刃端一般呈缓圆形。两种

---

〔1〕　后二地之石铲据作者 1963 年 1 月于太原参观时所见。

图二六　庙底沟仰韶文化 F301 复原及半剖图

石铲均中间较厚而两边较薄，通体磨制光滑，唯上部中间有琢打粗糙的痕迹，应当是安柄的地方（图二七）。

石刀在各处均发现甚多，仅庙底沟就有 100 件，其中长方形或略近长方形而穿孔者 63 件，弧背而穿孔者 8 件，长方形无孔者 6 件，两侧带缺口的 23 件。长方形穿孔石刀，一般系磨制，穿一孔，个别有穿两孔的，制作比较精致。两端缺口的石刀，一般为打制，比较粗糙。

斧大部分是剖面椭圆，刃部磨光，上身砸平的；只有很少的穿孔扁斧，其剖面略呈梭形。又在庙底沟发现一剖面椭圆的石斧，上部略窄，穿孔而未透，可能不是一件成品。锛数量不多，且器身棱角不显著。凿多双面开刃，形同小斧。盘

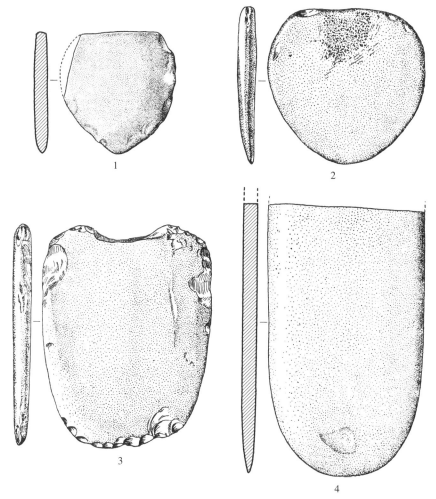

图二七　庙底沟仰韶文化石铲
1、2. 心形（T354∶02、H203∶51）　　3、4. 舌形（T81∶10、T351∶04）

状器呈圆形，有的周边宽钝，有敲砸痕，可能是敲砸器，有的周边打成薄刃，则可能作砍伐或刮削之用。它们全是用天然砾石打制而成的，数量很多，仅庙底沟一处就发现了 2230 件。

　　网坠甚少，庙底沟仅见 5 件，较半坡要少多了。

　　庙底沟类型的骨器远不如半坡类型发达，但是也有一定数量，以镞为主，其次是锥和针等。镞在庙底沟共发现 80 件，形式有许多种，大多数身铤分化不明显，剖面有圆形、三角形和菱形等数种。

　　庙底沟类型的陶质工具有刀和纺轮等，陶刀的数量和石刀同样多，在庙底沟就发现 100 件，其中长方形穿孔的 52 件，圆背穿孔的 13 件，长方形和椭圆形的 7 件，两端缺口的 28 件，它们全都是用陶器残片加工而成的。纺轮有两种，一种圆饼形，其中有些是用陶片加工而成的；另一种侧视为梯形，甚厚，有的周围捏成花边。另有陶球等，用途不甚明了。

除上述各种工具的实物外，还曾在庙底沟类型的某些遗迹上发现过一些工具痕迹。例如在泉护村一些灰坑的周壁上发现了长条的掘土棒遗痕，痕迹宽 3～5 厘米不等，这也就是说当时的掘土棒的直径大约也是 3～5 厘米。现在有些生产落后的民族，仍然使用掘土棒挖掘陷阱，点种谷物[1]，庙底沟类型的居民既用木棒掘坑，当然也可用它来点种谷物。

从上述各种工具在种类和数量上的比例来看，农具都是占第一位的（用途不明的盘状器除外），反映农业已在经济中占据主要地位。若是和半坡类型相比，不仅数量较多，而且磨制的也较多，制作技术有所改进，表明庙底沟类型的农业经济较半坡类型要发达一些。

当时饲养的家畜，在种类上和半坡类型基本一样，但在数目上和在经济中的比重上似较半坡为少。在庙底沟只发现了猪骨和狗骨，在泉护则有猪、羊和狗，但是数目都很少，猪骨虽然较多，似也比半坡类型少很多。渔捞也不如半坡类型发达，渔具极少，也无其他反映渔业的情况。反之，狩猎是比较发达的，镞发现较多，鹿骨甚多，有些遗址的彩陶花纹中颇多鸟的形象等都是证明。

原始手工业也有一定程度的发展，这里特别提一下纺织的情况。纺轮在许多地点都有发现，并且数目有时很多，单庙底沟就有 85 件，证明纺纱捻线是一种普遍的家庭手工业。同时我们还发现过一些布的印痕，例如在庙底沟尖底瓶耳上有布纹，泉护一座窖穴的底部曾发现一片泥块，上面亦印有清晰的麻布痕迹，根据这些痕迹，可知当时乃是运用平纹织法，每平方厘米内经纬线各仅 10 根，既粗又稀，所谓"緌麻索缕，手经指挂，其成犹网罗"也（《淮南子》）。

（四）陶器制造

庙底沟类型陶器的制法同半坡类型基本上是差不多的。以泥条盘筑为主，也可能有一部分模制的，少数器物的口沿用慢轮加以修整，在泉护村的晚期遗址中，还有个别的陶碟完全是轮制的。

---

〔1〕 例如美拉尼西亚人、巴布亚人、波利尼西亚人和密克罗尼西亚人等，都还用掘土棒耕种或掘取野生植物块根等（C. II. 托尔斯托夫等：《普通民族学概论》第一册，科学出版社，1960 年，75、83 页）；我国云南的苦聪人也是用木棒挖穴点种的（禾子：《"苦聪人"过去的生产简况》，《文物》1960 年第 6 期）。

用来做坯的黏土，有经过淘洗的细泥，有夹砂粒等掺和料的，烧成的陶器，就有泥质陶和夹砂陶之分。颜色以红色为主，也有一部分灰色的。兹以庙底沟 4 个灰坑的陶片，按质地统计如表二。

表二　庙底沟仰韶文化 H5、H10、H363、H387 陶片质地统计表

陶质	细泥红陶	泥质灰陶	细泥黑陶	夹砂红陶	总计
数目	9166	1663	4	5246	16079
百分比（%）	57.02	10.34	0.03	32.62	100

注：本表据《庙底沟与三里桥》25 页所列统计表改制。

关于陶土的成分，过去仅分析了仰韶村的一片彩陶。该标本为细泥红陶，表面饰黑色彩纹。其成分以氧化硅（SiO_2）最多，占 65.66%，氧化铁（Fe_2O_3）次之（18.30%），氧化铝（Al_2O_3）又次之（15.64%），此外还包含少量的氧化镁和其他化学成分。这些成分的比例，和当地的黄土是差不多的。该陶片的烧成温度，据推测为 1300~1400℃[1]。但是我们从实验和常理来判断，这个数字显然是高了一些。

烧制陶器使用陶窑，泉护村曾发现了六七座陶窑，是这一类型现在仅有的一批材料。该处陶窑分布的位置比较接近，形式也都相同，可能便是当时的公共窑场。

窑的结构比较接近于半坡类型的横式窑，分窑室、火道和火膛等部分。窑室呈圆形，直径 0.8~1 米，个别有略大于 1 米的。周有窑壁，保存好的高约 60 厘米，基本上是竖直的。看来当时烧窑时是不封顶的，这样易使陶土中的铁元素得到充分的氧化而变为红色，这就是为什么当时的陶器绝大部分都呈砖红色的缘故。

窑室的底部有一个窑箅，周边往往有 8 个扁长形的火眼，火眼向下连接于两股火道，再由火道斜行向下通入火膛。火膛为一圆角方形的竖穴，其中常有烧余的灰烬和炭渣。火膛的上前方为一小小的火口——窑门（图二八）。

（五）陶器形制和纹饰

庙底沟类型的陶器在形式风格和种类上都和半坡类型有所不同。陶器造型总

---

[1]　阿尔纳《河南石器时代之着色陶器》一书附录：Paul Meyersberg, *Berichtüber die untersuchung Altchinesischer Tonscherben der Anderssonschen Ausgrabungen*，《古生物志》丁种第一号第二册，1925 年。

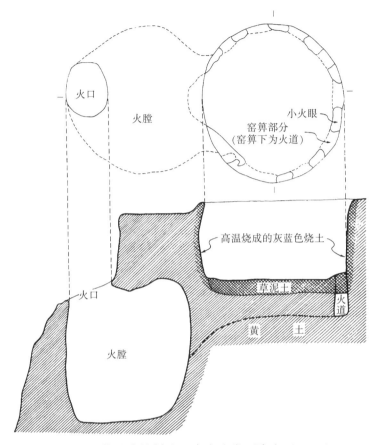

图二八　华县泉护村出土庙底沟类型陶窑（Y107）

的特点是平底器特别多，其次是尖底器，圜底器、三足器和圈足器只占极少数，前者可视为早期的孑遗，后二者则只是在晚期的遗存中才出现的。

陶器的附件不很多，只有少数桥状耳、鸡冠式耳等，还有一些器盖和器座。

常见的器形有釜、甑、灶、鼎、罐、盂形器、带盖罐、小口尖底瓶、小口平底瓶、卷缘曲腹盆、敛口盆、敛口钵、碗、小罐、敛口瓮和杯等。其中釜、甑、灶等是半坡类型所没有的，其他一些器物在形式风格上和半坡类型也颇不相同（图二九、图三〇），兹分别略述其特征如下。

釜：小口广肩圜底，肩部满布弦纹，多属夹砂陶。

甑：呈盆形，常有一对鸡冠状耳，底部有四至七个气孔，多属泥质陶。

灶：亦为盆形，底部有三矮足，前边有一个大火门，口内有三个泥突，用以承釜。灶承釜，釜承甑，这是一套配合使用的炊具。

鼎：也是一种炊具，许多遗址都发现有鼎，但是数目都非常少。多数鼎身呈圜底釜形，可以认为它们是由釜演化而来的。

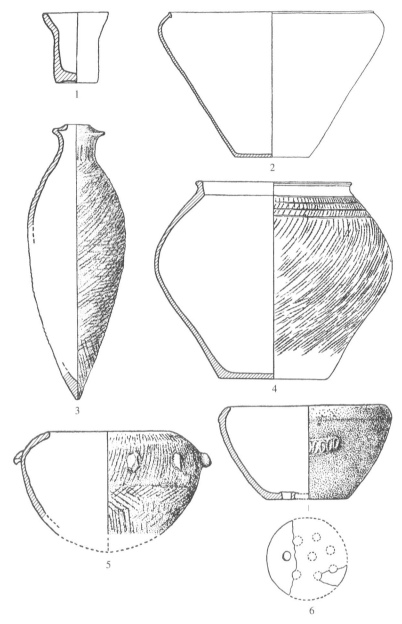

图二九　仰韶文化"庙底沟类型"陶器

1. 杯　2. 灰泥盆　3. 小口瓶　4. 夹砂红陶罐　5. 泥质红陶罐　6. 泥质
红陶甑（均为庙底沟遗址）

　　罐：为数甚多，有瘦腹和鼓腹的，一般饰绳纹或线纹，少数于上腹饰弦纹，并常饰泥饼和附加堆纹。

　　盂形器：有泥质和夹砂两类，均敛口，口内壁有一鸡冠状耳，不知何用。

　　带盖罐：外形略似盂形器，唯器内无耳，口外有六至九个泥突，带盖，盖上

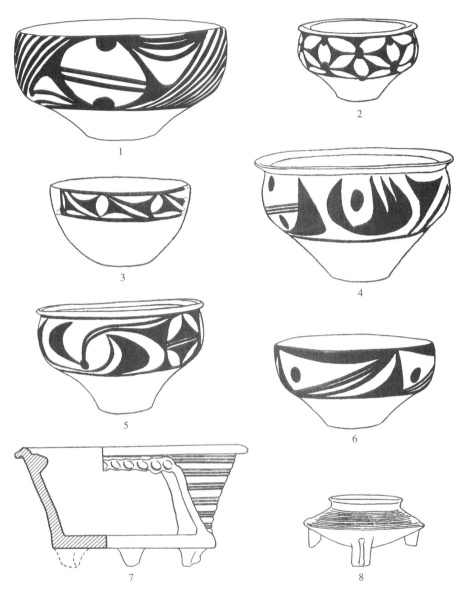

图三〇　仰韶文化"庙底沟类型"陶器
1、2、4、5. 彩陶盆　3、6. 彩陶钵　7. 夹砂红陶灶　8. 釜鼎（均为庙底沟遗址）

亦往往有若干泥突，这种器物发现甚少。

小口尖底瓶：口呈环形，腹部较瘦长，饰线纹，多无耳。在划分时期上，这种瓶是一个很好的标尺，一般较早的口呈双环形，器外满饰稀朗的线纹；较晚的口呈单环形，器外饰细线纹加横行之浅篮纹。

小口平底瓶：发现甚少，器身和纹饰与小口尖底瓶相同，唯底部是平的，腹部常有双耳。口部除环形以外，还有一些呈葫芦形状的。

卷缘曲腹盆：卷缘，缘面甚宽，曲腹，小平底，缘面及上腹常有彩绘。数量甚多，特征显著。

敛口盆：敛口，曲腹，小平底，上腹亦常绘彩，这种盆为数不多。

敛口钵：器形略似敛口盆，唯个体较小。

碗：为数甚多，直口，圆腹或曲腹，小平底，亦常绘彩。

敛口瓮：或称为缸，常为泥质灰陶，大口削腹小平底，口内敛，肩部较早的圆曲，较晚的起折棱。

杯：均夹砂陶，厚胎，容量甚小，常有盖。有的杯内发现红色或黑色的颜料，当是调颜料的杯子而非饮具。

陶器的纹饰较半坡类型稍稍复杂，有拍印或模印的线纹和篮纹，有刻划的弦纹和划纹，有用泥条附加的堆纹和泥饼，还有着色的彩陶花纹。其中以线纹为多，次为彩色花纹，弦纹、划纹、堆纹和篮纹均甚少，篮纹主要是在晚期才出现的。在有些器物上，同时饰以两种纹饰，或在不同部位，或者相互重叠。兹将庙底沟部分灰坑的陶片纹饰统计如表三。

表三　庙底沟仰韶文化 H5、H10、H363、H387 陶片纹饰统计表

纹饰	素面	彩绘	线纹	线加划纹	线加篮纹	堆纹	弦纹	小计
数目	5218	2254	8182	168	76	158	23	16079
百分比（%）	32.45	14.02	50.89	1.04	0.47	0.98	0.14	100

注：本表据《庙底沟与三里桥》25 页所列统计表改制。

在表三中，我们看到彩陶占了全部陶器的 14% 以上，如果估计到一件彩陶器只是一部分绘彩而其余的部分往往是素面无纹的，则在表中统计的素面陶片中当有若干是属于彩陶器的，这样彩陶器的比例实际上当比表列比例更高。

彩陶一般都是细泥质的，本色呈砖红或红白色，表面打磨光滑。有些陶器，在未着彩之先，在表面涂上了一层红色或白色的陶衣，白陶衣常常只涂在着彩部分，例如盆钵的上腹。

每种器物着彩的部位是有规则的，一般是在卷缘盆的缘面和上腹，钵和碗的上腹，少数罐和瓶的口沿及上腹，都是外彩，绝不见绘于器里的。

彩纹绝大部分是黑的，红色的很少见，兼用两色的复彩更少，后者仅见于白衣陶上面。

彩纹的母题，可以分为写实的和几何的两类，以后者的数目为多。

写实的花纹以鸟纹为主，其次则为蛙纹。鸟纹在泉护、西关堡等处发现得特别多，常饰于钵的上腹，形象各不相同，较早的形体逼肖，较晚的则以简笔为之，略尽其意而已。

几何形花纹主要是由圆点、曲线（等粗的或中间粗两端细的）、凹边三角（一边、两边或三边都凹的）等构成，直线、方块等运用得比较少，因而表现得圆润流畅，有一种曲线美。

花纹母题主要有以下几种。

（1）横线、圆点，横线加圆点，横线加圆点加横"X"纹。

（2）垂幛加圆点，垂幛加圆点加横线，垂幛加凹边三角，垂幛加曲线，垂幛加曲线加圆点，垂幛加曲线加圆点加凹边三角。

（3）重叠曲线，重叠曲线加圆点，重叠曲线加圆点加凹边三角。

（4）单式花瓣（中实圆点或曲线，或圆点加曲线），复式花瓣（四出、五出和六出）。

（5）火焰纹，涡纹。

（6）"十"字纹，鱼刺形纹，网格纹（圆形和方形）。

（7）等腰三角纹，这种纹饰极少。

实际上，每一件器物的花纹往往是由多数母题构成的，归纳起来，大约有以下四种构图方式。

（1）由一种母题构成的对称图案。

（2）由一种以上的母题构成的相间对称的图案。

（3）由一种母题连续进行，构成一个整体。

（4）由一种以上的母题依次连续进行，亦构成一个整体。

（六）装饰品和陶塑艺术

庙底沟类型的装饰品有陶环、石环、石珠、骨笄、牙饰和蚌饰等。陶环极多，形式较半坡的更加复杂，大致可分为平圆形（剖面为圆形、三角形、半月形、长方形等）、绚索形（窄式的和宽式的）、齿轮形（单式的和复式的）和多角形（五角的、六角的和七角的）等各种。在平圆形的陶环上，有的饰以刻划纹或彩绘。

陶塑艺术品有鹰隼（或鸮?）、鸟头、壁虎和人面等，有圆雕的，也有浮雕的，有些造型颇为生动。它们大部分是作为器物的附件或装饰，华县泉护曾出一鹰鼎，则是把整个陶鼎塑成鹰形，实是不可多得的一件艺术作品（图三一）。

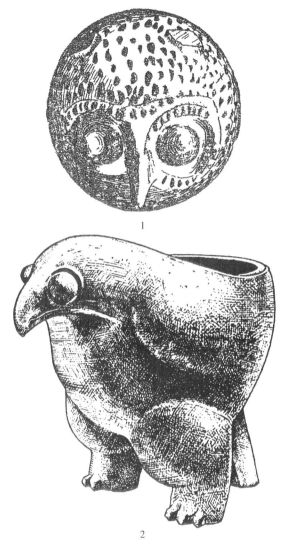

图三一　仰韶文化鸟形陶塑
1. 猫头鹰头形器盖　2. 鹰形鼎（均为泉护村遗址）

（七）埋葬习俗

庙底沟类型的墓葬迄今发现甚少，仅洛阳王湾 76 座，郑州后庄王数十座，庙底沟 1 座。王湾的墓葬均分布于居住区内，其中成人葬 29 座，均为长方形土坑，有 4 座有二层台，头向均朝西北，单人仰卧伸直葬，有些死者头骨部分有涂朱的现象。在这些墓中仅有少数有随葬品，或一陶钵，或一骨笄，个别有随葬狗头的。

小孩墓在王湾共发现 47 座，郑州后庄王也不少，绝大多数为尖底瓶葬，个别为夹砂罐覆钵埋葬。埋葬的时候，将尖底瓶中部锯开（许多瓶上保留有锯切的痕迹）套上尸体，有的用一头一尾，有的用两头，更有用两尾套合起来的，然后在地面挖一小坑，平卧置之。

（八）　与半坡类型的关系

自从仰韶文化被分划出半坡类型与庙底沟类型以后，好多同志对于二者的关系进行了种种推测，在理论上和在实际工作中都进行了探索。但是直到目前为止，仍然不能认为这个问题已经解决，仍然处在探索的阶段。

综观各家的意见，大约可以归纳为以下三种。

一种意见认为，半坡类型比庙底沟类型为早，理由是：（1）半坡陶器具有"祖型"的风格，如圜底器、葫芦形器等；（2）半坡彩陶花纹中像生性母题比较发达[1]。

另一种意见认为，庙底沟类型比半坡类型为早，理由是：（1）"生产工具以打制石器为主，磨制石器在这里也有不少的发现，骨器不多，家畜种类简单而数量少，这些都代表着它的原始形态，而可能属于仰韶文化比较早期的遗存"[2]；（2）"半坡类型的彩陶花纹虽有简单化的倾向，但其规则均匀变为图案化，还是一种进步的象征。其他在生产工具、生活用具上，半坡类型都比较进步，也可以作为佐证。"（3）有的同志从陶器形制和纹饰、生产工具、建筑结构及装饰艺术品等项的分析比较，认为"在半坡类型遗存中，有较多的因素和其他地区的仰韶文化晚期遗存（如秦王寨类型和后冈类型）相同或相似"，因而应当较庙底沟类型为晚[3]。

以上两种意见，都是认为两个类型的差别之所以形成，乃是由于时期不同，或者主要是由于时期不同。

还有一种意见认为，庙底沟类型与半坡类型"是同一时期不同氏族部落的文化遗存"，"半坡类型是代表以鱼为图腾的氏族部落，庙底沟类型是代表以鸟为图腾的氏族部落，二者是仰韶文化时代部落联盟（?）下的两个分支，或者是同一部落的两个胞族组织。它们可能在同一时期存在于不同地区，也可能存在于同一地区……今后我们可能发现彼此迭压的地层关系……也就是说半坡类型有的地方可

〔1〕　石兴邦：《陕西渭水流域新石器时代的仰韶文化》，《人文杂志》1957 年第 3 期，88、89 页。

〔2〕　中国科学院考古研究所：《庙底沟与三里桥》，科学出版社，1959 年，118 页。

〔3〕　杨建芳：《略论仰韶文化和马家窑文化的分期》，《考古学报》1960 年第 2 期。

能早，有的地方可能晚"[1]。

三种意见都缺乏详细的论述，见解纷纭，莫衷一是。但是我们可以从这些争论中寻求解决问题的某些途径。首先，要在严密的科学分析的基础上，统一对于类型的认识。例如半坡遗址的文化遗存是很复杂的，可以划分为早晚不同的阶段，有的同志把它们统统归纳为半坡类型，有的同志则只把它的早期视为半坡类型。这就需要统一认识，没有对于类型的统一认识，无论谈论它们的时代早晚，或者谈论它们的地方差别以及属于何种氏族部落等等，都不会有共同的语言，也就谈不上谁是谁非了。其次，需要找到一定数量的地层叠压关系，这个问题的前提也需要前一个问题的解决，例如现在陕西邠县下孟村有这样一个地层，即第 14 号灰坑打破第 3 号房子，房子又同时压着第 30 ~ 32 号三个灰坑，其中第 14 号灰坑是庙底沟类型的，至于 30 ~ 32 号灰坑发掘者说是半坡类型的，但是有些同志指出其中也包含有庙底沟类型的因素，这就使问题复杂起来了[2]。所以说，对于类型的严密且科学的分析，以便统一认识，是首先要解决的问题，在这个问题还没有解决以前，我们就很难判断哪种意见是正确的，或者哪种意见的哪些成分是正确的。

四　秦王寨类型

（一）遗址的发现和文化特征

1921 ~ 1922 年，安特生的采集员白万玉等在河南河阴县的秦王寨、牛沟圩（刘沟?）、池沟寨（现均属荥阳市）等处发现了仰韶文化遗址，以秦王寨的遗物较为丰富。其特征为白衣彩陶较多，彩色有黑的、红的和黑红兼施的，花纹母题有平行横线、平行竖线、平行曲线、带状网格、"S"纹、"X"纹、睫毛形纹、滚珠形纹、圆点、凹边三角等等。和半坡类型显然不同，与庙底沟类型也有很大的差别。这一类型的遗址，除以上三处外，还有郑州林山砦、后庄王，临汝大张，洛阳县旗屯、中州路、王湾，偃师高崖，伊川古城村，汝阳上店等多处，渑池仰韶村也有一部分属于这一类型的遗存。看来它的分布区域仅限于河南中部和西部伊洛一带。考虑到秦王寨是发现得较早，遗物比较丰富，

---

〔1〕 石兴邦：《有关马家窑文化的一些问题》，《考古》1962 年第 6 期，326 页。

〔2〕 陕西省社会科学院考古研究所泾水队：《陕西邠县下孟村仰韶文化遗址续掘简报》，《考古》1962 年第 6 期。

同时文化内涵又较单纯的一处遗址，所以就用来作为类型的名称，称为秦王寨类型。

（二）住地遗迹和墓葬

房屋遗迹在林山砦曾发现9座，大张发现1座。林山砦的房屋有长方形、方形、圆形和椭圆形几种，为浅竖穴式，有的房中有灶坑，周壁有一列柱洞。大张的一座为长方形地面建筑，长3.5、宽2.95米，室内有柱窝4个，系料姜石粉末造浆浇注而成，很是坚硬。

灰坑甚多，单林山砦一处就发现80多个，其中很多是袋形灰坑。王湾的袋形坑口径一般为1~2、底径1.6~3、深1.5~3米不等，底部平坦，周壁亦经修整，有的在壁面敷了一层草泥土。

墓葬在王湾、洛阳中州路和大张均有发现，王湾共有30余座，皆分布于居住区内，头朝西北，仰卧伸直。墓圹均为长方形土坑，个别的墓还有狭窄的二层台。临汝大张的11座墓和洛阳中州路的3座墓亦均长方形土坑，单人仰卧伸直。无论王湾或大张，均只有极少数的墓有随葬品，随葬器物有骨笄和小陶钵等。从这些墓葬来看，和庙底沟类型的葬俗颇为相同。

（三）生产工具

同庙底沟类型比较起来，这个类型的生产工具略有变化，在农具方面比较显著。石铲已比较普遍，且形式颇为复杂，一般刃部平直，器身较薄，穿孔或有肩以便安柄。一种是有肩石铲，其个体修长者如林山砦所发现的一件，竟达52厘米，临汝大张的则较宽而短；其次一种是长形石铲，上端略窄，见于洛阳王湾等地；第三种是略近方形的穿孔石铲，亦见于王湾。另外在临汝大张等地发现一种刃部圆凸或呈三角尖形的有肩石铲，常为打制，在河南南部唐河、白河流域一些具有屈家岭文化因素的遗址中常有发现，大张只是其北部的余波而已。

收割农具主要为两端带缺口的石刀和长方形穿孔石刀，陶刀已大大减少，个别地点还有蚌刀。

（四）陶器制造

关于秦王寨类型陶器的制法现在还没有得到很好的研究，因为这些陶器大部分外面已经打磨光滑，里壁亦经抹平，难以看出制作的痕迹。从一部分痕迹略显的陶器看来，有些是泥条盘筑，而更多的可能是模制的，后者的器壁一般较薄，外形圆整，里壁有拍压的浅窝。

制造陶器的黏土就是当地的黄土，大多经过淘洗。据对秦王寨一片施白衣黑彩的泥质红陶片[1]的化学分析，其成分为氧化硅（SiO_2）63.51%，氧化铁（Fe_2O_3）12.16%，氧化铝（Al_2O_3）21.58%，氧化镁（MgO）1.56%，其他成分微量。陶土中加有一种干燥剂，其成分为黏土质 69%，石英质 31%。又陶片外面涂的白衣，乃是一种石灰或含镁石灰之流动涂料（Beguston），或亦含高岭土质。可能是在陶坯烧过一次后涂上，再入窑煅烧一次而成[2]。

烧陶的窑址，曾于林山砦发现一处。该窑由火膛、火道和窑室等部分构成，火膛呈圆筒形，深约 0.9 米，外接窑门，内连火道以通窑室。火道先由两股进入窑室，然后分出 4 股支火道，成为"北"字形的沟槽，火道的隔梁同时起窑箅的作用。窑室呈圆形，直径 1.3 米，窑壁残高 0.4 米，略向内收。另外在窑门两边各 1 米的地方，有互相对称的 2 个椭圆形坑，大约也是与烧窑有关的设施。

陶器的烧成温度，据对上述同一彩陶片的测定，为 1100～1200℃，这个数字可能偏高，但当时陶器一般相当坚硬，烧成温度当不至过低。又窑壁之略向内收，大约是一种便于封窑的做法。在陶器烧成的最后阶段，如果趁着高温封窑，可使陶土中的铁素还原，成品就会显出灰色；如果是密封隔氧，游离的碳在高温下会起渗碳作用，便使陶器变为黑色或黑褐色。秦王寨类型陶器的颜色比较复杂，有红色、红褐色、灰褐色、黑色等多种，并且愈到晚期颜色愈深，显然在烧制技术上正经历着一个较长过程的变化，陶窑结构的改变乃是这一变化的一个部分。

（五）陶器形制和纹饰

秦王寨类型的陶器多平底器，其次为三足器，再次是圈足器，圜底器只见于鼎，它基本上应属三足器，单独的圜底器已经没有了。器物类别有鼎、侈口夹砂罐、带嘴罐、小口泥质罐、敛口瓮、折腹盆、钵、碗、豆和杯等，有些遗址还有个别的尖底瓶。鼎常呈侈口浅腹圜底罐形，足呈凿形，腹壁和足部都有附加堆纹，数量至多，是当时的主要炊器。折腹盆有的折角较缓，上腹施白衣彩绘，较接近

---

〔1〕 T. J. Arne，1925. *Painted Stone Age Pottery from the Province of Honan*，*China*，Pl. Ⅶ，22（阿尔纳：《河南石器时代之着色陶器》图版七：22，1925 年）．

〔2〕 Paul Meyersberg，Bericht über die Untersuchung Alt-Chinesischer Tonscherben der Andersson-schen Ausgrabungen（梅耶斯堡：《关于安特生发掘的古代中国陶片的研究报告》，《河南石器时代之着色陶器》附录，1925 年）。

于庙底沟类型的卷缘曲腹盆，可以看出它们之间的发展关系，另一些折角较急，且多为灰黑陶了。豆把均镂孔，豆盘折腹敛口。杯极少，王湾发现的黑陶杯呈双凸壁状，甚为精美，也还有一些薄壁直筒形杯，这是仰韶文化使用杯作为饮具的开始。

陶器表面多为磨光（泥质陶），或素面无纹（夹砂陶），有纹饰者只占少数。主要有彩绘、附加堆纹、弦纹以及少量的绳纹和浅篮纹等。

彩绘见于盆、钵、碗和泥质小口罐、泥质侈口罐上，均饰于外部上腹。有些陶器在绘彩之前先施白衣。彩色有黑的、红的和红黑兼施的复彩。花纹全部是几何图形，没有像生的写实画。主要由等粗的直线、曲线、圆点、凹边三角等构成。母题多平行横线、平行竖线、平行曲线、波线、"X"纹、"S"纹、成组的网格纹和环带状网格纹、睫毛形纹、滚珠形纹、太阳形纹、棋盘格形纹等等。构图都很规整，有的是一种母题的对称重复，有的是一种以上母题的相间对称。颜色绚丽、构图工整，是秦王寨类型彩陶花纹的特色，它同庙底沟类型的颜色单纯、花纹圆润流畅者颇为不同（图三二）。

（六）相对年代及与庙底沟类型的关系

在洛阳王湾，曾发现秦王寨类型的文化层（王湾Ⅱ前期）叠压或打破庙底沟类型的地层（王湾Ⅰ期），同时又被龙山文化的地层（王湾Ⅲ期）叠压或打破，有些更被早期龙山文化地层（王湾Ⅱ后期）叠压或打破的关系[1]（图三三）。在偃师高崖，也得到了相似的地层。因此我们可以说，秦王寨类型是晚于庙底沟类型同时又早于龙山文化的晚期仰韶文化。

在洛阳中州路发现的仰韶文化都属于秦王寨类型，但是公路以北和公路线上的文化面貌并不相同，北边的较早，公路线上的较晚。早期的细泥陶器腹较浅，夹砂陶的侈口罐口小，腹大而浅，领内呈弧凹面；晚期的细泥陶器腹较深，夹砂陶的侈口罐口大、腹小而深，领内呈斜平面。早期的粗泥陶有绳纹，晚期的没有。早期的彩陶多白衣，多红黑相间的复彩，彩纹有凹边三角、曲弧线、平行竖线、对三角、圆圈纹等，晚期的无白衣，多红彩，少数为黑彩，没有复色彩，彩纹以环带状网格纹、平行横线和"X"纹等为多。

在洛阳王湾，同样也可见到上述情形，并且有清楚的地层关系。例如探方T28的第6层和中州路早期相同，而第4、5层即和中州路的晚期相同。早期的和王湾Ⅰ期（庙底沟类型）有直接的衔接与继承关系，晚期的与王湾Ⅱ后期（早期

---

〔1〕　北京大学考古实习队：《洛阳王湾遗址发掘简报》，《考古》1961年第4期。

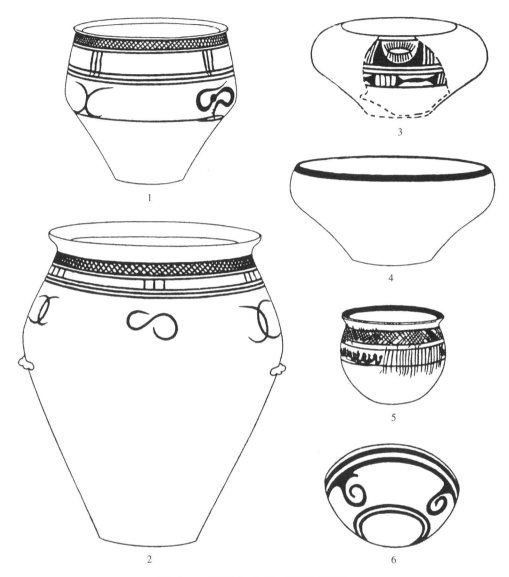

图三二　仰韶文化秦王寨类型彩陶
（4 为渑池仰韶，余均为荥阳秦王寨）

龙山文化）有直接的衔接与发展关系。

　　基于上述事实，可以认为秦王寨类型是直接承袭庙底沟类型发展而来的一种晚期仰韶文化。但是庙底沟类型的分布面积远远大于秦王寨类型的分布面积，因而它只是庙底沟类型发展下来的各地方类型之一。在其他的地方，文化的发展朝向了另外的方向，已不能归纳入秦王寨类型了。

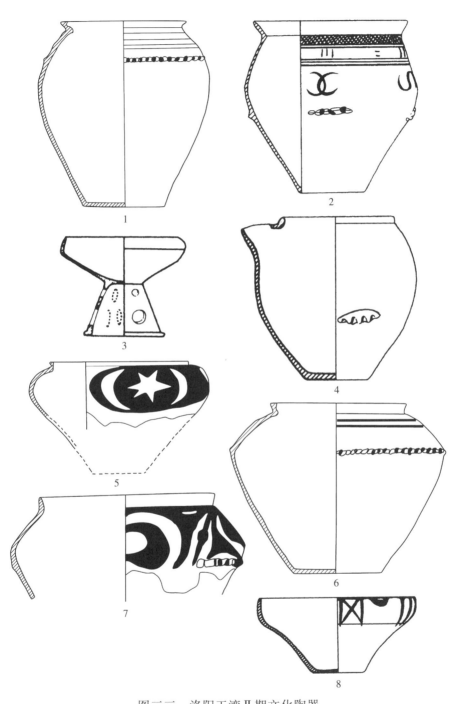

图三三　洛阳王湾Ⅱ期文化陶器

1、6. 夹砂罐　2、7. 彩陶罐　3. 镂孔豆　4. 带嘴罐　5、8. 彩陶钵（均为王湾遗址）

五 后冈类型

（一）遗址的发现与文化特征

后冈类型的遗存最初是在河南安阳高楼庄后冈发现的，因以为名。遗址在高楼庄北一个稍稍隆起的土岗子上，其北紧临洹水。中华人民共和国成立前曾进行过四次发掘，第一次在 1931 年 4 月 16 日 ~5 月 12 日；第二次在同年 11 月 10 日 ~12 月 4 日；第三次在 1933 年 11 月 15 日 ~1934 年 1 月 3 日，接着又在 1 月 15 ~24 日；第四次在 1934 年 3 月 15 日 ~4 月 1 日，接着又在 4 月 10 ~20 日，先后由梁思永和刘燿（尹达）主持，不仅发现了仰韶文化的遗存，还发现了小屯（殷）、龙山与仰韶三个时代文化层次的叠压关系。1958 年，中国科学院考古研究所安阳发掘队又在该处进行发掘，所获遗迹遗物甚多。

后冈遗址的仰韶文化包含比较单纯，代表着一个确定的文化类型，其特征是陶器类型和纹饰均甚简单，器形多平底、圜底和三足器，不见尖底器，彩纹简单，多为宽带，平行竖线和斜线，纹饰甚少，有锥刺纹、弦纹等。同前述三个类型比较，仅与半坡类型较为接近，其他均相去甚远。同样类型的遗址现在知道的在安阳有侯家庄高井台子、柴库、大正集锅炉等处，在浚县有大赉店，在河北磁县有下潘旺、界段营，武安有赵窑，永年有小油村，邯郸有东苑城，正定有南阳庄，以及平山西门外等处。其分布地区在河北南部和河南北部，滹沱河、漳河与洹河流域。

（二）房屋遗迹和墓葬

1958 年在安阳后冈发现了一批仰韶文化的房屋遗迹和墓葬。房屋遗迹可分两种，一种为长方形半地穴式房屋，长 4.4、宽 1.95、壁高（亦即深）0.9 米，南北各有一斜坡形门道。居住面用草泥土抹平，中央有一直径 16 厘米的柱洞。另一种作圆形，直径 2.7、壁高 0.7 米，南边有一门道。

墓葬 8 座，有仰卧伸直葬、俯身葬和二次葬等，均无随葬品。

（三）生产工具

现在关于后冈类型的生产工具所知甚少。从后冈等地的情况来看，主要的是石器，也有骨器，而未发现陶质的工具。

石器中打制的较多，主要是盘状器，也有石铲等。磨制石器有铲，大而扁平。

另外还发现有石磨棒和石球等。

骨器有凿和针等。

（四）　陶器皿

后冈类型的陶器以泥质为多，夹砂陶较少，陶色以砖红色为多，其次为灰色和褐色的，一般不见黑陶。有许多陶钵，通体灰色，唯口外一道红色的宽边，颇似着彩的宽带，实际上可能是入窑时把陶钵一个个套起来烧成的。

陶器造型简单，多平底、圜底和三足器，而未见尖底与圈足器。少见器耳，未见把手、流、嘴等附件，有些器物如鼎等有盖（图三四，1~6）。常见的器物有以下几种。

鼎：侈口圜底，足高而细，断面圆形，是当时主要的炊器。

灶：呈盆形，常前后对穿二圆洞作为火门，口内有三个泥突用以承釜[1]。

甑：也是一种炊器。

罐：多侈口、鼓腹、小平底，夹砂陶罐上腹有弦纹，泥质陶罐则多素面。

钵：皆细泥质，有圜底和平底两种，直口，口外有一道宽边，或为烧成，或为着彩所致。

圜底盆：侈口圜底，腹外常着彩。

盂形器：敛口圜底，亦常着彩。

细颈壶：一种平底，略似半坡类型的大头细颈壶，另一种为圜底者。

此外还有敛口瓮、颈部有一圈泥突的罐和器盖等。

上述陶器约皆为手制或模制，未见轮制的痕迹。

陶器表面处理以素面无纹和打磨光滑的为多，有纹饰的只占少数。主要的纹饰是弦纹，常饰于夹砂罐的上腹，平行多道，与半坡类型的相同。有些灶和器盖等饰锥刺纹，也是半坡类型所见的。

彩纹极少，主要是钵口沿的宽带，大部分为红色，次为紫色，再次为黑色，没有陶衣。

另外在盆、盂形器和鼎上也饰彩，多是成组的平行竖线、成组的平行斜线、交错的平行斜线、网格纹和羽毛形纹等。均由直线构成，而不见曲线等。

兹将后冈 H9 的陶片质地、纹饰统计如下（表四），以作为这个类型的一个代表。

---

〔1〕　现在还未发现属于后冈类型的釜，但据庙底沟类型陶器可以推知。

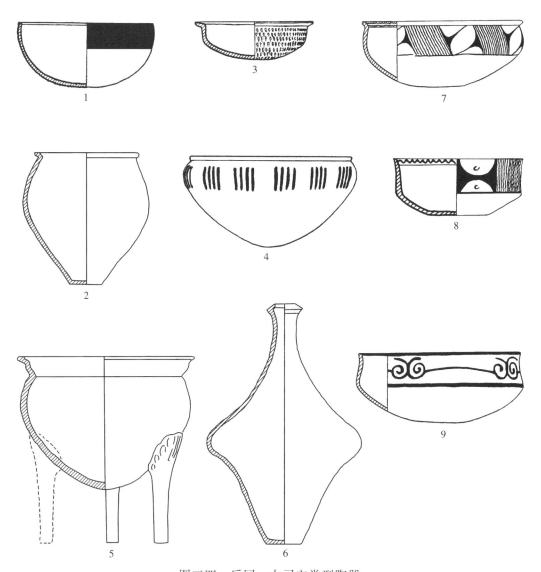

图三四　后冈、大司空类型陶器

后冈类型陶器：1. 红顶碗　2. 红砂罐　3. 锥刺纹钵　4. 红陶钵　5. 红砂陶鼎　6. 红陶壶
大司空类型陶器：7~9. 彩陶钵

表四　安阳后冈 H9 陶片质地纹饰统计表

数目　纹饰 陶质	素面	磨光	红边	弦纹	锥刺纹	小计	百分比 （%）
泥质红陶	47	8		3	4	62	39.2
泥质灰陶	17	2	31			50	31.6

续表

数目 纹饰 陶质	素面	磨光	红边	弦纹	锥刺纹	小计	百分比（%）
夹砂红陶	1			3		4	2.5
夹砂褐陶	26			11	4	41	26.0
夹砂灰陶				1		1	0.6
小计	91	10	31	18	8	158	100
百分比（%）	57.6	6.3	19.6	11.4	5.1	100	100

注：本表中红边绝大部分为烧成，小部分为着红色彩带。

六　大司空类型

（一）遗址的发现与分布

1958年，中国科学院考古研究所安阳发掘队为配合基本建设工程，在安阳北郊大司空村东南清理了一处仰韶文化遗址，发现一座残窑和一个灰坑以及若干陶片。这些陶片中彩陶较多，有红彩、黑彩和红黑兼施的复彩，彩纹多曲线、凹边三角和"S"纹等，与隔河相望的后冈仰韶文化颇为不同，显然应当属于另一类型，因以大司空类型为名。实际上，早在1932年吴金鼎发掘的侯家庄高井台子就有与大司空相同的仰韶遗存[1]，1950年发现的大正集老磨岗（锅炉？）和1957年发掘的邯郸百家村也有。

除上述各遗址外，现知属于大司空类型的还有安阳鲍家堂、大寒南岗，河北磁县下潘汪等处，即分布于河北省南部和河南省北部，与后冈类型的分布面是一致的。

（二）文化特征

大司空类型的遗存现在所知甚少，其文化特征主要表现在陶器方面。

同后冈类型一样，也是泥质陶多于夹砂陶，但是红陶减少，灰陶增加，并出现相当数量的黑陶。制法仍为手制或模制，没有轮制的。

---

〔1〕　G. D. Wu, 1938. *Prehistoric Pottery in China*, London, Fig. 11. 14. 15（吴金鼎：《中国史前陶器》，伦敦，1938年，插图第11、14、15）。

造型特征是以平底为主，有个别圈足器，尚未发现圜底器和三足器。主要器形有敛口钵、侈口钵、折腹钵、碗、小口罐、大口罐、夹砂篮纹罐、杯、豆和莲花瓣式器盖等（图三四，7~9）。

纹饰比较复杂，除彩陶花纹外，还有篮纹、附加堆纹和弦纹，以及个别的线纹和方格纹。篮纹的大量存在是一个显著的特点。兹将安阳鲍家堂第 1 号灰坑出土陶片的陶质纹饰统计如下（表五），以作为这个类型的代表。

表五　安阳鲍家堂仰韶文化 H1 陶片质地纹饰统计表

陶质 ＼ 纹饰 数量	素面	磨光	彩绘	线纹	篮纹	方格纹	堆纹	弦纹	小计	百分比（％）
泥质红陶	22	60	44	2	1		5	1	135	17.9
泥质灰陶	156	56	22	3	61		21	8	327	43.4
泥质黑陶		26	5		5		9	2	47	6.2
夹砂红陶	5								5	0.7
夹砂灰陶	154				19	1	11	6	191	25.4
夹砂黑陶	28				15		5		48	6.4
小计	365	142	71	5	101	1	51	17	753	100
百分比（％）	48.5	18.9	9.4	0.7	13.4	0.1	6.8	2.3	100	100

彩陶是比较多的，以红彩为多，次为黑彩，再次为红黑兼施的复彩。一般没有陶衣，彩纹均施于原色地子上，地色以灰陶为主，次为红陶或褐陶，再次为黑陶，正因为有大量的灰陶甚至有黑陶，所以采用了红的彩色，方才显得鲜艳夺目。

画彩的器物，主要是敛口钵、侈口钵、折腹钵、碗和罐等，画彩的部位都在器物的上腹和口沿，一定的器物往往饰以一定母题的彩纹而很少有交叉的现象。

花纹的基本元素主要是直线、波线、曲线、凹边三角、直边三角、圆点等。其母题主要有以下几种。

（1）两个凹边三角上下相接，当中留出一豆荚形地子，这地子中或为空白，或有一条波线、"S"纹、连续的小曲线或刚出山的太阳形等，有些凹边三角的上下边也有这种附加花纹。这一类花纹多半饰于敛口钵和侈口钵上。

（2）两个凹边三角左右顶点相接，状若马鞍形，鞍口的上下附加 C、ɯ、⊓、⩛、◎等纹样。这一类花纹多饰于折腹钵上。

（3）一条横线下加一圆点，或单钩、双钩、螺旋、双折线、三角等，这一类纹饰常见于碗上。

（4）平行成组的垂直波线，平行成组的斜行波线，平行成组的交错波线。

（5）横行波线，两条横线夹一条、两条或三条波线。

（6）环带状网格纹。

（7）横行羽状纹：双边羽状纹，向上或向下的单边羽状纹。

花纹的组织是严格对称的，或者是一种母题的重复，或者是一种以上母题的相间排列。

（三）　与其他类型的关系

大司空类型和后冈类型的遗址都分布于河北南部和河南北部，有些地方是两类遗址隔河相对，有些地方是交错分布在同一遗址中（如安阳大正集、磁县下潘汪）等处，因此它们之间的区别应当不是地域特点的体现，而是代表着两个不同的发展阶段。

那么孰早孰晚呢？

我们看到，后冈类型的具有宽边彩带的圜底和平底钵，细颈壶，上腹饰弦纹的夹砂罐，口部有弦纹、颈部有一圈泥突的罐形器，以及在某些器物上饰锥刺纹饰的作风，都是和半坡类型相同的。另外有一些特点，如灶、甑和鼎的出现等，则和庙底沟类型相接近，细颈壶口部的形态也和庙底沟类型的尖底瓶口部相像。这些说明了后冈类型在年代上应当最接近于半坡类型，或者在半坡类型与庙底沟类型之间。

大司空类型饰环带状网格纹的彩陶罐、小口泥质罐、篮纹罐、彩陶碗、豆、杯、莲花瓣式的器盖等，都和秦王寨类型相同，彩陶中多红彩，并有一部分红黑兼施的复彩等，也和秦王寨类型相近。这些说明了大司空村类型在年代上应当与秦王寨类型相当。

半坡类型同庙底沟类型孰早孰晚的问题迄今虽未获解决，然而秦王寨类型晚于庙底沟类型，并且是河南中西部仰韶文化发展的最后阶段，则已是公认的事实，从而可以推知大司空类型应当晚于后冈类型。

另一方面，如果我们拿大司空类型的仰韶文化同当地的龙山文化相比，也可以发现许多相近之处，如灰黑陶占绝大比例，具有相当数量的篮纹，方格纹的出现，小口泥质罐、篮纹罐、直筒形杯和豆的出现等，都可以和龙山文化衔接起来。然而后冈类型的陶器，无论从陶质、制法、器形和纹饰等哪一方面来说，都很难找出与当地龙山文化有什么共同或相近之处。龙山文化之晚于仰韶文化，特别在豫北地区，是早在20世纪30年代就已经解决的问题，从而接近于龙山文化的大司空类型，自然应当比与龙山文化面目全然不同的后冈类型要晚。

但是后冈类型和大司空类型的差别是很大的，如果它们是同一文化同一地区的两个发展阶段，则应当有从一个类型发展到另一类型的形迹，但是这个问题现在还完全没有弄清楚，很可能其中还有一定的缺环。

七　马家窑类型

（一）遗址的发现和分布情况

1924 年 4 月，安特生（Andersson）曾派遣一位姓秦（译声）的助手到甘肃临洮去，于城南 12 千米马家窑村的南面，洮河西岸的第一阶地上，发现了一处丰富的新石器时代遗址，并当即进行了发掘。这次发掘的资料等到 1943 年才发表了一小部分[1]，直到 1956 年才将全部资料整理出版[2]。1957 年 7 月，甘肃省文物管理委员会的同志们重新调查了这个遗址[3]。

在马家窑遗址中，有一部分类似于仰韶文化庙底沟类型的遗物，它存在于遗址的最下层。另外还有一小部分半山类型的遗物。其余绝大部分的遗存都具有统一的独特的风格，其特征是彩陶纹饰繁缛，内彩外彩均很丰富，彩纹全为黑色，以结构严密的平行线、圆圈、旋涡、水波等为主要内容。同样性质的遗存在天水西山坪、柴家坪、渭源寺坪、魁星阁，武山石岭下，甘谷渭水峪、灰地儿，陇西暖泉山，礼县寨子里，兰州雁儿湾、西坡岘、华林坪，临洮寺洼山，临夏大何庄、范家村，武威磨嘴子和青海西宁朱家寨等处都有发现，我们统称为马家窑类型。

（二）文化遗迹

现在发现的马家窑类型的遗迹甚少。在兰州西坡岘发现过一些残破的硬面和 3 个灶址，都是房屋的遗迹。灶呈圆形，直径为 0.55 ~ 0.65 米，表面有一层烧结的草泥土硬面，其下铺一层夹粗砂陶片，灶的周边稍稍高起，成一圆钝的圆圈。房屋的外形，可以从甘谷灰地儿发现的一件陶屋模型推知。屋为方形，全高 23.9 厘米，下部略浅。陶质淡砖红色，表皮浅黄，全用泥条叠筑而成，屋顶也由泥条拼

---

[1]　J. G. Andersson, 1943. Researches in to the Prehistory of the Chinese. Ch. 10. *The Museum of Far Eastern Antiquities Bulletin*, No. 15, Stockholm.

[2]　Bo Sommarström, 1956. The Site of Ma-Kia-yao. *The Museum of Far Eastern Antiquities Bulletin*, No. 28, Stockholm.

[3]　甘肃省文物管理委员会：《甘肃临洮临夏两县考古调查简报》，《考古通讯》1958 年第 9 期。

合。屋的比例稍显偏高，周壁呈圆角，前面开一大门，屋顶为四注式，有似草类盖成的感觉。这一陶屋的发现，对于复原当时的建筑形式，尤其是从考古发现中不容易探明的地上部分的形式，无疑是一个极宝贵的资料。

灰坑的遗迹曾于西坡岇、雁儿湾、范家村等地发现，其中绝大部分是圆形的，口大底小，口小底大的袋形坑只占少数。另外也有形状不规则的大型灰坑，如在雁儿湾发现的一个灰坑，就呈不规则的椭圆形，长径9、短径7.5米，可算是很大的了。

在西坡岇曾发现两座窑址，窑室均为长方形，其一长1.02、宽0.7米，周壁略呈弧形。室底残存火眼6个，不过按其位置推测原来全数当有9个，分为三行三列。火膛在下方，近乎圆形，底呈锅底状，窑门朝向东北。

（三）生产工具和装饰品

马家窑类型的生产工具是比较进步的，石器主要是磨制的，其种类有铲、刀、斧、锛、凿、纺轮等。在兰州西坡岇发现了石磨盘、磨棒、石臼和砺石，雁儿湾等处则有细石器。石铲呈扁长形，长宽各约16、5厘米，一面较光，另一面则较粗糙，上端略窄，以便于安柄。西坡岇的石铲则较宽，两边略呈弧线。石刀主要为长方穿孔式的，少数为两端带缺口者。斧的剖面有长方形和椭圆形两种，而以前者数目较多。凿一般狭窄而修长，个别有较宽较短的。

骨器在马家窑、西坡岇等地均有发现，其种类有锥、针、镞和鱼钩等。陶制工具则有陶刀和纺轮等。

从工具的种类和遗址堆积状况看来，当时的经济大约是以农业为主的，同时家畜饲养也占重要地位。在马家窑遗址曾发现了大量猪骨，也有少量的狗骨。在雁儿湾遗址中则出有少量的羊角和羊骨。西坡岇所见家畜种类更多，有猪、羊、狗和牛等，此外还有鸡骨和鹿骨，后者可能是当时的主要狩猎对象。

装饰品有骨笄、陶环、石环和石坠饰等，陶环的种类也是很多的，有圆形、锯齿形等，也有个别的骨环。有一种陶质角形器，略似陶环的残段，但一端略尖，未知何用。

（四）陶器皿

马家窑类型陶器的质地可分为细泥、粗泥、夹砂和半泥半砂，即上半部细泥质，下半部夹砂，一共四种。陶色有橙黄、灰褐、灰色和白色等，有些遗址的白陶约占十分之一。

绝大部分陶器是泥条盘筑的，很少一部分小型器皿是手捏的。有些大型器物是分段制作，然后接合起来的。一般器壁甚薄，尤其是细泥陶，厚仅2～4毫米，两面打磨光滑，有时口部有慢轮加工的痕迹。

　　器物造型相当规整，除个别圈足器外，几乎全部都是平底器。器耳较发达，有竖式桥状耳和横式鸡冠耳。少数器物有嘴，另一些器物带盖。

　　器物种类有敛口钵、卷缘曲腹盆、小口长颈瓶、彩陶罐、敛口瓮、豆、甑、带嘴夹砂锅和夹砂罐等，其中以钵、盆、瓶、彩罐和砂罐为最多。

　　陶器纹饰甚发达，细泥陶多绘彩纹，夹砂陶多饰绳纹，其他还有附加堆纹等。在夹砂罐的口部和唇部，往往做成编绳纹或刻成（有时用手指压成）锯齿状纹。有些器物上同时有两种纹饰，如在绳纹上加堆纹，或在绳纹上再施彩绘，有个别的半泥半砂陶，则是上半部画彩，下半部饰绳纹的。绳纹的大量存在是马家窑类型的一个特点，这些绳纹往往印得较深，绳股不甚清晰，印好以后似经轻抹或轻压，以至纹道亦不甚清楚了。

　　兹将兰州雁儿湾灰坑出土陶片的质地纹饰统计如下，作为这个类型的一个代表（表六）。

表六　兰州雁儿湾55LEH1陶片质地纹饰统计表

陶质 ＼ 纹饰 ＼ 数目	素面	磨光	彩纹	彩加绳	绳纹	绳加堆	堆纹	圆窝纹	划纹	小计	百分比（％）
细泥橙黄陶		517	4277							4794	49.7
细泥灰陶		91	455							546	5.7
泥质褐陶	768	341								1109	11.5
泥质灰陶	46	50							1	97	1.0
夹砂褐陶	11			18	1174	154		4		1361	14.1
夹砂灰陶	67			20	1037	556	17			1697	17.6
夹砂白陶	7						8			15	0.2
半泥半砂				18						18	0.2
小计	899	999	4732	56	2211	710	25	4	1	9637	100
百分比（％）	9.3	10.4	49.1	0.6	22.9	7.4	0.3	0.0	0.0	100	100

　　从表六中可以看到，彩陶约占全部陶器的一半，显然较仰韶文化各类型的比例都高得多。

　　一般的细泥陶都画彩纹，表六中的一些磨光细泥陶，乃是某种彩陶底部不着彩部分的残片。着彩的部位，每种器物都有一定规格。钵在整个内部和器外上腹，盆在整个内部、器外上腹和缘面，小口长颈瓶在颈部、肩部和上腹，有的口缘和器外下腹亦着彩，罐在口沿、肩部和上腹等（图三五、图三六）。

0　　　　　12 厘米

图三五　马家窑类型彩陶盆
（兰州雁儿湾）

彩为黑色，画在原色地子上，不着陶衣。

彩纹的基本元素是以曲线为主，直线甚少，有圆点、曲线、波线、圆圈、凹边三角纹以及"十"字纹、网格纹等。整个构图的风格是圆润流畅，紧密均匀，繁而不乱。

母题往往随不同器物的不同部位而异。

钵的外彩几乎全部为垂幛纹。内彩有（1）双"C"形纹，两个双"C"

图三六　马家窑类型彩陶
1. 盆　2. 瓮　3. 钵　4、5. 长颈罐

相错，复"C"形纹相错，两个"C"形相接成"S"形纹；（2）三股旋涡纹；（3）三个复体"S"纹相接，构成大三角纹；（4）蛙纹；（5）草叶纹，等等。

盆的外彩有（1）水波纹；（2）螺旋纹加凹边三角纹；（3）桃形网格加凹边三角纹；（4）变体草叶纹，等等。内彩有（1）蛙纹；（2）当中有复圆圈构成的变体蛙纹；（3）当中复圆圈，周围圆顶复三角纹；（4）周围圆圈，当中复"C"

纹相错；（5）复式圆圈纹，等等。缘面彩有顺置三角形、错置三角纹、错置三角纹间平行直线、圆圈纹、螺旋纹、变体草叶纹、水波纹，等等。

瓶和罐的花纹颇多类似。瓶颈多为两组平行横线，中间填充一列圆点或上下错置的长点。瓶和罐的肩腹部有（1）旋涡纹；（2）水波纹；（3）平行横线；（4）网格纹，等等，个别的有鸟形纹、蝌蚪纹、蛙形纹等。罐的彩纹总是环于四周的，瓶大部分同罐，但有的只一面有彩，背面无彩或仅一小"十"字纹。

至于夹砂陶上绘彩的主要是带嘴的砂锅，其纹样多是垂幛纹或变体垂幛纹。

（五）与仰韶文化庙底沟类型的关系

安特生曾经认为，马家窑类型同半山类型（详见下节）是属于同一时期和同一人们共同体的，它们的不同，不是因为别的原因，而是基于当时的风习：人们在生时使用的是马家窑类型的陶器，而死后随葬的则是半山类型的陶器[1]。

实际上，马家窑类型和半山类型的陶器，无论从器形上或是纹饰上都有很大的不同，我们不能想象在同一时代的同一人们共同体怎么会在活着的时候使用一套陶器，死了以后又用另一套在作风上完全不同的陶器随葬。

事实也证明了安特生的上述说法是不能成立的。1956年，黄河水库考古工作队在刘家峡水库进行普查时，就曾收集到一件出自永靖三坪一座墓葬中的马家窑式彩陶敛口瓮[2]；又甘肃省博物馆1958年在兰州附近进行考古调查时，于市南约30里陆家沟村北的小坪子发现一马家窑类型的墓地，收集到一些陶器。因此，马家窑类型的陶器不会仅仅是活人用的东西，这个类型的存在，不是地方特征的体现，就是时代差别所致，或者二者都有。

我们注意到，马家窑类型同仰韶文化的庙底沟类型有许多接近的地方。例如从陶器形制来看，敛口钵和卷缘曲腹盆都是两个类型中大量存在的器物，马家窑类型的小口长颈瓶多多少少接近于庙底沟类型的小口平底瓶，等等。从纹饰上来看，马家窑类型多绳纹和附加堆纹，庙底沟类型亦多线纹、绳纹和附加堆纹。马家窑类型彩陶花线以曲线为主，并有圆点、凹边三角等，这些同样也是庙底沟类型的特点。马家窑类型的像生性彩纹有蛙纹和鸟纹，庙底沟类型也是蛙纹和鸟纹。以上是一些共同的和接近的地方，另外也还有许多不同的地方，如庙底沟类型的釜、灶、鼎、敛口瓮和尖底瓶等，都是马家窑类型所不见的，而马家窑的带嘴夹

〔1〕 J. G. Andersson, 1943. Researches into the Prehistory of the Chinese. Ch. 10. *The Museum of Far Eastern Antiquities Bulletin*, No. 15. Stockholm.

〔2〕 安志敏：《甘肃远古文化及其相关的几个问题》，《考古通讯》1956年第6期，13页。

砂锅等也不见于庙底沟。马家窑类型有一定数量的夹砂白陶，庙底沟不见。马家窑的彩纹繁复紧密而均匀，庙底沟的较疏朗，种类多，差别大。马家窑多内彩，庙底沟不见，而庙底沟的白衣、红彩及红黑兼施的复彩等又是马家窑所没有的。

为什么二者之间有这样多的共同点，同时又有这样多的差别呢？它们是否是属于同一文化系统的两个不同发展阶段呢？或者是两个不同文化系统的文化相互受到了影响呢？从马家窑类型遗址的分布来看，它东达天水、平凉，南到礼县，西到西宁、贵德，北至武威，包括整个甘肃东部和青海东北部分。至于庙底沟类型，除中原的河南、山西、陕西和内蒙古河套地区有分布外，在甘肃也有许多遗址，数量不在马家窑类型之下，其分布是东从天水、庆阳、泾川，南至礼县，西及临洮，据说青海民和也有它的遗存[1]，北到定西、庆阳。这就是说，它同马家窑类型大部分是交错的，只是马家窑类型的遗址分布得更西、更北一点，而东边止于陕甘边界。

其次，让我们再来看看近年来陆续发现的一些有关两个类型的地层关系。第一个是临洮马家窑，即马家窑类型从而命名的典型遗址。1957 年 7 月，甘肃省文物管理委员会的同志们重新调查了这个遗址。调查简报中说：在“马家窑南麻峪沟口北岸的第一台地（约高出洮河面 10～30 米）上”，“在一处厚灰层的断面上，从地表到灰层上复扰土层约有 1 米厚，其下保有原灰层堆积厚达 3.5 米。上部约有 1.5 米厚的一层灰土较松软，所出遗物……与兰州雁儿湾遗址内涵是一样的。在上部 1.5 米灰层之下，紧接着是较密而硬的 2 米厚的下部灰层，出土的遗物……与渭河上游纯仰韶文化遗址常见的遗物是一致的”[2]。

这里所说的雁儿湾遗址的内涵，就是马家窑式的遗物；所谓纯仰韶文化遗址常见的遗物，实际上是庙底沟类型的遗物，以前安特生发掘时也发现了这种遗物，只是没有能够从地层上区别开来罢了。

第二个地点是渭源寺坪，甘肃省文物队于 1962 年 10 月调查时，发现有马家窑文化层叠压庙底沟文化层的地层关系。

第三个地点是甘谷渭水峪，是在 1962 年 9 月，发现一处白灰面遗迹，白灰面上部是马家窑类型的遗物，而白灰面下部则只见庙底沟类型的遗物。

上述三个地层关系，证明马家窑地层叠压庙底沟地层不是一种偶然现象，同

---

〔1〕 安志敏：《甘肃远古文化及其相关的几个问题》，《考古通讯》1956 年第 6 期，13 页。

〔2〕 甘肃省文物管理委员会：《甘肃临洮临夏两县考古调查简报》，《考古通讯》1958 年第 9 期，38、39 页。

时考虑到没有一个相反的例子，应当认为在甘肃地区，马家窑类型是晚于庙底沟类型的。

马家窑类型既晚于庙底沟类型，而二者文化特征又有许多共同和近似的地方，应当认为前者就是由后者发展而来的。但是庙底沟类型分布甚广，它在河南中西部发展为秦王寨类型。在甘肃，马家窑遗址的分布除大部分与庙底沟类型交错外，又比后者伸展到更西和更北的地方，再考虑到它与庙底沟还有很多不同的因素，似乎可以认为，马家窑类型基本上是由庙底沟类型发展而来，但是在甘肃地区，由于接受了其他土著文化的影响而发生了异化的过程，形成与同一时期中原仰韶文化不相同的另一种类型。

八　半山类型

（一）文化遗存的发现与分布

1924 年年初，安特生派遣他的助手庄某到临洮城南去，于半山区发现了新石器时代的墓地，同年 6 月，安特生亲自去调查了一次，并发掘了边家沟的一座墓葬。

半山区一共有 5 个墓地：瓦罐嘴 2 个、半山 1 个、边家沟 1 个、王家沟 1 个，5 个墓地最远不出 4 千米的范围。

在上述地点出土的陶器，质地细腻，以小口广肩鼓腹双耳瓮最为多见。彩纹繁复，以大螺旋纹、葫芦形纹、棋盘格纹为最多，笔道甚粗，常为红黑相间的锯齿纹组成。同样性质的遗存，现在还见于兰州青岗岔、庄儿地、西果园土门后、安乐村、临夏雍家村、开西买村、临洮马家窑、寺洼山，东乡尕场，青海西宁朱家寨等处。分布范围似较马家窑类型略小，在甘肃东部的渭河上游、泾水上游等目前尚未发现。

（二）遗址和墓葬

自从安特生及其助手发现了半山墓地以后，便提出了一个非常奇怪的论点，认为半山式器物乃是专门为死人随葬而用的（见前节所述）。如果是这样，我们将永远不会发现半山类型的居住遗址，而只能发现新的墓葬了。

事实和安特生的想法完全相反。我们看到，就是在安特生发表的材料中，就有一些住地遗址中包含有半山式的陶片，如甘肃临洮马家窑、青海西宁朱家寨等。后来在 1944～1945 年，夏鼐先生在甘肃进行田野考古工作，发现在兰州太平沟、西果园、青岗岔等住地遗址亦含有半山式的陶片。1958 年由甘肃省博物馆的同志们调查了兰州青岗岔，重新肯定它是半山遗址，并又发现了兰州庄儿地、安乐村等半山遗址。1959 年在甘肃寺沟峡水库调查时，又发现临夏雍家村和开西买村两处半山遗址。雍家村有 0.5 ~ 1.5 米厚的灰层，开西买村亦有 0.5 ~ 1.3 米厚的灰层，并于一个灰坑中发现一件典型的半山式夹砂罐，其中置一半山式彩陶罐。1963 年秋，北京大学历史系同学在兰州实习，更于青岗岔发掘中发现了半山类型的房屋、灰坑和陶窑。这样看来，半山类型之有住地遗存，已是确凿无疑的事实了。

上述的许多遗址，有的是在较低的河旁阶地上，如雍家村和开西买村，均在刘家集河东岸第二阶地，高出河面约 25 米；有些则在相当高的小山上，如兰州青岗岔，是在高出平地 100 余米的岗家山顶上的。

半山类型的墓地现在还只知道半山区的 5 处。这 5 个墓地均位于黄土山顶或较高的山坡上，其旁临近八羊沟深谷，墓地高出谷底约 400 米，高出附近的洮河河面则达 450 米。当时人们住得很高，埋葬得更高，是一个很有趣的事实。

当安特生发现半山墓地时，已经普遍被挖掉了，这是安特生大量收买彩陶器以致引起古董商和部分村民到处乱挖所致。当时仅清理了边家沟的一座墓葬。墓圹不明，人骨屈肢葬，头朝东南而面向西南，经步达生（D. Black）鉴定为一 40 岁左右的男人。在人骨的周边随葬 12 件陶器：7 件彩陶瓮，1 件双耳彩陶罐，2 件附加堆纹夹砂罐，2 件带把附加堆纹夹砂罐。其中彩陶是放在背后和脚下的，夹砂陶是放在头部和面前的。此外还随葬 1 件磨光的石斧，1 件器身打制而刃部磨光的石锛，2 件研磨盘，大约是磨制颜料用的。

（三）陶器皿

半山类型的陶器质地以细泥橙黄陶为主，其次是夹砂灰陶和夹砂褐陶，还有一部分夹砂白陶。

绝大部分陶器是泥条盘筑的，许多陶器的里面可以发现泥条的痕迹。

全部陶器均为平底，并多为小口。器耳甚发达，绝大部分是竖式桥状耳。有些器物带嘴，另有些器物有盖。最常见的器物有以下几种。

彩陶瓮：小口、广肩、鼓腹、双耳、小平底，彩纹只限于腹部器耳以上的地方。单把彩陶罐：小口、高领、鼓腹、小平底、颈肩之间有一把手。双耳彩陶罐：大口椭腹、小平底，颈部有对称的一双耳。彩陶钵。夹砂瓮：小口、广肩、鼓腹，常有双耳，领部、肩部和近底部常有环带状附加堆纹，有些肩部的附加堆纹呈三角状。

此外还有单把夹砂罐、带嘴夹砂锅，等等。

陶器纹饰以彩绘为主，次为附加堆纹，还有很少的绳纹。附加堆纹有粗细两种，粗的多饰于夹砂灰陶上，细的则多施于夹砂白陶上（图三七）。

图三七　"甘肃仰韶文化"半山类型彩陶
1、3. 菱形纹　2. 葫芦形纹　4. 变体叶纹（贝纹）

彩色花纹均施于细泥橙黄陶的原色地子上，非常繁复，运笔浑厚而又流利。其基本元素为红黑相间的锯齿形条带、网状格子和棋盘形格子等。由这些基本元素组成的母题主要有以下几种。

（1）由红黑相间的锯齿纹构成的平行横带，有时呈波形或折波形。

（2）由红黑相间的锯齿纹构成四个大螺旋纹，每一螺旋中心留出一圆形地子，其间或填充棋盘格纹，或"十"字形纹、"米"字形纹、波形纹，等等。

（3）由红黑相间的锯齿纹构成四个大葫芦纹，每一葫芦当中往往填充网状格子纹。

（4）由红黑相间的锯齿纹构成四个、六个或更多的大菱形纹，在每一菱形中填充"十"字形纹、"米"字形纹、网状格子纹等。

（5）由红黑相间的锯齿纹竖行分为四个或六个长方块，当中填充棋盘格纹，这种花纹多见于双耳罐上。

此外，还有圆圈形纹、瓜子形纹、垂幛形纹等。有些彩陶钵中有内彩。

九　马厂类型

（一）遗址的发现和分布

1924年7月，安特生派遣他的一位姓张的助手到湟水流域，于碾泊（今乐都）马厂塬（今属民和）发现了一处墓地，并清理了两座墓葬。墓中出土的陶器有小口广肩鼓腹双耳彩陶瓮、双耳彩陶罐和彩陶碗等，略与半山类型接近，但无红黑相间的锯齿形条带，而有粗犷的红黑条带，无大螺旋纹而有大圆圈纹，更有雷纹等，因名为马厂期或马厂文化，我们称为马厂类型。

现在发现的马厂类型的遗址是很多的，约计已近百处。其中较重要的有兰州白道沟坪、高坪、青岗岔，皋兰糜地岘，渭源寺坪，榆中小石峡，临夏马家湾，天祝谷家坪滩，武威磨嘴子，酒泉下河清和岷县中寨坪等处。其分布范围东至渭源、靖远，南至岷县，西到酒泉，北到酒泉、永昌，较马家窑类型和半山类型更西了，但其中心区域仍与上述两个类型交错地分布着。

（二）文化遗迹

马厂类型的遗迹，现已发现有房屋、灰坑和陶窑等。在临夏马家湾发掘的一处村落遗址中，曾发现房屋遗迹7座，分布比较稠密，各屋间的距离最近仅有1米，最远也不过11米。

房基平面可分方形和圆形两种。方形房屋共有4座，均为半地穴式。其中第1号房的边长为3.6~3.9米，四壁残高0.65~0.75米。门道朝东。室内四角紧靠墙壁各有一柱洞，中间偏南则有一较大的柱洞，洞内填有小卵石。室内靠西有一圆形火塘，直径1.4米，上面遗有红烧土块、灰烬和朽木灰。房子的地面和四壁是用草泥土掺和红胶泥涂敷的硬面，厚约2厘米，比较结实。

圆形房子发现3座，就中以第4号房子保存较好，亦为半地穴式，直径4、深约0.3米。门道朝南。室内有一火塘，圆形，直径0.75米。在火塘的旁边有1个中心柱洞，近四壁处亦有4个对称的柱洞。

上述两类房屋的屋顶，根据柱洞的排列，可以设想都是四注式的。

天祝谷家坪滩也发现房屋遗迹，其火塘为椭圆形，长、短径分别为0.9、0.7米，四周有四个柱洞，排成菱形，其中残留有木柱的朽灰。

灰坑在马家湾发现了 5 个，多属口大底小的，直径约 1.5 米。

同仰韶文化一样，马厂类型也有烧制陶器的窑场，并且在一个窑场内陶窑的布局和各窑本身的结构等都更加规则和井井有序。现在发现陶窑的地方有兰州市白道沟坪和青岗岔两处。白道沟坪位于兰州市东郊黄河的北岸，高出河面 60 余米，历年被冲沟分割为三个小坪，窑场就是位于当中的徐家坪上，其东靠打狼沟，南已近黄河岸边。1955 年 3 月，由甘肃省文物管理委员会的同志们进行了清理，一共发现 4 组陶窑，北部一组 4 座，中部 5 座，南部 2 座，东部单独 1 座，一共是 12 座，另外还发现一些被破坏的残窑遗迹，原有陶窑总数当较现在为多。在每组陶窑之间有一个大的灰土坑，形状不规则，甚浅，该组的各陶窑窑门都朝向灰土坑。坑中堆积着红色或青灰色的烧土块、灰烬、炭渣、碎陶片和炭油子等。在窑场中还发现一圆形小坑，口径 0.58、深约 0.44 米，坑壁弧形向下屈曲，底部缩小，如同一敛口钵形。坑内和坑边附着许多红胶泥块、夹砂红泥块和红胶泥条。在窑的旁边，还曾出土一种研磨颜料的石板和配色调料用的陶碟，陶碟分格，中配紫红色颜料，这些都是陶工画彩的用具。

这 12 座陶窑的结构，连同青岗岔的一座在内，全都是一样的。总的可分窑室、火膛和窑门等部。窑室呈方形，略长，每边 0.88～1 米不等，有的还更狭小。室底有窑箅，上有火眼三列，每列三个，很是整齐。火膛略近圆形，甚浅，半在窑室之下，其前则紧接火门。这种陶窑和西坡岇所见马家窑类型者颇相像，而不见于中原仰韶文化，可能是甘肃地区的一个特点。

（三）文化遗物

现在发现的马厂遗物以陶器较多，其他石器、骨器等均甚少。

陶器均手制，以泥条盘筑法为主，质地较粗，火候似亦较低。大部分为橙黄色，少部分为灰褐色或灰色。器物表面常刮平，但不上光。

器形以平底为最多，并有少数圈足器，不见三足和圜底器。器耳发达，有的像把手，有些陶器有嘴，有些陶器带盖。器物种类主要有以下几种。

彩陶瓮：小口、广肩、鼓腹、双耳、小平底。

单耳彩陶罐：小口、长颈、鼓腹、小平底，颈肩之间有一竖行桥状耳或把手。

双耳彩陶罐：口较大，垂腹、小平底，颈部有对称的双耳。

彩陶盆：侈口、鼓腹、小平底，腹有双耳，有时带嘴。

夹砂罐：单耳或双耳，耳上常有附加堆纹一道。

此外还有彩陶碗、彩陶豆、彩陶杯等。在各种陶器中，也有一部分不饰彩的泥质陶。

陶器纹饰以彩色花纹为主，其次是附加堆纹，还有个别的绳纹和划纹。素面无纹的陶器占有相当的数目。

彩色花纹很是发达，着彩部位常在器物外表，在盆、碗、豆等里面也常着彩，均画在器物的原色地子上。以红黑相间的复彩最多，黑彩次之，单独红彩的甚是少见。

彩纹主要是以两道黑边中夹紫红彩的条带、黑彩直线、波线、曲线、棋盘格子、网状格子等构成的（图三八）。图案的变化很是复杂，主要有下列几种情形。

图三八 "甘肃仰韶文化"马厂类型彩陶
1. 波折纹 2. 菱形纹 3. 人形纹 4. 圆圈纹

（1）成组的黑色平行横线，多见于瓮。

（2）成组的黑色平行波线，每组间夹以紫红色条带，多见于双耳罐。

（3）四个大圆圈，在每个大圆圈中或饰以"米"字纹，或饰以棋盘格纹、网格纹、贝形纹、小圆圈纹等，多见于瓮，与半山的四个大螺旋纹很是相近。

（4）大螺旋纹，由黑边红色条带构成，常常四个或六个环绕一周，见于瓮、罐等。

（5）大人形纹，略像人形，有四肢，常常对称两个，相接处饰以其他纹样，见于瓮。

（6）"人"字形纹，用黑边红色条带构成，相互连接，形成连续的折线，多见于瓮。

（7）大菱形纹，有时是大小相套的复式菱形纹，有时由宽带构成菱形，中实网状格子，或全部涂黑，多见于罐。

（8）回纹或雷纹，见于罐、碗、豆等。

（9）长方块，中实网格纹或平行波线等，见于罐、杯等。

（10）棋盘格纹，主要饰于双耳罐上。

其他纹饰还很复杂，这里就不一一罗列了。

除陶器外，其他文化遗物所知甚少。石器以磨制为主，也有一些打制的，其种类有斧、锛、凿、长方形和两端带缺口的刀、杵和敲砸器等，在酒泉下河清遗址还出土较多的细石器。骨器发现更少，有骨锥、骨镞、骨珠等。

（四）埋葬习俗

马厂类型的墓葬，在青海民和马厂塬、甘肃兰州白道沟坪（23座）、皋兰糜地岘（7座）等地都有发现。白道坪的墓葬集中于西端的刘家坪，与同地马厂窑场隔着一道沟，相距约700米。我们不能判断这个墓地的死者在生时是否就是东边窑场的主人。

墓葬形制一般是长方形土坑，形不规则，甚浅。长1.25～2、宽0.75～0.98米。排列密集，方向整齐，白道沟坪的墓大部分朝东，少数朝西，糜地岘者均朝西。

葬式有屈肢葬和二次葬等，大多数为单人埋葬，也有少数合葬的。屈肢葬看来是当时最流行的一种葬式，一般身体侧卧，四肢蜷曲。二次葬在白道沟坪曾有发现，其头向适与屈肢葬者相反。糜地岘的第4号墓乃是一座二人合葬的，前一人骨殖残甚，似属二次葬，后一人为屈肢葬，侧身屈卧，向着前者。

一般的墓都有随葬品，以陶器为主，另有少数装饰品。

陶器随葬 2 ~ 10 件不等，常置于胸前或头侧，个别也有置于足端的。最常见的组合是一个小口彩陶瓮、一个双耳彩陶罐、一个泥质素面罐和一个夹砂罐，有些墓还随葬带嘴盆、豆和杯等。

装饰品有骨珠和绿松石等。如糜地岘 4 号墓中一屈肢葬者颈部绕骨珠 1830 粒，白道沟坪 19 号墓颈部亦有 265 粒骨珠。

（五）同半山类型的关系

马厂类型和半山类型，在文化特征上有许多共同或相近之处。从陶器形制来看，马厂的彩陶瓮、单耳彩陶罐、双耳彩陶罐、侈口鼓腹有时带嘴的盆形器等便和半山类型的同类器物很相像。但是马厂常见豆而半山不见，则是不相同的。从陶器纹饰来看，两个类型都是以彩色花纹为主，附加堆纹其次，别的纹饰都很少见。马厂的彩色纹饰中的四个大圆圈、大菱形纹、棋盘格纹、网格纹和平行横线与波线等都和半山类型者接近，马厂的黑边红色彩带似亦与半山红黑相间的锯齿条带有关。但是半山的葫芦形纹于马厂不见，而马厂的回纹或雷纹、人形纹、"人"字纹等又是半山所没有的。

另外在埋葬习俗上，半山和马厂都是实行屈肢葬的。

两个类型，它们有很多共同和相近的地方，又有一些很不相同的地方，这到底是一种什么关系呢？

过去安特生在发现了这两类遗存后，认为马厂是晚于半山的，他说："就此等陶器（指马厂陶器）之质料、形式及花纹考之，则颇与仰韶（指半山类型，下同）殉葬之土瓮相近，但究足自成一族。马厂之时代，实与仰韶期有相近之可能。但余以之置于仰韶之后者，盖由齐家坪之遗址中，毫无此等陶器之迹。而其陶器上之装饰似较成熟，而自成一派也。"[1] 又巴尔姆格伦（Nils Palmgren）著《半山及马厂随葬陶器》一书，对两个类型的陶器从质地、制法、形制、纹饰等各方面进行了详尽的分析，认为马厂陶器大都脱胎于半山类型，而更向前演化发展[2]。

但是什么叫作成熟？那是没有一定的标准的。严格说来，他们都只指出了两者文化面貌的相近，而丝毫没能提出谁早谁晚的证据。

我们从两个类型的分布来看，大部分是交错的，但是马厂类型分布更广，较半山更西更北。因此，它们的差别很可能主要是时代的差别，也不尽然只有时代

---

〔1〕 安特生：《甘肃考古记》，《地质专报》第 5 号，1925 年，18 页。

〔2〕 Nils Palmgren, 1934. Kansu Mortury Urns of the Pan Shan and Ma Chang Groups. *Palaeontologia Sinica*, Ser. D. Vol. Ⅲ. Fasc. 1.

的差别。

我们知道在甘肃、青海除了半山、马厂两个类型的文化遗存以外，还有马家窑类型和齐家文化（见第四章）等，马家窑早于齐家有多处地层关系为证，已是普遍承认的一个事实。半山类型的陶质颇与马家窑相同，某些彩陶花纹如螺旋纹、波纹等也与马家窑近似；而马厂类型在某些器形如豆和某些双耳罐等和齐家文化相近，马厂的某些彩陶花纹如菱形纹、长方块格子纹等也和齐家的相近。如果反过来，用半山与齐家相比，马厂和马家窑相比，则相距更加遥远，很不相同。这至少能给我们一个启发，考虑马厂很可能比半山为晚。1963 年，北京大学历史系同学在甘肃实习时，于兰州青岗岔一座马厂陶窑中发现夹杂个别半山的陶片，这就在地层上说明了马厂是比半山为晚的。

基于上述种种事实，似乎可以认为，马厂类型晚于半山类型，并且是从后者发展而来的，在发展过程中，文化逐渐向西向北推移，吸取了另一些文化因素，从而形成了既与半山有联系而又自成一格的文化特征。

一〇　关于仰韶文化与甘肃仰韶文化的分期和社会性质的讨论

（一）分期问题

关于仰韶文化和甘肃仰韶文化的分期问题，目前存在着许多不同的看法。了解这些看法，比较其得失，可以帮助我们找到解决问题的钥匙，寻求进一步研究的正确途径。

看法的不同首先表现在文化性质方面，它们是一种文化，两种文化，还是三种文化呢？

现在大多数同志认为，仰韶文化和甘肃仰韶文化（马家窑文化）是属于两个不同的文化，有不同的分布地域，有不同的文化特征。然而两者有很密切的关系，在年代上以后者稍晚[1]。

另一种意见认为，当时在黄河流域存在的不是两个文化而是三个文化，它们是不同部落的人们所创造的："仰韶遗址代表着一种部落文化，半坡类型可能是它的一个分型或分支，仰韶文化有许多地方性的变体。马家窑遗址根据出土

---

〔1〕　安志敏：《试论黄河流域新石器时代文化》，《考古》1959 年第 10 期；石兴邦：《黄河流域原始社会考古研究上的若干问题》，《考古》1959 年第 10 期；杨建芳：《略论仰韶文化和马家窑文化的分期》，《考古学报》1962 年第 1 期。

遗物的独特的鲜明特征，构成了一种特定的考古遗迹的共同体，它与仰韶文化有较密切的联系，但存在着根本的区别，马家窑遗址是另一种部落文化。半山—马厂的陶器非常接近，它的葬式都是屈肢葬，根据出土的遗物与仰韶、马家窑具有本质的不同，具有自己明确的相貌，当是相同的或具有亲密关系的另一种部落文化。"[1]

上述两种看法的不足之处，就在于他们都没有能够把甘肃青海境内几种文化类型的交错分布情况做出满意的解释。例如马家窑类型既在文化面貌上与庙底沟类型非常接近，它的分布地区绝大部分又在庙底沟类型分布范围之内，并且又不止一次地发现它的文化层叠压于庙底沟类型之上，在这样的情形之下，还怎能把它与仰韶文化（庙底沟类型是它的主要组成部分）视为独立的两种文化呢？同样的，半山和马厂类型的主要部分也是分布在庙底沟类型和马家窑类型的分布范围之内的，只是稍稍偏西偏北了一点，从文化内涵的比较以及个别的地层关系等看来又是比二者为晚的，要把它们解释为另一种独立的文化也有困难。实际上，仰韶文化本身也存在着各种类型的差别，并且这些差别也绝不比马家窑与庙底沟，或马家窑与半山、马厂的差别为小。这样看来，似乎可以把这些文化的各个类型都看作是一个系统的文化，只是在发展的过程中一方面创造了新的因素，另一方面吸收了其他文化因素，从而产生了各个地方变体。我们现在根据较集中的资料划分了八个类型，将来资料多了也许还能划分更多的类型。例如内蒙古河套区以海生不浪为代表的遗存，以内蒙古赤峰红山为代表的遗存，山西太原义井的遗存等，是很可能成立为新的类型的。

看法的不同其次表现在对各文化类型相互关系的解释方面，所谓分期问题，主要就是对这些类型相互关系的解释。各种看法，已经在前面各节中分别介绍过了，兹不赘述。

（二）社会性质问题

现在有些同志，引用了仰韶文化的某些资料，对它的社会性质进行了探讨。有些同志又认为甘肃仰韶文化在社会发展阶段上应当和仰韶文化一样，尽管没有甘肃仰韶文化的直接证据，但是只要解决了仰韶文化的社会性质，也就等于解决了甘肃仰韶文化的社会性质。

现在对于仰韶文化的社会性质有两种相反的看法。一种意见认为，仰韶时期已进入父系氏族社会。其理由是（1）仰韶时期农业已成为独立的生产领域，当时

---

[1] 马承源：《略论仰韶文化和马家窑文化的问题》，《考古》1961 年第 7 期，378 页。

已发生第一次社会大分工；（2）仰韶时期墓葬中随葬品有多有少，反映了财富的分化，反映了私有制的出现；（3）仰韶时期发现了陶祖，它是父系氏族社会在意识形态上的反映[1]。这些理由，因为所列资料大部分都待商榷，例如陶祖在仰韶文化的遗址中是不存在的。仰韶时期是否有第一次社会大分工？由于没有发现一个畜牧部落的遗址，这种看法就只能是一种推论而不可能作为重要的论据。又墓葬中随葬品的差别，主要是陶器和装饰品的多寡和有无，是否就构成私有制？也不无讨论的余地。已有同志提出了怀疑[2]，是故目前这一看法大多数人都未能接受。

另一种意见认为，仰韶文化还是母系氏族社会。现在持这种看法的同志很多，发表了很多文章。就中各家的见解也不尽一致，归纳起来，主要有以下几条理由。

（1）在仰韶文化时期，妇女从事农业（元君庙 M419 女性成年死者随葬收割谷物用的蚌刀），又从事制陶（仰韶陶器为手制而成，据民族志提供的资料，手制陶器的工作一般由妇女担任）、纺织及缝纫（同上 M419 随葬纺轮和骨针）等原始手工操作，而男子则从事渔猎、畜牧（元君庙 M441 男性成年死者随葬骨镞和骨矛，半山类型的边家沟 1 号墓男性死者随葬鹿头）及木作（同上边家沟墓随葬石斧、石锛）。在仰韶时期，农业已上升为主要经济，渔猎经济的比重已经下降，而畜牧业尚处在原始的发展阶段。因此，在当时社会生产中起主要作用的可能是妇女而不是男子，这是母系氏族社会赖以存在的物质基础[3]。

（2）在仰韶文化的遗迹中存在着公共窑场，如半坡发现的 6 座陶窑集中分布于居住区的东端；又马厂期的白道沟坪窑场发现了 12 座陶窑，成组地分布。这些不仅说明了整个氏族在生产上的共同劳动与协作，也说明这些陶窑本身和由以烧制出来的陶器当为氏族共有。反之，在当时找不出能够反映家族个体劳动和家族所有制发生的迹象。这是区别母系还是父系的一个界标[4]。

（3）在元君庙和横阵村的合葬墓中，大多是男女老少都有的多人合葬墓，其中有一些是以一具女性骨架为仰卧伸直的一次葬，其余是二次葬，个别有男性老人一次葬，其余为二次葬的。一次葬和二次葬同存于一个墓内，表明是一次葬者

〔1〕　许顺湛：《关于中原新石器时代文化的几个问题》，《文物》1960 年第 5 期；许顺湛：《“仰韶”时期已进入父系氏族社会》，《考古》1962 年第 5 期。

〔2〕　杨建芳：《仰韶时期已进入父系氏族社会了吗？》，《考古》1962 年第 11 期；周庆基：《对〈“仰韶”时期已进入父系氏族社会〉一文的意见》，《考古》1962 年第 11 期。

〔3〕　杨建芳：《仰韶时期已进入父系氏族社会了吗？》，《考古》1962 年第 11 期，594 页。

〔4〕　杨建芳：《仰韶时期已进入父系氏族社会了吗？》，《考古》1962 年第 11 期，594、595 页。

死时把其余死者迁来合葬，则她（他）是处于中心的、本位的地位的。个别男性老人的这种地位之取得，可以由其生前对氏族贡献大，受人尊敬而得到解释。妇女不拘老人，则可能是社会地位一般优越的反映[1]。

（4）在仰韶文化墓葬中，女性随葬品一般较多。这种情况，甚至扩大到对某些女孩墓实行厚葬上来。如元君庙 M429 埋葬两个女孩，墓穴以红烧土垫底，随葬器物丰富；半坡 M152 埋一女孩，墓中有棺板，随葬器物丰富。这就不能用死者生前有何特殊贡献或威信来解释，只能是妇女社会地位一般较高的反映[2]。

以上后两种情况，一般是在发展的母系氏族社会才有的现象，所以许多同志都认为仰韶文化已处于发展的母系氏族社会阶段。

〔1〕　吴汝祚：《从墓葬发掘来看仰韶文化的社会性质》，《考古》1961 年第 12 期，691 页。

〔2〕　张忠培：《关于根据半坡类型的埋葬制度探讨仰韶文化社会制度问题的商榷》，《考古》1962 年第 7 期，380 页。

第四章　龙山文化和齐家文化

一　概述

（一）龙山文化的发现和分布

在黄河流域，继仰韶文化和甘肃仰韶文化之后而发展起来的，是龙山文化和齐家文化。

一提到龙山文化，首先就会想起山东历城县的龙山镇（今已划归济南市章丘区）来，这是该文化第一次被发现并由以命名的一个地点。其实遗址的确实地点是在该镇对河的城子崖上。1928 年春，我国的考古学者们为探寻中国远古文化的源流，特别是探索当时已知的殷商文化的始原，在这一带进行了调查，发现了一处新石器时代的遗存。1930 年和 1931 年接连进行了两个季度的发掘，发现了大量的黑色陶器，其中一部分漆黑发亮，薄如蛋壳，和此前在黄河流域多次发现的以彩陶为特征的仰韶文化迥然不同。从此龙山文化的研究，便成为我国新石器时代考古学的主要内容之一。

在 20 世纪 30 年代，紧接着城子崖的发现之后，在河南北部安阳小屯、后冈、高井台子、同乐寨、浚县辛村、大赉店，成皋青台等处也发现了类似城子崖的新石器时代遗存。在山东的滕县、临城凤凰台和日照两城镇等地，还有和城子崖极为相近的遗存发现，在两城镇更进行了大面积的发掘。在这许多资料的比照中，得知山东与河南两地的龙山文化之间存在着不小的地区差异。例如在河南没有山东那么多的素面或打磨光亮的黑陶，相反饰拍印纹饰（篮纹、绳纹和方格纹等）的灰色陶器数量较多，从而开始了对龙山文化进行分区研究的尝试[1]。

---

〔1〕　梁思永：《龙山文化——中国文明的史前期之一》，《梁思永考古论文集》，科学出版社，1959 年。梁思永先生在该文中把龙山文化划为山东沿海区、豫北区和杭州湾区，后者所指的是以浙江杭县良渚和钱山漾等遗址为代表的文化，因其与龙山文化有较多的不同，现改名为良渚文化。

　　1949 年以后，龙山文化被发现的范围远远扩大了，从而地方差别也被认识得更加清楚了。从 1951 年起在陕西渭河流域所进行的多次调查和 1955～1957 年西安客省庄的发掘，遂把龙山文化的分布范围向西推进了许多。但是渭河流域龙山文化的地方特征比较大，例如陶器多呈灰色或褐色，手制为主，多高腰的鬲和斝，还有一些颇似西部齐家文化特点的双耳罐等。这些不仅和山东地区的典型龙山文化不同，就是和以后冈、大赉店等遗址为代表的河南地区的龙山文化也是不同的。因此就提出了陕西龙山文化[1]，或者客省庄二期文化[2]的名称，以与前述两个地区的龙山文化相区别。

　　1949 年以后关于龙山文化的另一重要收获，就是在许多地方发现了它的早期遗存，例如 1956～1957 年河南陕县庙底沟的发掘，1958～1959 年陕西华阴横阵和华县泉护的发掘，1959～1960 年河南洛阳王湾的发掘和 1959 年山东宁阳大汶口的发掘等，都发现了早期龙山文化的遗存，其中有些地方还有直接地层关系证明它晚于仰韶而早于从前所认识的实际都是晚期的龙山文化遗存。正是因为这些发现，把龙山文化和仰韶文化之间的距离缩短了，从而为探讨两个文化的关系找到了一个桥梁。

　　到现在为止，龙山文化的发现已经遍及于黄河中下游的陕西、山西、河南、河北、山东、江苏北部、安徽北部、湖北西北部和内蒙古河套地区，东北甚至到达辽东半岛。就其范围来说，主要还是仰韶文化曾经占有的区域，但是向东扩大了许多。

（二）龙山文化的特征和类型划分

　　龙山文化是一种晚于仰韶文化的文化，证实这一命题的第一个信号，就是 1931 年河南安阳高楼庄后冈的发掘。在那里发现了小屯（殷）、龙山、仰韶三种文化遗存依次叠压的地层关系，表明龙山文化晚于仰韶而早于殷代。自那以后，陆陆续续又有许多新的地层关系被发现，也都是龙山叠压仰韶，百不爽一，绝对找不出一个相反的例子。

　　我们可以举出下列一些地点：河南——安阳侯家庄高井台子（1932 年），安阳秋口同乐寨（1934 年），浚县大赉店（1932 年），浚县刘庄（1933 年），陕县庙底沟和三里桥（1956～1957 年），洛阳王湾（1959～1960 年）；陕西——西安客省庄（1951、1955～1957 年），华阴横阵和华县泉护村（1958～1959 年）；湖北——

---

〔1〕　安志敏：《中国新石器时代的物质文化》，《文物参考资料》1956 年第 8 期。
〔2〕　中国科学院考古研究所：《沣西发掘报告》，文物出版社，1963 年。

郧县青龙泉和大寺（1958～1960 年）；山西——芮城西王村（1960 年），等等，这些地点都是发现了龙山叠压仰韶的地层关系的。

在龙山文化的时期，生产工具较仰韶文化已有所改进。石器磨制者已占绝大部分，而且一般是通体磨光的；蚌器已普遍地应用了；陶质工具则显著减少，在仰韶时期曾普遍使用的陶刀，这时已基本绝迹。同时有些新型工具开始出现了，如收割谷物的石镰和蚌镰，便是前所未见的；很可能，铜器在当时也已被发明了[1]。

农业生产和家畜饲养都有所发展，有些农具改进了，家畜的数量和种类也有所增加。

陶器制造已采用轮制的方法，有些地方轮制陶器已占半数以上。陶色以灰色和黑色为多，纹饰以拍印的绳纹、篮纹、方格纹为多，彩陶只是在早期才有一些残留。

房屋样式趋于复杂化，其中以圆形白灰地面的房屋和双间房屋最具特征。

墓葬多属单人土坑墓，还有少数二人合葬墓，随葬品差别较大，除一般陶器外，还常用生产工具和家畜随葬。

意识形态也已变化，占卜习俗已很流行，在若干地点发现了陶祖，似已出现对男性祖先的崇拜。

在龙山文化之后，紧接着的是东干沟文化，1958 年洛阳东干沟的发掘，提供了两者相互叠压的地层关系[2]。一般认为，东干沟文化是夏文化或先商文化，

[1]　在龙山文化时期是否已经发明了铜器，这个问题很早就被人提出来了，但是一直到现在还是一个不解之谜。近年来，由于处于龙山文化西部并且在时代上大致与龙山文化相当的齐家文化已经不止一次地发现了红铜器，龙山文化就文化发展水平的某些方面来说，例如石器和陶器的制造等，较齐家文化还高，是以在龙山文化中发现铜器的可能性是很大的。紧接在龙山文化之后的东干沟文化的遗存中也已不止一次地发现铜器。东干沟文化人们推测是夏文化或先商文化，很可能是一种青铜文化。我们不可能设想中原的历史在进入青铜时代之前，会没有一个铜石并用时代作准备。而且龙山文化的陶器已普遍应用轮制技术，我们从世界各地的考古发现情况来看，没有哪一个文化是在铜器发明之先就知道了轮制陶器的技术的，这也使我们有理由推测龙山文化已进入铜石并用时代。1955 年，河北省文化局文物工作队在发掘唐山大城山龙山文化遗址时，发现了两块穿孔的铜片（河北省文物管理委员会：《河北唐山市大城山遗址发掘报告》，《考古学报》1959 年第 3 期，33 页，图版柒：6），但是有同志指出该铜片出土的地层关系不清楚，考虑到同一遗址内还存在不少夏家店文化（一种青铜文化）的遗存，则它们是否属于龙山文化的遗物，就颇值得怀疑了（康捷：《关于唐山大城山遗址文化性质的讨论》，《考古》1960 年第 6 期）。

[2]　考古研究所洛阳发掘队：《1958 年洛阳东干沟遗址发掘简报》，《考古》1959 年第 10 期。

是开始产生阶级和国家的时代。因此龙山文化代表我国原始社会的末期。

龙山文化由于分布地域大，延续时间亦较长，是故在不同地区和不同时期发生了一定的文化差异。大体说来，山东和苏北等沿海地区可以构成一个文化区，它的早期是以大汶口为代表的一类文化遗存，晚期则是以城子崖—两城镇为代表的遗存，即通常称的典型龙山文化。河南、河北、山西、陕西等地似可构成另一大文化区，就中早期以河南庙底沟二期文化为代表，晚期则以河南浚县大赉店和安阳后冈，以及陕西西安客省庄为代表。实际上，在每一个小区域内，文化面貌也往往有其自身的特点，就以河南地区来说，豫北和豫西就不太相同，和豫东又不太相同，等等。研究这些，对于了解当时部落的分布及其相互关系，是有很大帮助的。

（三）关于齐家文化

齐家文化是1924年首先由安特生在甘肃宁定（今广河县）齐家坪发现的。当时他把它置于仰韶（主要指半山类型）之前，认为是甘肃新石器文化最早的一期，并且丝毫没有注意到它与龙山文化的关系。后来在1937年，尹达著《龙山文化与仰韶文化之分析》一文，在分析了齐家坪的陶器之后指出："齐家坪遗址的陶器全是单色，且与河南不召寨及仰韶村的龙山式陶器相似；既知河南的龙山式陶器晚于仰韶式，则齐家坪是否可以置于仰韶期之前，似尚有问题。"这里，他一方面指出了齐家文化与龙山文化的近似，另一方面对其相对年代提出了怀疑。1945年，夏鼐在甘肃广通（原宁定）阳洼湾齐家文化墓葬中发现了甘肃仰韶文化的彩陶片，从而证实齐家文化是晚于甘肃仰韶文化的。

现在齐家文化的遗址发现得多了，文化性质的认识更清楚了。它是分布于甘肃和青海东北部，晚于甘肃仰韶文化，而与龙山文化基本同时的一个文化。它的文化特征有许多和陕西龙山文化非常接近。如果我们把龙山文化的概念扩大一些，把它看作是龙山文化在甘肃境内的一个地方类型亦未尝不可。

二　东方沿海的早期龙山文化——大汶口类型

（一）遗址的发现和分布情况

1959年春，山东省文物管理处等单位的同志们在宁阳大汶口（堡头）清理了一处新石器时代的遗址和墓地，发现了132座墓葬。该处出土陶器以灰陶为多，黑陶和白陶较少，还有一部分红陶。一般为手制，很少饰纹饰，只有少数器物涂朱砂、画彩或镂孔等。同样类型的遗址，还广泛地分布于整个山东、江苏北部和辽东半岛。在山东的遗址有滕县岗上村，安丘景芝镇（1957 年发掘），平阴于家林（1960 年发掘），曲阜西夏侯（1962～1963 年发掘）、尼山、东位庄、大果庄、白村，济宁琵琶山，济南八涧埠，泰安龙门口，栖霞杨家圈，蓬莱紫荆山，福山丘家庄等处。江苏北部有新沂花厅村（1953 年发掘）和邳县刘林（1960 年发掘）等处。辽东半岛有旅大四平山等处。在这些遗址中，有的有很少的彩陶，有的根本没有（如景芝镇），欲细分之自当有早晚之别，但总体上都代表着东方沿海地区的早期龙山文化。

（二）遗址和墓葬

现在对于大汶口类型的村落遗址所知不详。其中大汶口遗址位于泰山山脉的南麓，当汶水和小汶河汇合而为大汶河的三岔河口，面积估计约 9 万平方米，较周围平地稍稍高起，在那里曾发现许多灰坑、红烧土块和一座窑址。刘林遗址位于江苏邳县西北 30 千米，中运河东岸火石埠的西南边。面积约 24000 平方米，在这里也曾发现红烧土面等居住遗迹。

墓地有大汶口、西夏侯、景芝镇、岗上村、花厅村和刘林等多处，各处情况不全一致，其中以大汶口墓地较为突出。

大汶口一共清理了 132 座墓葬，其分布稀密不均，在密集的地方成组成群，上下叠压，稀疏的地方似乎排列无序，大约是一处连续使用了相当长时期的氏族公共墓地。

这个墓地的埋葬习俗有以下一些情况。

（1）墓葬形制一般是长方形土坑，较大的墓葬有二层台，并有木椁的遗痕，这在我国新石器时代的墓葬中是仅见的[1]。

（2）葬式一般为仰卧伸直，头朝东；侧身微屈肢葬和俯身葬的为数都极少。

（3）单人葬占绝大部分，同时也有 8 座合葬，主要是男女二人合葬，男左女右，和仰韶文化的多人合葬墓是迥然不同的。

（4）有些墓随葬猪头或其他兽头骨，一般为 3～5 个，最多达 14 个，这使我们想到当时可能已有私有财产的观念。

（5）成人和小孩葬于同一处墓地，且无论在葬式和随葬品等方面都没有什么显著的区别，这里没有发现小孩的瓮棺葬。

（6）根据对人骨的观察，90% 以上的枕骨扁平，这是一种人工畸形；又绝大

---

〔1〕　在西安半坡仰韶文化的第 152 号小孩墓中有木板痕迹，但较大汶口的要简单得多。

多数 12 岁以上的女性被拔去侧切牙，这种拔牙的风习，在台湾高山族和印尼苏拉威西、太平洋夏威夷岛等地的土著居民中都是很流行的。有些人骨腰部或腿部置龟甲，手持兽牙等等。这些都表明他们有着特有的风俗习惯。

除上述各点以外，大汶口墓地最引人注目的是大小墓葬在同一墓地中的并存，它们无论在规模上、墓葬结构上还是在随葬品的多少与优劣上都有显著的不同。

大型墓一共发现了 4 座，一般长约 4、宽 2～3 米，有二层台和木椁。随葬品达百件以上，其中陶器有鬶、鼎、壶、罐、镂孔高足杯、镂孔豆和小碗等；装饰品有牙制束发器，玉质坠饰和项饰，象牙雕的筒形器，玉环和石环等；生产工具较少，有的墓随葬扁平穿孔石铲，有的则随葬纺轮，大约与男女的性别分工有关；此外，在人骨腹部置龟甲，手持兽牙，脚下放置猪头。可以说，当时人们在生产、生活和其他日常活动中所需的绝大部分物品都被随葬于墓中了。

中等墓葬一般为长方形土坑，无二层台和木椁，但随葬品还比较丰富，有的可达三四十件，也包括陶器、生产工具和装饰品等。

小墓为数较多，有的随葬一两件陶器，有的一件也没有。即便随葬了一两件陶器，也是既小又笨，质地差，火候低，和大墓中随葬的精致陶器不能相比。

除大汶口墓地以外，其他几个墓地的情况都差不多。其特点是：（1）墓葬形制为长方形竖穴；（2）葬式以仰卧伸直为主，也有个别的屈肢葬。如刘林的 52 座墓中，仰卧伸直的 46 人，仰卧屈肢的 3 人，侧身屈肢的 1 人；（3）一般为单人葬，也有少数合葬，如刘林 52 座墓中有 5 座为二人合葬，其中两个均为小孩的有 2 座墓，一个成人带一个小孩的有 2 座墓，第 17 号墓则为两个成人合葬，一为仰卧屈肢，另一为侧身屈肢，后者的头部几乎置于前者的胸前，惜骨殖残甚，性别未能鉴定；（4）随葬品有生产工具、陶器、装饰品和狗（刘林有 2 例）、猪颌骨（岗上村）等，有些墓也随葬龟板。又刘林墓多随葬牙钩、骨柄双钩，钩是用獐牙制的；（5）大部分墓葬都有随葬品，其差别也没有大汶口那样悬殊。如在花厅村清理的 20 座墓葬，随葬品在 30 件以上的有 4 座，10 件以上的 6 座，其余 6 座随葬品较少。刘林 52 座墓葬中有 42 座有随葬品，其中最多的也仅 16 件。

可以看出，上述各墓地的埋葬习俗和大汶口基本上是相同的，其区别主要在没有大墓，墓葬与墓葬之间的分化没有大汶口那么显著。因此，就整个大汶口类型来说，应当是已出现私有财产（随葬生产工具和家畜），已经有贫富分化的情形，同时也许已开始产生一夫一妻的婚姻制度（二人合葬墓的屡见）。但是就在这同一文化区域内，各部落之间的生产发展水平和贫富分化的程度并不完全一致，大汶口只不过是其中较突出的一个例子而已。

（三）陶器皿

大汶口类型陶器的特点之一是陶系复杂，有红陶、灰陶、黑陶和白陶等等。如大汶口灰陶最多（49.6%），其中一部分涂有朱绘，红陶次之（26.7%），以下依次为黑陶（12%）、白陶（8.3%）和彩陶（3.4%），彩陶的质地有橙黄、赭黄、朱红和黑而发光等各种。有些遗址则以红陶为主，白陶甚少或没有。

大多数陶器是手制的，也有手制兼轮修的，单独轮制的基本上没有。一般质细壁薄，火候较高。

造型以平底器为主，三足器和圈足器亦均甚多，常有把、耳、泥突、嘴、流、盖等附件。

主要器形有鬶（实足的、袋足的）、鼎（折腹的和圆腹的，带盖的和无盖的，腿多扁三角形，也有凿形的）、豆（浅盘，足部镂孔）、高足杯（足部镂孔和无镂孔的）、单把杯（直筒形）、尊形器、背水壶（腹部一面扁平，有双耳和一泥突）、小口高领罐（颈部双耳或腹部双耳的）和带嘴罐等（图三九）。

陶器表面处理以素面无纹和打磨光滑的为最多，少数陶器则施以红衣、涂朱、绘彩、镂孔，或饰以篮纹和附加堆纹等。

图三九　宁阳堡头大汶口类型的陶器

　　着彩的颜色颇为复杂，有红色、黑色、白色等数种，细分之还有黄色和深赭色者。在同一件器物上，常常兼施一种以上的颜色，最多为三色，加地色成为四色的。大部分彩是画在原色地子上，有一部分则是先施红色陶衣然后着彩的。

　　彩纹主要以细匀而流畅的线条组成，也有个别的圆点、三角和方块等，由这些基本元素构成：（1）上下错置的三角纹：黑体的和当中填充网格的；（2）横置或竖置菱形纹，当中亦填充网格；（3）复式螺卷纹；（4）旋涡纹；（5）水波纹；（6）折波纹；（7）同心圆；（8）一列长方块（黑体的），方块之间夹两道竖线。

　　但是彩陶在大汶口类型中毕竟已是很少的了，在有些遗址中如安丘景芝镇和新沂花厅村等处就根本没有发现彩陶，它们可能是大汶口类型中较晚的遗存。

　　镂孔是大汶口类型陶器的一种重要装饰，差不多所有的豆、相当多的高足杯和一些筒形器等的足都有很繁复的镂孔。孔有圆形、三角形和菱形数种，在同一器物上有时施一种，有时施两种或三种，排列密集而有规律，它减轻了器座重量，但主要是一种装饰。

（四）生产工具、工艺品和装饰品

　　由于大汶口类型的几个主要发现地点都是墓地，遗物主要出自墓葬的随葬品，故对当时的生产工具尚不能全面了解。从已知的一些情况来看，石器的制作技术甚高，因几乎全部为磨制，且主要是通体磨光。穿孔技术也很先进，有用管钻两面对穿者。石器的种类以手工工具为多，有斧、锛、凿等，大汶口发现过有段石锛。扁平穿孔石斧（铲?）较为普遍，此外还有石纺轮等。

　　骨角器有锥、镞、鱼钩和鱼镖等。在刘林墓中普遍随葬一种牙钩，是以骨为柄，末端安两个对称的獐牙若镰状，在墓中置于人手骨旁，不知何用。

　　在大汶口墓地出了许多玉器和其他工艺品、装饰品等，景芝镇、花厅村和刘林等处墓地也常用这类物品随葬。常见的玉器是扁薄穿孔的玉斧（铲）、玉环、坠饰和项饰等，有些玉环在墓中是套在手上的。骨制和象牙制品更是精美。有一种筒形器，有的全体透雕，有的在外面镶嵌两列绿松石。大汶口出土的一件象牙梳柄部也有美丽的透雕。人们用石器竟然制作出如此精巧的工艺品，不能不叫人叹为观止（图四〇）。

　　另外，在墓葬中还常发现龟板，有背甲也有腹甲，常有多数穿孔，墓中多置于腹部或腿际。大约是一种宗教遗物。

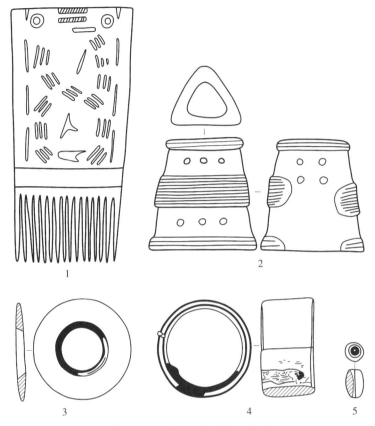

图四○　大汶口类型的工艺品

1. 象牙梳（大汶口）　2. 嵌绿松石骨筒（大汶口 M4：10）　3. 玉璧（景芝
镇 M2）　4. 玉镯（景芝镇 M2）　5. 玉珠（景芝镇 M4）

三　东方沿海的晚期龙山文化——两城类型

（一）遗址的发现与分布

东方沿海的晚期龙山文化即通常所称的典型龙山文化，其主要分布区域为山
东省，在江苏北部和辽东半岛也有这类遗存的发现，同大汶口类型的分布是一致
的。其遗址在山东有章丘城子崖，滕县宫家庄、官桥、后堌堆，邹县七女城，滋
阳立庙、桲椤树、关寺村，曲阜八里庙、梁公林，临淄王母山，临朐野源，临沂
土城子、毛官屯，五莲丹土村，日照两城镇、大洼、刘家楼、尧王城，安丘峒峪、
胡峪，寿光丁家店子，潍坊姚官庄，滨县卧佛台，青岛李家宅头、文登石羊，临
城凤凰台，禹城周尹庄等将近百处；江苏北部有徐州高皇庙，新海连市二涧水库

和赣榆等地；辽宁有旅大老铁山，营城子四平山石冢和长山列岛上马石贝冢等处。这些遗址的文化面貌并不完全相同，兹将城子崖和两城镇的情况介绍于后，作为这个类型的两个代表遗址。

（二）城子崖遗址

城子崖位于泰山山脉北麓的黄土地带，遗址紧临武原河的东岸，在一个三级台地的顶端，文化堆积主要分布在台地的南北两端。中央研究院历史语言研究所考古组曾于 1930 年秋和 1931 年秋进行过两次发掘，确定其下文化层是属于新石器时代的，并命名为龙山文化[1]。

城子崖的陶器主要是黑色和灰色的，部分为红色、橙黄色和白色的。以轮制为主，模制和手制的也占有相当的比例。一种漆黑发光、薄如蛋壳的轮制陶器乃是全体陶器中的精品。陶器表面的处理以素面无纹和打磨光亮者为多，纹饰很少见，有刻划纹、弦纹和绳纹等。整个陶器表现出素朴淡雅的风格。

陶器种类主要为鬶、鼎、罐、豆、盘、盆、碗和杯等数种。鬶多袋足，仅个别为实足的，颈部与器身没有明显的分界，这与大汶口类型的鬶是不同的。鼎的形制比较复杂，可大致分为罐形与盆形两种，外部饰弦纹或者素面无纹，足多由两片捏合，中脊有堆纹，两旁穿二孔，通常称为鬼脸式，是东方沿海晚期龙山文化的一个显著特征。其他的鼎足有三角扁足和柱状足等。罐类有泥质和夹砂两种，多平底，有时附两耳，有的有把手，形制既很复杂，用途也各不相同。豆为浅盘，把上饰以竹节状凸棱。盆多大平底，敞口凹壁，个别的也在外壁饰竹节状凸棱。有一种盆的底部又添一截矮圈足。杯呈直筒状，常有把，壁极薄，所谓蛋壳黑陶，主要就是指杯而言。总括这些器物，它们在造型上的特点是多三足（鬶、鼎）、圆足（盘、豆、盆）和平底器，多把手、器耳，也有小鼻，多盖。

城子崖出土石器甚多，绝大部分磨制甚精，其主要器形有铲、刀、镰、镞、斧、锛、凿，还有少数砺石、磨盘和石锤等。石铲多扁平长方形，刃略圆凸，有的微带肩。石刀均呈半月形，双孔，这种形态的石刀是山东地区晚期龙山文化中比较普遍而于他处所少见的。石镰呈新月形，是一种安柄的收割用农具，同其他地方的龙山文化比较起来，其数目也是比较多的。斧的剖

---

[1] 当时把城子崖遗址分为上下两层，上层属于周代，下层即新石器时代的龙山文化，现在看来这种划分过于粗略，下文化层中显然包含一部分早商遗物，如缸形器，似雷纹的印纹陶和钻孔卜骨等，应当从龙山文化中分离出去。

面有椭圆和矩形两种，有的扁薄穿孔，更有上端变薄而便于安柄者。镞的形式是多种多样的，多数有铤，剖面有菱形、梭形、三角形和扁平多种（图四一，3、7）。

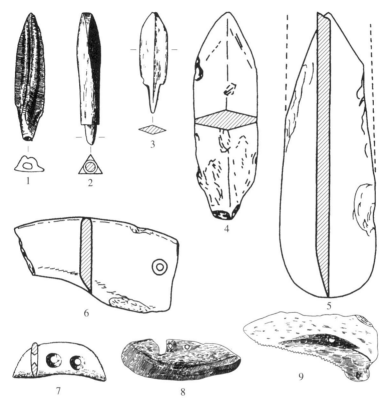

图四一　龙山文化两城类型的生产工具
1. 蚌镞　2. 骨镞　3. 石镞　4. 石矛　5. 石铲　6. 石镰　7. 半月形石刀　8. 蚌刀　9. 蚌镰（4~6 为两城镇，余为城子崖）

骨器有锥、凿、针、镞、鱼镖和笄等多种，镞的形态与石质的类同，但以剖面呈三角形和圆形的为多（图四一，2）。

蚌器的数目是很多的，主要有蚌铲、双孔刀、镰和镞等。蚌镰的形状和石镰略同，但多数在刃边刻成细齿，以便划割（图四一，1、8、9）。

在城子崖下文化层还曾出土 6 件卜骨，用牛和鹿肩胛骨做成，以牛的为多，有的有钻孔，有的仅有灼号。

城子崖出土的动物骨骼，经鉴定的有猪、狗、马、牛、羊、麋鹿、獐和兔等各种，以猪、狗为最多，马、牛次之，鹿、羊又次之，兔骨只两三片。

（三） 两城镇遗址

两城镇遗址位于山东日照两城镇西北，距东海滨只有 10 余华里，两城河环绕于东北两面，有几个略高出周围地面的土阜。早在 1936 年，中央研究院历史语言研究所考古组就曾在该处发掘[1]，中华人民共和国成立以后，山东省文物管理处为了对遗址进行清理和保护，曾于 1953～1955 年和 1958 年分别进行了勘查，山东大学刘敦愿等也于 1955 和 1957 年两度进行了调查。

1958 年的勘查中曾发现了厚约 6 厘米的红烧土面，很平整，上有薄薄的一层黄土，并有柱洞的遗迹，大约是一处房屋建筑的遗留。附近还发现了灰坑 3 个。

通过发掘和多次调查所获得的遗物是非常丰富的，包括陶器、石器、玉器、骨角器和卜骨等，但多次调查都没有发现蚌器。

石器大部分是磨制的，仅有少数是打制而粗磨刃部或器身的。原料大部分为变质岩。它们在造型上的特点是棱角显著，剖面呈长方形和菱形的最多。穿孔技术也很发达，有用锥钻的，也有用管钻的。器类有铲、刀、镰、斧、锛、凿、镞、矛和纺纶等（图四一，4～6）。

石铲的数量很少，体扁薄，多为凸刃。石刀多为长方形，双孔，与城子崖多为半月形者不同。石镰也较多，有的后端穿孔，大约是为了便于绑扎在木柄上。

斧、锛、凿的数量均非常多，看来这也是东方沿海地区龙山文化的一个比较突出的现象，表明当地的原始手工业（主要是木器的制作）是比较发达的。斧可分为剖面椭圆和扁平穿孔的两种，后者的数量是相当多的。锛个体较小，剖面多呈梯形。石凿可分为扁薄体短和窄厚修长的两种，最长的石凿可达 14 厘米，小的长仅 2.8 厘米，石凿类型的分化，应是适应于不同的用途而发生的。

历次发现的石镞数量很多，可见狩猎在经济生活中占有相当重要的地位。大部分的石镞都是有铤的，剖面有三棱形、圆柱形、菱形和扁平等许多种类，有些是分为锋、身、铤三个部分的，是最进步的形式了。石矛的形状和石镞相似，不过个体大一些罢了，数量也少。另外，骨镞和陶镞在两城镇也是常见的。

---

〔1〕 1936 年的发掘主要是由尹达同志主持的，除遗址部分外，还发掘了 50 余座墓葬，是东方沿海龙山文化的一次很重要的发现，唯发掘报告迄未发表，材料散见于尹达：《中国新石器时代》和梁思永的有关文章中，一部分遗物现存南京博物院。

两城镇陶器的最大特点是黑光陶多和轮制发达。绝大多数的器物，除了一些附件如耳、鼻、足、錾、流等外，其器身都是轮制的。轮制陶器的特点是器身正圆，胎壁厚薄均匀，表里常有湿手抹泥时留下的同心周线，有些陶器的底部还有用绳割离陶轮时留下的螺旋纹。轮制不仅使陶器的生产效率提高，而且使得有可能生产胎壁极薄的精品，在两城镇发现的大量蛋壳黑陶就是这种技术的产物。所谓蛋壳黑陶，是形容其胎壁之薄接近蛋壳，一般是厚0.1厘米左右，陶土经过精洗，常常用以制作豆、杯等类器物。在豆或杯的柄部，有时因怕胎壁太薄而难以支持器身，便在中间再夹一段夹心陶，夹心陶的胎壁也是很薄的。

两城镇的陶系是很复杂的，除蛋壳黑陶以外，还有一般的泥质黑陶和夹砂黑陶，它们的数量占了整个陶器的绝大部分，泥质灰陶和夹砂灰陶则较少，红陶更少。另外还有少许黄陶和白陶，它们主要是作鬶用的。

陶器的器形是比较复杂的，其中炊器主要是鼎和鬶（图四二）。

鼎有罐形和盆形两大类，而以前者为多。大部分的罐形鼎都是在侈口夹砂罐的下部接上三足，只有少数器身是小口直领泥质罐形的。鼎足多为两瓣捏合的鬼脸式者，其次是扁凿式的，其他样式的很少。

陶鬶的数量极多，有黄陶、灰陶和白陶的，更有一些是在黄陶、灰陶之上施以一层白色陶衣的。两城陶鬶的形制虽很复杂，但大体上可分为两类，一类颈部与器身分化比较明显，足多为实锥尖形，也有袋足的，其形状和大汶口类型的比较接近，另一类颈部较粗，和器身没有明显的分界，大部分为大袋足，乳头状足尖，个别才有实足的，其形状和城子崖的别无二致，且数量也最多。

还有一种三足器是陶盉，形近小壶，有一嘴一把，三条实足，大概是一种酒器。

罐类以小口高领的泥质罐为多，常在肩部附一双横耳，大口夹砂罐为数较少。盆、碗和杯也是很多的，杯多有把，小巧精致。豆为浅盘，柄部常有竹节状凸棱，其形状与杭州良渚的黑陶豆颇多相似处。

由于两城镇地处东陲，受河南等地的影响较少，历年的发现又较多，所以成为研究东方沿海区域龙山文化的一处典型遗址。但现在对该处文化的了解多半是在遗物方面，更主要是在陶器方面，而历年发现的陶器中也不是没有早晚之别的。我们看到有一些黑陶片上刻着似云雷纹的花纹，它们和殷代铜器上的花纹颇多相似之处，当是一种晚期遗留。不过就整个两城遗址来说，带着这种花纹的陶片只是极个别的，在没有共生的地层关系发现以前，绝不能因地面捡了几片具有这种花纹的陶片，就把整个两城镇龙山文化的年代拉得很晚。

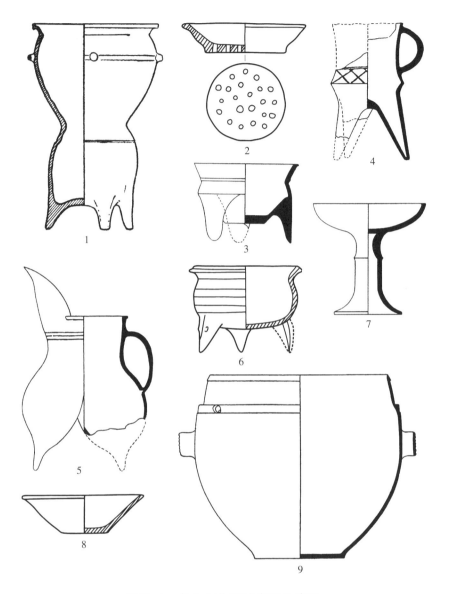

图四二　龙山文化两城类型的陶器

1. 甗　2. 甗箅　3、6. 鼎　4. 爵　5. 鬹　7. 豆　8. 碗　9. 瓮（1、2 为姚官庄，8 为两城镇，余为城子崖）

　　两城镇的墓葬一共发现了 50 多座，都是长方形土坑，有些墓圹边不很清楚。大多数是仰卧伸直葬，也有个别的俯身葬。大部分头向东南，向西的只有 1 座，向南的也非常少见。在这些墓中埋葬的死者成年人和小孩都有，他们的埋葬方式是一样的。

　　部分墓葬有随葬品，主要是陶器，也有生产工具和装饰品。陶器以杯为最多，其次为罐，鼎仅发现一例。这些器物都制作得小巧精致，似非日常生活中实用之器，可能是专门为随葬制造的。两城镇有一座墓葬的随葬器物特别丰富，其中有扁平穿孔玉斧（铲）和绿松石头饰等。要之，从当时墓葬随葬品的差异来看，也可能已有贫富分化的现象。

（四）　两城类型的一般特征及其与大汶口类型的关系

从城子崖和两城镇的情况，结合其他一些重要遗址如潍坊姚官庄等地的发现，我们可以将两城类型的一般特征概括如下。

（1）陶器多黑色和灰黑色，红陶及黄陶甚少，有一部分白陶。

（2）普遍采用轮制，胎壁薄，有的薄如蛋壳，火候高。

（3）一般陶器素面无纹或打磨光滑，只有少数竹节状凸棱、镂孔和刻划纹等。

（4）器形以粗颈袋足鬶、鬼脸式足鼎等为多，直筒形杯多，泥质小口罐多，平底碗多。

（5）石器磨制甚精，棱角显著，以扁平穿孔斧（铲）、半月形或长方形刀、镰、椭圆或矩形斧、锤、凿等为多，手工工具甚为发达。

（6）玉器较多。

（7）卜骨常见，以牛肩胛骨为主。

（8）墓葬以长方形土坑为多，仰卧伸直葬为主，成人小孩埋葬方式相同，随葬品有所差别，并以生产工具随葬。

由于资料仍嫌不足，这些概括自然是不全面的，也许有些还是不正确的，但多少能反映这个类型的一些特点。这些特点一方面表现出与大汶口类型的相同或相似，一方面又表现出不少差异。这种差异，有些可以看成一种发展。例如两个类型的生产工具基本上是相同的，但是两城类型多了半月形与长方形石刀和石镰等；又如陶器大汶口以手制为主而两城以轮制为主，轮制对于手制来说当然是一种进步；又两城已开始有卜骨，占卜之术在其后的殷代是发展到高峰的。我们看到两个类型的分布地域相同，都以山东为中心，南抵苏北，北到辽东半岛，文化内容又有共同的和相异的，这种相异的又多半是相互发展相互衔接的，自然应当把它们看作同一文化发展的两个不同阶段或时期。由于曲阜西夏侯的发掘，已经得到了两个类型的直接地层关系，证明两城类型较大汶口类型为晚[1]。因此两城类型是承袭大汶口类型发展而来的晚期龙山文化。

---

〔1〕　夏鼐：《解放后中国原始社会史的研究》，《历史教学》1963年第4期。

四　中原地区的早期龙山文化——庙底沟第二期文化

（一）遗址的发现与分布

1953 年，中国科学院考古研究所河南调查队在陕县庙底沟发现了一处新石器时代遗址，并于 1956～1957 年进行了发掘，发现有两个不同的文化层，下层是仰韶文化，上层出土陶器以灰色为主，手制，多篮纹，有鬶而无鬲，并有个别的尖底瓶和彩陶，其特征与龙山文化接近，似又有些仰韶文化的遗留，因其晚于同地的仰韶文化（第一期），故称为庙底沟第二期文化。实际上，1921 年发现的渑池仰韶村和 1931 年发现的山西万荣荆村，也都有这样的遗存，只是当时未能辨认出来罢了。就现在所知道的，发现类似于庙底沟第二期文化遗存的地点还有陕西华阴横阵村、华县泉护村、山西平陆盘南村、芮城西王村，河南洛阳王湾、洛宁方村和宜阳仁厚等处，它们分布于陕西渭河流域、晋南和河南西部，适当仰韶文化分布的中心区域。

（二）文化遗迹和墓葬

中原早期龙山文化的建筑遗迹发现尚少，在庙底沟和泉护曾各发现一座房子。庙底沟的房屋是半地穴式的，室呈圆形，坑深 1.24、底径 2.7 米，口略内收。门向东开，迎门有宽 0.56 米的阶梯式门道。房子周围残存 10 个柱洞，均向内微倾。居住面中央偏北也有 1 个柱洞，是立柱以支撑屋顶的。这种房子复原起来，可能是一种有着矮墙和圆锥式屋顶的小茅房。在房子内部，地面和周壁的下部均涂抹一层草泥土和厚约 0.3～0.5 厘米的白灰皮，通常被称为白灰面，可能是为了使地面光洁可居，并有一定的防潮作用。房子西边偏南的墙壁上有一半圆形的壁炉，大约是烧火取暖或保存火种的地方。

泉护的房子是比较大的，房基西部已残，南北达 10 米，平面呈长圆形，地面上也有一层白灰面，其下为草泥土。墙壁残高约 6 厘米，壁面涂朱，其他结构因残破太甚，已无法知道了。

在庙底沟和万荣荆村均发现了当时的陶窑，两处陶窑的结构基本上是一样的。庙底沟的陶窑是由火膛、火道和窑室等部构成的，火膛较深，火口甚小。由火膛引出 3 股主火道，再由主火道分出 5 股支火道以进入窑室。窑室略呈圆形，直径不到 1 米，底有窑箅，有 25 个火眼与火道相通。这样的结构可能使热力得到较充分地利用，并使窑室受热比较均匀。窑壁残高 48 厘米，向内屈曲，以便在煅烧后封窑。我们知道陶色的变化，与煅烧时空气的流通程度与温度高低很有关系，一般在高温下，饮窑密封而隔氧，便会促使陶土中的氧化铁还原，转变为四氧化三铁（Fe_3O_4，即 $Fe_2O_3 \cdot FeO$），从而使陶质呈灰色。庙底沟的灰色陶器占90%以上，与上述陶窑的结构是不无关系的（图四三）。

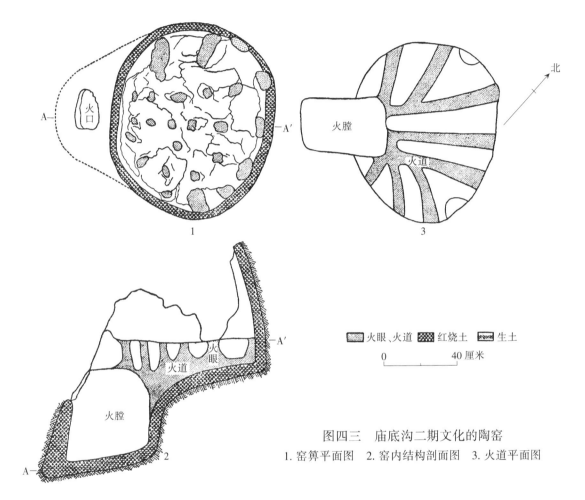

图四三　庙底沟二期文化的陶窑
1. 窑箅平面图　2. 窑内结构剖面图　3. 火道平面图

　　在庙底沟曾发现100多座墓葬，大部分排列比较整齐，均为长方形土坑，单人葬，仰卧伸直，头部朝南。绝大部分都缺乏随葬品，仅有两座墓葬中随葬了红衣陶杯，这种红衣陶杯乃是早期龙山文化所特有的。

（三）文化遗物

　　中原早期龙山文化的遗物可以庙底沟和王湾两处为代表。庙底沟的陶器以夹砂粗灰陶为最多，泥质灰陶次之，细泥红陶与黑陶均极少见。前两者的陶色从灰褐到灰黑色均有，并且往往在同一器物上显示出这种差别，很可能是由于烧窑时火候掌握不均所致。

制法以泥条盘筑为主，口缘多经慢轮修整，罐类器许多还采用接底的方法，即在制坯时分别塑成器底和筒身，然后捏合在一起。一般陶器胎壁甚厚，陶质坚硬，作风粗犷。纹饰以横行篮纹或斜行篮纹为多，绳纹和方格纹都很少见，附加堆纹很是发达，常在罐类器物之外绕成数周。彩绘仅见于个别泥质罐上，彩为黑色，成带状网格，同仰韶文化秦王寨类型的带状网格纹颇为接近，只是更稀朗潦草了。另外还有个别的彩陶杯和涂朱的灰陶杯等。

陶器形制较仰韶文化丰富，产生了一些新的器形如鬶等。鬶的上身多呈釜形或罐形，外饰篮纹，为夹砂灰陶质。泉护有一种上身呈敛口盆形的鬶，并有一小嘴，也是夹砂灰陶。鼎的数量很多，多为圜底罐形，也有盆形的，外饰篮纹或者素面无纹，并常有一对鸡冠耳。鼎足多扁凿形，并常在外面附加一条竖行的堆纹。鬶和鼎看来已是当时主要的炊器，仰韶时期所常见的釜和灶已基本上被淘汰了，在庙底沟只发现了一件圜底罐形的釜和两件筒形灶，灶的上部有四个出烟孔，近底有一灶门，和仰韶文化的釜灶已全然不同。

庙底沟的陶罐多为直筒形，外饰横行或斜行篮纹及数圈附加堆纹，因为数量极多，成为这一类型的一个突出的特色。庙底沟还发现了小口尖底瓶，泥质灰陶，口沿外别，广肩，肩腹交界折角明显，底部短钝，角度甚大，外部饰斜行篮纹，与仰韶文化的尖底瓶有所不同，但可看出是由它们发展而来的。

盆类器多直壁微敞，碗亦多敞口者，此外还有镂孔高柄豆和小杯等（图四四、图四五）。

庙底沟石器以磨制为主，打制石器仅限于两端缺口的石刀一种。石器种类有斧、锛、刀、镞和研磨器等，也有环、璜等装饰品。斧多为剖面矩形的，很是厚重。刀多为长方穿孔和两端缺口的，数目颇多，说明农业比较发达。骨器以镞为多，还有锥、笄、针、匕和梳形器等。蚌器有刀和镞等，但为数极少。

王湾发现的陶器和庙底沟比较起来有一致的地方，也表现出一些差别。其质地多泥质灰陶和夹砂灰陶，颜色较庙底沟为深，也有一部分黑陶和个别红陶（彩陶）。制法多模制和手制，胎壁较薄。纹饰亦以横行或斜行的篮纹为主，绳纹是极稀少的。炊器有鼎而无鬶，更没有釜灶。罐近于直筒形而腹部微鼓，且很少有数圈附加堆纹的。豆类特别发达，浅盘而外敞，柄部甚高，大多数镂孔。

石器和庙底沟的基本相同，但是王湾有石铲。庙底沟曾发现双齿木耒的痕迹，王湾灰坑壁上则多铲痕。

我们发现，与庙底沟相同的遗存现在只见于陕西、山西西南和河南西部，包

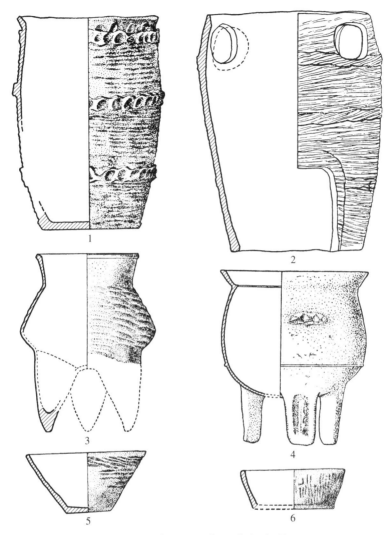

图四四 庙底沟二期文化的陶器
1. 灰陶罐 2. 灶 3. 斝 4. 鼎 5. 碗 6. 钵

括华县泉护村和华阴横阵村等处，山西芮城西王村也属这一类。和王湾相同的只见于河南伊洛河流域一带，包括洛宁方村和宜阳仁厚等处，山西南部的盘南村，也有许多因素接近王湾。看来，在中原龙山文化的早期，河南和陕西（包括豫西一部分地区）就已出现了若干地方差异。

（四）同仰韶文化的关系

中原早期龙山文化同仰韶文化有不少相近之点，特别是同仰韶文化晚期诸类型有不少相近之点。例如石器中仍有一部分打制，并且还有一些缺口石刀。陶器以手制为主，大量出现的横篮纹和附加堆纹是仰韶文化的庙底沟类型和秦王寨类

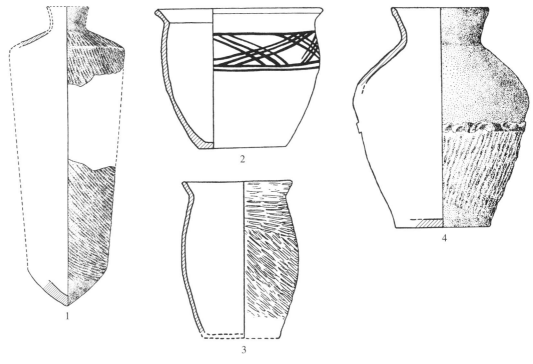

图四五　庙底沟二期文化的陶器
1. 灰陶尖底瓶　2. 彩陶罐　3、4. 灰陶罐

型中已有萌芽的。尖底瓶、灶、釜、鼎、豆和彩陶罐等都是仰韶文化时期大量流行而于此时只保留了其残余并在形态上发生了一些变化的。但是这时也出现了一些新的东西，如陶器中的斝，是仰韶文化中不见的；又在万荣荆村和华县泉护村均发现了当时的陶祖，它是男性生殖崇拜的象征，是在仰韶文化中所绝未见到的。

　　其次，在庙底沟、王湾、泉护、横阵等地都发现早期龙山文化叠压于仰韶文化庙底沟类型或秦王寨类型之上，绝没有一个相反的例子。我们知道秦王寨类型乃是仰韶文化在河南地区最晚的一个类型，这就不容置辩地证明了中原早期龙山文化晚于仰韶文化。

　　再次，中原早期龙山文化的分布区域是陕西关中、晋南和河南西部，亦即仰韶文化分布的中心区域。

　　既然两者有同样的分布区域，而早期龙山文化又晚于仰韶文化，在文化内容上又有诸多类同、承袭与发展的迹象，因而我们认为中原早期龙山文化就是由仰韶文化发展而来的，它们只不过是一个文化系统的两个不同的发展阶段而已。

五　中原晚期龙山文化之一——河南龙山文化

（一）河南龙山文化的一般特征

中原晚期龙山文化和早期不同的地方，主要表现在石器的磨制更精，陶器轮制逐渐普遍，器形更加复杂而多样化，这说明生产力有了提高，从而在物质文化方面也有了变化。在精神文化方面，卜骨的出现是一个显著的事实。至于在其他方面，或者是变化不大，或者是有所变化而至今尚不十分清楚。

我们通常把中原地区的晚期龙山文化分为两大区域，称为河南龙山文化和陕西龙山文化。河南龙山文化的分布区域包括河南、河北、山西南部和安徽北部等处，陕西龙山文化主要分布于渭水流域，山西西南也有一部分遗存。

河南龙山文化的特点是圆形的白灰面房屋比较普遍，陶器多灰陶，轮制和模制同样发达，拍印纹饰尤其是方格纹和篮纹比较流行，多鬲、斝而少鬶，鼎亦远不及山东之多，小口高领瓮和双腹盆等也是普遍而富有特征的器形。以往当梁思永先生对龙山文化进行最初的分区时所称的豫北区龙山文化〔1〕，和后来尹达在《中国新石器时代》一书中所称的龙山文化辛村期〔2〕，都是指这些遗存。河南龙山文化一名是安志敏在《中国新石器时代的物质文化》一文中提出来的〔3〕，不过分布地区已远远超过了河南一省的范围。

河南龙山文化分布范围比较大，各地文化面貌并不完全一样，例如河南北部和西部就不大一致，河南东部和南部又有差别。很难用某一处文化遗存作为整个区域的代表，我们将分区予以介绍。

（二）河南北部

河南龙山文化的被认识首先是从豫北开始的，在 20 世纪 30 年代初便有一系列重要发现，如安阳小屯、高楼庄后冈、侯家庄高井台子、秋口同乐寨，浚县大赉店、辛村、刘庄等处，其中除小屯和辛村外，都是叠压在仰韶文化层之上的。特别是后冈和大赉店的发掘，在解决仰韶文化和龙山文化的年代关系方面和认识河南龙山文化的性质方面都是很重要的两次工作。

---

〔1〕　梁思永：《龙山文化——中国文明的史前期之一》，《梁思永考古论文集》，科学出版社，1959 年，149 页。

〔2〕　尹达：《中国新石器时代》，生活·读书·新知三联书店，1955 年，49 页。

〔3〕　安志敏：《中国新石器时代的物质文化》，《文物参考资料》1956 年第 8 期，44 页。

后冈在安阳西北约 3 千米高楼庄以北的土岗上，北临洹河。岗略作不规则的长圆形，坡度极缓。梁思永等曾于 1931～1934 年先后发掘过四次，1958 年中国科学院考古研究所安阳发掘队又在该处进行了一次发掘，总计揭露面积已在 1000 平方米以上。该处文化层显然可以分为三层，上层以浅灰色土为主，出灰色绳纹陶片、雷纹白陶片、釉陶片、带有钻凿的卜骨和卜甲，以及铜锈等遗物，是殷代遗存；下层以深灰色土为主，出大量红陶，部分有彩绘，器形有圜底钵、鼎、小口瓶等，是仰韶文化遗存；中层土色发绿，以灰黑陶为主，显然具有龙山文化的特征，分布于整个遗址之上。由此知道龙山文化在这里是早于殷代而晚于仰韶文化的一种新石器时代遗存，关于这一点，梁思永在其《小屯龙山与仰韶》一文中已经明确提出[1]，而尹达在《龙山文化与仰韶文化之分析》一文中更有充分的论述[2]。

在后冈首次发现了龙山文化的房屋遗迹，地面呈圆形，直径约 4 米，由西北向东南略有倾斜。它的表面是一层厚约 0.4 厘米的白灰皮，质坚而脆，通常被称为白灰面。在白灰面下面有一层厚约 10 厘米的草泥土。大约在建筑房子的时候，先是在地面筑一层草泥土，然后才敷上灰皮的。居住面的中央，有一直径约 1 米的黑土面，当是火塘所在。白灰面的边缘有直立的墙壁痕迹，但其厚度和高度都已无从知晓。这种白灰面建筑在后冈一共发现 8 处，有几处还是层层相叠的，就是说在这里曾经有过多次的重建。起初梁思永以为它是一种宗教迷信的建筑[3]，但是后来的事实表明把它解释为一般的住房更为合理[4]。

后冈发现的陶器多为灰色和黑色的，纹饰有绳纹、篮纹、方格纹、划纹、弦纹和压纹等，显然，这与东方沿海晚期龙山文化以素面和磨光为主的素朴雅致风格有所不同。陶器器形发现有鬲、甗、鼎足、甗箅、夹砂罐、篮纹瓮片和鬶把等，和东方沿海区不同的是鬲较多而鬶极少、鼎也甚少。

石器发现较少，有斧、锛、镞等；骨器有凿、镞、鱼镖等；还有卜骨的发现。

浚县大赉店的情形和后冈非常相像。遗址西濒淇水，也是一处略微高出于周围地面的土岗，面积甚大。当 1932 年春季发掘该地时，曾清理出和后冈完全相同

---

〔1〕　梁思永：《小屯龙山与仰韶》，《梁思永考古论文集》，科学出版社，1959 年，91～98 页。

〔2〕　尹达：《龙山文化与仰韶文化之分析》，《中国新石器时代》，生活·读书·新知三联书店，1955 年，83～119 页。

〔3〕　梁思永：《龙山文化——中国文明的史前期之一》，《梁思永考古论文集》，科学出版社，1959 年，104 页。

〔4〕　梁思永：《龙山文化——中国文明的史前期之一》，《梁思永考古论文集》，科学出版社，1959 年，147 页。

的"白灰面"房屋遗迹 2 处，同时在遗址东半路沟的断崖上暴露了十几处，看来这里在当时是一个不小的村落。在"白灰面"附近还发现一袋形窖穴，口径 1.7、底径 2、深约 1 米。这种窖穴，在龙山文化中原是非常普遍的。

陶器也和后冈相像，器形有鬲、甗、罍、鼎、篮纹瓮、方格纹夹砂罐、豆、盘、碗、筒形杯和单把杯等，这些差不多包括了全部河南龙山文化的主要器形。石器有斧（剖面椭圆的和扁平穿孔的）和长方形石刀等。骨角器有锥、匕、笄等。蚌器有刀和镰等。出土卜骨 1 块，只见灼痕，并无其他修治痕迹。

除后冈和大赉店外，安阳高井台子，同乐寨和浚县刘庄等处只做过调查或试掘。中华人民共和国成立以后通过多次调查，在豫北又陆续发现了不少龙山文化遗址，如安阳大寒南岗、东瓦亭、晁家村、蒋台屯、东流台、沿村台、陶家营、郭村西南台、西瓦店、范家庄、柴库、南士旺西寨，汤阴李家坟，辉县丰城村、峪河镇，获嘉三位营、王官营、大新庄、修武郁封，浚县凤凰台、鹿台，新乡鲁堡村，等等。它们遍布于黄河北岸的广大平原上，几乎每县都有，其中李家坟、大寒南岗、柴库等处均有叠压仰韶文化层的地层关系。各处龙山文化的面貌，都不越出后冈与大赉店的范围。

（三）　河南东部

豫东的晚期龙山文化遗存发现较少，到现在为止，经过发掘的遗址只有永城造律台、黑堌堆和曹桥 3 处，调查的有项城高寺集等处。

造律台遗址位于浍河北岸，是一个南北长 75、东西宽 46、高 7.3 米的土台子，有极丰富的龙山文化遗存。在这里发掘到两个椭圆形窖穴及厚约 0.4 米的螺蛳、蚌壳堆积，这种堆积，在豫东和安徽北部的一些遗址中是常见的。

造律台出土陶器有鼎、鬲、甗、甑、鬶等炊器，盘、豆、碗等饮食器，还有盆、罐等盛储器。纹饰以绳纹为多，次为篮纹、方格纹等。制法是轮制与模制兼用。从这些特点看来，它和后冈、大赉店等豫北龙山文化是很接近的。

在谈到豫东的龙山文化时，应当把安徽北部的龙山遗存包括在内，把它们当作一个整体来看待。这一地区的遗址有寿县魏家郢子、江黄城、刘备城，灵璧蒋庙村，临泉老丘堆，亳县钓鱼台等多处。这些遗址的特点多半是位于孤立的小土台上，高一两米至十余米不等，面积一般较小，常有很厚的螺蛳壳堆积，这与当地河流较多，且易泛滥的自然环境有关。出土陶器中有鼎、鬶、方格纹和篮纹罐、碗和豆等，风格和豫东龙山遗存几乎完全相同。在蒋庙村还曾发现白灰面遗迹。

要之，豫东和皖北的遗址，总的面貌应属河南龙山文化范围，而与山东龙山文化相去较远。

（四）河南中部

在河南中部近年来做了不少工作，其中主要是郑州各遗址的发掘，如1952～1953年二里岗的发掘，1954年牛砦的发掘和1956～1957年旭旯王的发掘等，另外在齐礼阎、七里河、西沙口、十里铺、北陈武砦等地也发现了龙山文化遗址，其分布是比较密集的。

牛砦和旭旯王都在郑州西郊，相距不到2千米，均介于贾鲁河与金水河之间，地势较市区略高。据初步探测，牛砦遗址面积约5000平方米，而旭旯王约为20000平方米。两处虽都为晚期龙山文化遗存，但在一些特征上还是不完全相同的。

牛砦的陶器颜色有黑、灰、红、褐四种，以灰色为多。纹饰以方格纹为最多，次为篮纹和绳纹等，而素面无纹和打磨光滑的还占40%以上。器形有鼎、甑、甗（或鬲？）、罐、瓮、豆、盂、鬶、盘、盆、碗、杯等。除有一部分夹砂罐外部附着经火烧过的烟痕和泥块，是一种炊器外，主要的炊器就算鼎了。鼎足多为侧装扁足式的，多圜底或近似圜底，腹壁外鼓或近于直腹。鬶、盂、甗（鬲）等仅得残片，而未见斝。夹砂罐大多饰方格纹，甚多，小口篮纹瓮则仅见残片。

旭旯王出土陶器有泥质黑陶、泥质灰陶和夹砂灰陶，总的颜色较牛砦为深，陶质较硬，表明火候较高。纹饰仍以方格纹居多，篮纹、绳纹次之。器形有斝、甗、鬶、甑、鼎、罐、瓮、双腹盆、钵、杯、豆、盘、澄滤器和器盖等。斝的数量较多，可能是主要的炊器，其上部折腹，为泥质黑陶，打磨光滑，足部为细砂陶，有的素面无纹，有的饰绳纹和方格纹。鼎仅得一足，鬲、甑等也较少。鬶呈灰色或红色，泥质，把较短而流平，与山东两城类型者不同。罐和瓮都很多，罐多夹砂，饰方格纹或绳纹，瓮小口广肩，多有双耳，饰篮纹。有一种盆形陶器，内部刻划着许多整齐的凹槽，口部有一不甚显著的流，据推测那些凹槽可能是淘洗粮食时澄滤沙子的，因而称为澄滤器。看来，旭旯王的陶器在类型上较牛砦要复杂一些。

两地石、骨、蚌器也有一些不同。牛砦的石器有铲、斧、凿、镰、刀、镞和砺石等。铲多为上端略窄的扁平长方式，也有较短的一种。石刀多单孔半月式，长方形刀较少。镰仅一残段，刃经使用而变凹。骨器有镞、锥、凿等。蚌器有刻齿或不刻齿的镰和穿孔刀等。

旭旯王石器有铲、刀、凿、镞等，铲亦多为上部略窄的扁平长方式者，刀仅一长方形残器，镞为三棱锋、圆身和圆铤者。骨器有凿、镞、笄等，蚌器有镰和刀，均不刻齿。这里没有发现半月式石刀，也没有发现石镰。

牛砦和旭旯王的差别，一部分可能是由于发掘面积较小而必然遇见的一种片面现象，正如同一遗址同一地层在不同探沟中的出土物也会有差别一样。但如在陶器的质地和某些器形上的差异等，还是一种值得注意的现象。它们说明即使同属于龙山晚期，也还有更精确地分期的可能。只是现在尚无何直接证据，不足以使我们判定两者孰早孰晚罢了。

关于郑州其他遗址的文化内涵，现在尚未做出仔细的研究，是否都能归于上述两类也还不能确定。不过就二里岗的出土物而言，似乎和两者都不完全一样，但是比较接近于旭奋王而已。

在河南中部，除郑州外，在舞阳、长葛、漯河、潢川、南召、上蔡等县也都发现了龙山文化或近似龙山文化的遗存，可见龙山文化的居民在这一带也曾有过广泛的分布。

（五）河南西部

豫西的龙山遗存是很多的，首先被发现的是渑池仰韶村和不召寨，不过发现者当初没有将它从仰韶文化中区分开来。中华人民共和国成立以后，先后在洛阳、陕县、灵宝和伊洛两岸各县发现了大量龙山文化遗址，其中尤以洛阳和陕县三门峡黄河水库工地的发掘规模最大。

从前安特生曾以仰韶村和不召寨的发现而将其笼统地定名为仰韶文化，他注意到不召寨没有彩陶，便主观地认定它早于有彩陶的仰韶村。实际上他在不召寨发现的陶鬲、鬹、方格纹罐、双腹盆、黑陶杯和篮纹瓮等，无不都是龙山文化的典型遗物，这从安特生几次发表的材料和1951年中国科学院考古研究所调查的情况都被确实地证实了。

仰韶村的情形比较复杂，早在1937年尹达在其《龙山文化与仰韶文化之分析》一文中就曾指出："仰韶村遗址中实含有龙山和仰韶两种文化遗存"，"安特生所谓仰韶文化实杂有龙山文化遗物，应加以分别，不得混为一谈"[1]。从现有的知识来看，过去所发表的仰韶村的材料，只有很少一部分属于仰韶文化的庙底沟类型，一部分带状网纹化的彩陶等则属于仰韶文化的秦王寨类型，其他绝大部分均属龙山文化遗物。在这些龙山文化遗物中，一种折肩钝底并饰篮纹的小口尖底瓶、红彩陶杯、饰疏朗之带状网格彩纹的盆等是早期龙山文化遗物。其余多与不召寨遗物相同，是典型的河南龙山文化，亦即中原地区的晚期龙山文化。安特生竟然将这么复杂的内容视为同一时期之物，其工作之草率与立论之不科学可想而知。

现在我们对于豫西的龙山文化，有陕县和洛阳大面积发掘中所发现的明确层

---

〔1〕　尹达：《龙山文化与仰韶文化之分析》，《中国新石器时代》，生活·读书·新知三联书店，1955年，118页。

位关系作为依据，还有大批的试掘和普查材料作为比照，可以得到比较确切的认识了。

　　洛阳的龙山文化遗址甚多，在东干沟、西干沟、小屯的涧河两岸、孙旗屯和王湾等处都经过发掘，各处的文化性质基本上是相同的。王湾的龙山遗存包含着早晚两大时期，早期已在前节述及。晚期的遗迹主要发现了大量的灰坑，多数是口小底大的袋形窖穴，有些窖穴的周壁遗留有宽约12厘米的石铲痕迹，有些在壁上更敷有一层厚约1厘米的细泥或草拌泥，这种做法在一定程度上可以防止水分的渗透，保持窖内有较干燥的环境。这一发现同时也更加证明了袋形灰坑的用途之一便是储藏什物或粮食用的窖穴。

　　王湾晚期龙山文化的陶器和豫中地区的比较接近，以灰黑色陶器为大宗，轮制和模制均很发达，纹饰以方格纹为最多，篮纹次之，绳纹又次之。一般说泥质陶表面多磨光或饰篮纹，而夹砂陶多饰方格纹。器壁较薄而坚，火候甚高。炊器以夹砂罐为多，斝和甗有一定的数量，而鬲、甗、鼎、鬶等均极少见。鬶有两种，一种是三袋足的，另一种是平底下附三个泥突（矮足），个体甚小。还有残盉、大口单把杯等，大概都是些酒器。这里出土大量的双腹盆，这在豫中、豫北等地都是很少见的。小口篮纹瓮也很多，有的容积极大，几乎可容一石（图四六）。

　　王湾的石器有铲、刀、镰、斧、锛、凿、镞、矛、砺石和纺轮等多种，它们几乎全部都是通体磨光的，个别磨制不精的则多属半成品。这和同地仰韶文化和早期龙山文化石器的制作情况是一个明显的对比（图四七）。

　　石铲都是扁薄的，刃部较窄，一般在10厘米左右。有的呈上端略窄的长方形（微呈梯形），有的上端更形成很窄的双肩，称为有肩石铲。石刀均为长方形，背穿一孔。石镰数量较少，个别的也有在柄端穿孔的。石镞有好几种形式，但以三棱锋、圆身和圆铤的较多，骨镞的情况也是如此。王湾的骨器和蚌器较少，前者有锥、镞等，后者有刀和镰等。在各种工具的比例上，农具是较多的，其次是手工工具，而渔猎工具甚少，因此说明了农业经济占有主导的地位。

　　在豫西经过发掘的另一重要遗址是陕县三里桥。该遗址位于青龙涧北岸，和仰韶文化遗存交错地相叠着。1957年春季和秋季曾于此进行两个季度的发掘，发现了属于龙山晚期的窑址、灰坑和一座墓葬，并有许多文化遗物出土。

　　陶窑发现一座，由火膛、火道和窑室三部分构成。火膛呈袋形，深入地下，火道由斜坡自火膛伸向窑室。室略呈圆形，直径1.3米。其底部即为由平行的4股火道及其间的隔梁构成的假箅子。窑壁略往内收，顶部残毁。这种结构和郑州旭旮王的陶窑是相同的。

　　龙山灰坑发现103个，其中圆形54个，椭圆形49个，袋形灰坑甚少，一般较

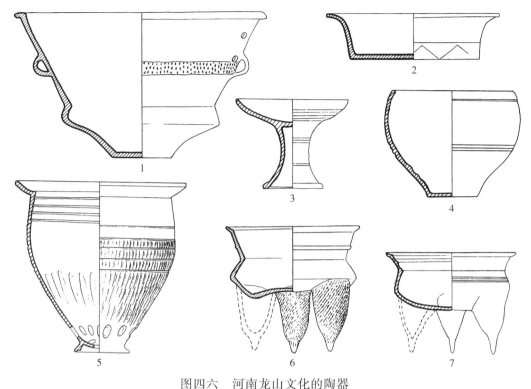

图四六　河南龙山文化的陶器
1. 双腹盆　2. 平底盆　3. 豆　4. 深腹盆　5. 甑　6、7. 鬶（均为洛阳王湾）

仰韶灰坑修理较为工整。

三里桥的陶器和洛阳等地大体上是相同的，但也存在一些差别。轮制陶器的比例较少，约只占五分之一，大部分是泥条盘筑的。纹饰以绳纹最多，约占二分之一，篮纹次之，占五分之一，方格纹甚少。这一点同豫北、冀南等地倒是比较相近。

陶器的种类同洛阳地区大同小异。鬲特别多，其中大部分是侈口高裆并有一个把手，个别的没有把手而有两个鸡冠耳。有些鬲用现成的鬲足作为内模，是以在袋足里面留下了清晰的反绳纹。鬶的数量较少，多夹砂灰陶质，上部呈圜底大口罐形，全身满饰绳纹，和洛阳、郑州等地所出者很不相同。

双腹盆数量多，带把大口杯也不少，这都和洛阳地区相同。鬶分为平底与袋足两型，与洛阳王湾也别无二致。但瓮、罐类和洛阳地区有较大的差别，三里桥罐多饰绳纹，腹较瘦，颈较圆缓；瓮腹亦较瘦，小口广肩鼓腹者甚少。就全部陶器比较起来，三里桥和渑池不召寨倒是相近的。

在三里桥没有发现石铲，但是发现了6件用猪下颌骨和1件用盆骨做成的骨铲，这在龙山文化中是不多见的。

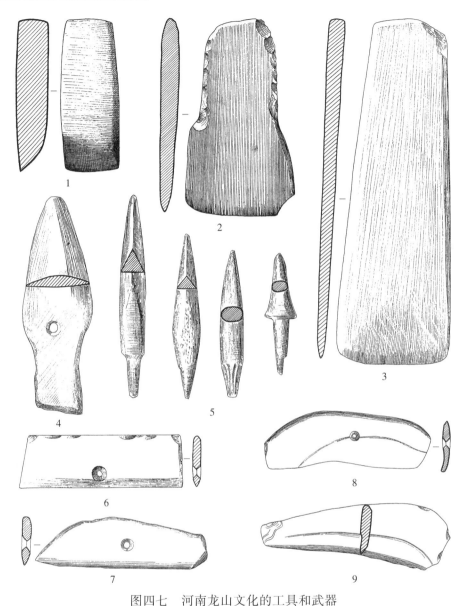

图四七　河南龙山文化的工具和武器

1. 石锛　2、3. 石铲　4. 石矛　5. 骨镞　6. 石刀　7. 石镰　8. 蚌刀　9. 蚌镰（均为洛阳王湾）

　　洛阳王湾与陕县三里桥的差别，反映了豫西偏东与偏西两个区域的许多遗址的一般情形。在偏东的伊河和洛河流域，1949 年以后曾由洛阳专区文物管理委员会、河南省文物工作队、中国科学院考古研究所及其在洛阳的考古工作站和北京大学历史系等单位做过多次调查，不过在这些地方的新石器时代遗址以仰韶文化为多，龙山文化，尤其是晚期龙山文化的遗址是比较少的。其中主要的有偃师灰咀、高崖和洛宁禄地、西王等处。从这些遗址发现的遗物观察，都和王湾的几乎完全相同，例如方格纹陶罐特多，鬲极少，陶质一般较精、轮制比例较大等。而在偏西的一些遗址，如陕县七里铺、灵宝城东寨等处，均曾经过试掘。其陶器纹饰以绳纹为主，方格纹很少，鬲多，陶质不及洛阳地区精致，轮制比例甚小等，其面貌又与三里桥完全相同。但在两群遗址之间并无截然的分界，在地理位置上介乎两者之间的渑池仰韶村、不召寨和新安暖泉沟等处，其文化面貌也恰在两者之间，有些和洛阳较为接近，有些又和三里桥更加密切。

在灵宝城东寨的调查和试掘中，曾经发现了大量的房屋遗迹。其中经过发掘清理的一座（F5）呈方形，东西宽 3.25 米，北端稍残，地面是质地坚硬光滑的白灰面，四周向上卷曲，中部有火塘。类似的白灰面房屋遗迹在该处断崖上共发现19 处之多，都是方形或长方形的，它们顺着黄河南岸，东西伸展达 2.5 千米。在这个范围内，还有很是稠密的灰坑和灰层暴露，可以想见这是一处非常大的村落遗址。

在豫西发现的龙山房屋遗迹，除城东寨外，在偃师灰咀也发现了一座。室呈长方形，地面为红烧土做成。这两处的房屋都是方形，而豫北多为圆形者，这是一种地区的差别。

（六）河南南部

河南南部在 1949 年前新石器考古还是一个空白。1949 年以后陆续有多处遗址发现，尤其是信阳三里店和阳山的发掘，使我们确知龙山文化的分布已远及豫鄂边界。三里店和阳山两处新石器遗址是有早晚的地层关系的，早期的可能属仰韶晚期，有少量的彩陶和高足杯等，晚期的即龙山文化。主要遗物有鼎、豆、杯、罐等，其特点是交叉篮纹发达，绳纹少见，方格纹几乎不见。多鼎而无鬲，罐形器往往为平底，并稍向内凹。同样性质的遗存也还见于湖北西北部的郧县大寺等处，它们是属于一个文化区的。

（七）河北南部

河北南部的龙山文化遗址已发现磁县讲武城、界段营、下潘汪，临城南三岐，永年台口、小油村、娄里村，武安赵窑、南峭河、北峭河，邯郸涧沟、龟台寺，邢台青介，石家庄北杜等处。涧沟和龟台两处遗址曾于 1957 年进行发掘，其重要的结果之一就是在当地找到了龙山文化分期的线索。

涧沟和龟台都在邯郸城西沁河左岸，相距约 2 千米许。涧沟遗址面积较大，在东西 1.5、南北约 2 千米的范围内，断断续续都有文化层分布着。根据对遗物的初步整理，可将它们分为三类：第一类出陶鬲、斝而不出鼎鬶，有大量的陶瓶、罐、瓮等常有一对竖耳，双腹盆腹壁外凸，多圈足盘而少豆，等等。第二类出陶鼎、鬶而不出鬲、斝，双耳瓶、罐等也较少，绳纹夹砂罐、深腹盆和豆较多，双腹盆和圈足盘少见或不见，等等。第三类出单把鬲、豆、方格纹罐等。上述第一、二类在涧沟是主要的遗存，第三类只有极少的堆积，但是它们是分别叠压或打破前两类遗存的，时期当属最晚。第一、二类较为接近，如纹饰中以篮纹和绳纹为多，方格纹极少见，并甚浅，红褐陶较多，陶胎壁较厚，一部分黑陶上涂朱或朱、黄色复彩，等等。第三类则方格纹较多，红褐陶几不见，陶胎壁较薄，火候较高，无涂彩陶片发现。

龟台的龙山遗存比较单纯，均与涧沟第三类遗存相同。该处遗址甚小，整个台顶面积不过3000余平方米，而龙山遗存仅见于其东、北部分。但出土遗物还是相当丰富的。其中陶鬲甚多，鬶、斝只见个别残片，小口双耳篮纹瓮和夹砂绳纹或方格纹罐占了最大的比例。多豆、圈足盘和直筒杯等，但是未见双腹盆。其文化面貌和河南安阳后冈、永城造律台、郑州二里岗和旭奋王等地十分相近。

涧沟的发掘面积较大，当时曾发现一些很值得注意的现象。首先在遗迹方面，这里完全缺乏一般龙山文化中所常有的袋形灰坑，房屋是不规则形的半地穴式，也不同于河南的白灰面居址。曾经发现了5口圆形竖井，直径均在2米以内，深2~7米不等，在3个竖井的底部发现了大量的汲水瓶，其余2个埋有人骨。在分布上，它们均与陶窑接近，有2个还与人工的水沟相连。是否仅与烧陶有关，或者更有其他用途，现在尚不能确定。

其次，在涧沟曾发现好几处乱葬坑，其中有·坑（H18）直径约1.8米，深约0.6米。在一层红烧土覆盖之下发现10副人骨相互枕压，有些头骨有被砸伤的痕迹。其年龄、性别分别为35~40男、30±男、30±男、25~30男、18~25男、30~35女，30±女（？），以及4~5、6~8、8~10岁的3个小孩。另一圆形竖井中共埋五层人骨，有的身首异处，骨架凌乱。这些究系一种葬俗，或者因不同的致死原因而采取了这种埋葬方式，都是值得探讨的问题。

最后在涧沟的一座房子中央的灰堆附近发现了3个人头盖骨，另一锅底形灰坑（可能也是一座房子）也发现同样的3个头盖骨。每一头盖骨的前后缘均有明显的刀砍痕迹（自然是石刀的砍砸痕迹），有一个青年女性的头盖中缝有自前至后的一条剥皮遗痕。这些头盖的用途姑且不论，至少在陶器制造已如此发达的龙山文化时期不会因缺乏容器而有什么必要性去利用人头盖骨。问题在这些头盖被砍下的人生前究竟是些什么人？他们又是因为什么原因而被砍头剥皮的？在探讨这些问题时有两点情况须当注意，一是这些头盖骨均代表着青年或壮年的男女个体，另一是这些头盖骨有大大超过寻常人头盖骨的厚度，显示其发育有异常的情况。把这两点联系起来看，也许可以大胆地认为他们不是普通的氏族成员，或者竟是外族的俘虏和氏族奴隶也未可知。

（八）河北北部和北京地区

河北北部和北京地区的龙山文化遗存和河北南部比较接近，而与东方沿海的龙山文化相去较远。在这个地区发现的龙山文化遗址有唐山大城山，北京昌平雪山村和张家口的庄窠村、高家营子、高家屯等多处，大城山和雪山村都曾经过发掘。

大城山遗址是位于唐山市北陡河西岸一处高约 75 米的山顶和坡地上。出土生产工具有长方形石铲、长方形石刀和蚌刀、石矛、石镞和骨镞、鱼镖、鱼钩、石斧、石锛和石凿等，看来农业和渔猎在经济生活中占有重要的地位。居住遗迹发现有残破的"白灰面"、土沟和铺石的地面等。

陶器以泥质灰陶和夹砂灰陶为最多，次为泥质黑陶，红陶和白陶都极少。陶器制法主要是轮制和模制，个别小型器皿是手捏的。纹饰以绳纹为最多，篮纹次之，方格纹极少，也有个别的斜行篦纹。鬲足不少，还有甗、残盉和鬶等。罐多为夹砂陶，饰绳纹，也有泥质黑陶小口罐和泥质篮纹瓮等。还有深腹盆、圈足盘、豆和碗等。

雪山龙山文化遗存的性质和大城山是很相像的，其陶器的制法和纹饰是一致的。在器形上，多鬲和甗而少斝、鼎，除大城山所见的一般器物外，还有双腹盆和大量小杯等。

由于这个地区处于燕山山脉的南麓，其北与蒙古高原交界，很容易和那里的细石器文化发生关系。在大城山和雪山村都曾发现过一些细石器，大城山甚至还有个别的篦纹陶器。同样在张家口市发现的许多龙山文化遗址也以共存细石器为其特征。这些都说明了当时处于边陲的龙山居民是曾经和细石器文化的人们有过往来的。

六　中原晚期龙山文化之二
——陕西龙山文化（客省庄二期文化）

（一）遗址的发现与分布

1951 年，中国科学院考古研究所陕西调查队于西安客省庄发现并试掘了一处新石器时代遗址，1955～1957 年进行了发掘，发现在仰韶文化层上面和西周层的下面还有一种文化遗存，其陶器以红褐陶和不纯正的灰陶为主，多用泥条盘筑法制造，多饰绳纹和篮纹，器形以鬲、高腰斝、绳纹罐和双耳罐等为多，除在若干方面接近河南龙山文化外，也有一些因素接近于齐家文化，并具有一定的独特风格，故称为客省庄第二期文化（客省庄第一期为仰韶文化）。

现在发现的与客省庄二期文化同类的遗址已逐渐多了，在西安附近有斗门镇、洛水村、镐京观、阿底村等处。其他地方则有岐山双庵、王家咀子，凤翔纸坊，兴平张耳村，扶风三人，武功浒西庄，华阴横阵村，华县泉护村等处。西至邠县、宝鸡甚至甘肃天水等地也有其遗存分布，但不论从 1951 ～ 1953 年的调查或 1959 年的普查所得到的结果来看，龙山文化遗址比起当地仰韶文化来说要少得多，遗址的平均面积也小得多。例如 1951 年和 1953 年在西安附近的调查发现仰韶遗址 21 处，龙山文化遗址只有 6 处[1]；1957 年在西安浐河、灞河沿岸的调查发现了仰韶文化遗址 28 处，龙山文化遗址只有 13 处[2]；1959 年在渭水流域普查发现仰韶遗址 82 处，龙山文化只有 23 处，面积则 2000 ～ 50000 平方米不等[3]。仰韶遗址的面积则自 1 万到 90 多万平方米不等。对于这个现象有着两种解释：一种认为仰韶文化时期生产力水平较低，耕地利用的周期较短，移徙的次数比较频繁，因而留下的遗址数目较多；到龙山文化时期情况恰恰相反，因而遗址数目就较少，但是这一解释与龙山遗址一般面积较小堆积较薄的事实相矛盾。另一种解释是仰韶文化延续的时期较长，龙山文化在生产力发展较快的情况下很快地进入了铜器时代，所以遗址少，堆积也薄，这种说法的可能性是较大的。但是在承认这一假设的条件下也还可以同时考虑部落向黄河中下游迁移的可能性，因为在那里龙山义化的遗址是越往下游便越多了，并且大大超过了当地的仰韶文化遗址。

（二）村落遗迹和墓葬

现在经过发掘的遗址有客省庄、华阴横阵（1958 ～ 1959 年发掘）和华县泉护（1958 ～ 1959 年发掘）等处，在这些地方都发现了一些文化遗迹。

房屋在客省庄发现了 10 座，横阵 5 座，西安米家崖 1 座。

客省庄的房屋都是半地穴式的，其平面结构有三种形式：圆形单室，前方后圆的双室，前后都呈方形或长方形的双室。

---

〔1〕　苏秉琦、吴汝祚：《西安附近古文化遗存的类型和分布》，《考古通讯》1956 年第 2 期。

〔2〕　张彦煌：《浐灞两河沿岸的古文化遗址》，《考古》1961 年第 11 期。

〔3〕　考古研究所渭水队：《陕西渭水流域调查简报》，《考古》1959 年第 11 期。

圆形单室的房屋结构算是最简单的了，共 2 座，面积都比较小，仅在东边有一斜坡形窄门道出入，它和庙底沟早期龙山文化的房子颇为相似。

前方后圆的双间房子共有 3 座，其中有些可能是在原有窖穴的基础上加以扩大和改建的。以第 108 号房屋为例，东西向，由西头经斜坡形门道进入前室。室长 1.75、宽 2.5 米，北壁有"壁炉"，东边有窄门道与后室相连。后室直径 2.9 米，中央有柱洞，估计卧室主要应在后室。

前后都呈方形或长方形的房屋共有 5 所，看来是主要的建筑形式。以第 98 号房为例，也是东西向，西南角由斜坡形门道进入前室。室长 5.35、宽 2 米，偏北有 1 个柱洞，北壁也设"壁炉"，即从墙上靠近地面的部分向里掏成一小龛形，里面被火烧得通红。在"壁炉"的附近有 5 个圆形小火坑。估计这些小火坑乃是置鬲、甗等炊器烧饭的地方，而"壁炉"则是为了长期保存火种或取暖的处所。在小火坑的西头的屋角处，还有 1 个袋形小窖穴，则是储存食物或用具的地方了。由这个房间往东，通过一宽仅 0.6 米的门道便进入了后室。后室长 3.1、宽 2.9 米，偏北也有 1 个小柱洞，中部有 2 个圆形小火坑。这座房子的北壁高约 1.5 米，南壁仅高 0.9 米，两个柱洞又都偏于北侧，因而推测它的房顶是单面坡式的（图四八）。

横阵和米家崖的房屋都是单间的，半地穴式，圆角方形，长、宽各约 4 米，深约 1 米。墙壁涂草泥土，然后烧得通红。地面也垫草泥土，上敷白灰皮，即白灰面。房屋中央有圆形火塘。这种房屋和豫西灵宝城东寨所发现的房屋结构类同。

在客省庄和横阵发现了许多龙山晚期的灰坑。客省庄共 54 个，其中袋形坑 43 个，圆形和不规则形的共 11 个。袋形灰坑口径 1 米左右，底径 3～4 米，深 2.5 米左右，最深达 5.25 米。坑底一般平整，个别的坑底还很光硬，似经锤打，但都没有居住过的痕迹，可能是作储藏用的窖穴。有 6 个窖穴中发现了人骨架和兽骨架，人骨 1～5 具不等，都没有固定的葬式，骨殖亦多残乱，不像是正规的埋葬。横阵的灰坑多圆形，口底大小相若，直径 4～5 米，深达 3 米，用途不明。

在客省庄发现了 2 座陶窑，其结构和邯郸涧沟者基本相同。保存得较好的一座是挖在地面以下的。窑室上小底大，略呈椭圆形，左右径 1.26 米，前后不到 1 米。室底为"北"字形火道所贯通，火道的隔梁即构成窑箅。

墓葬仅在华阴横阵发现 1 座，为长方形竖穴土坑，长 2.4 米。葬二人，均仰卧伸直。骨架经过鉴定，认为其性别为一男一女，男的约 35 岁，女的约 40 岁，足下随葬 6 件陶器，5 件单耳罐和 1 件双耳罐。这种男女合葬墓的发现，可能是当时已出现一夫一妻制家庭的一种反映。

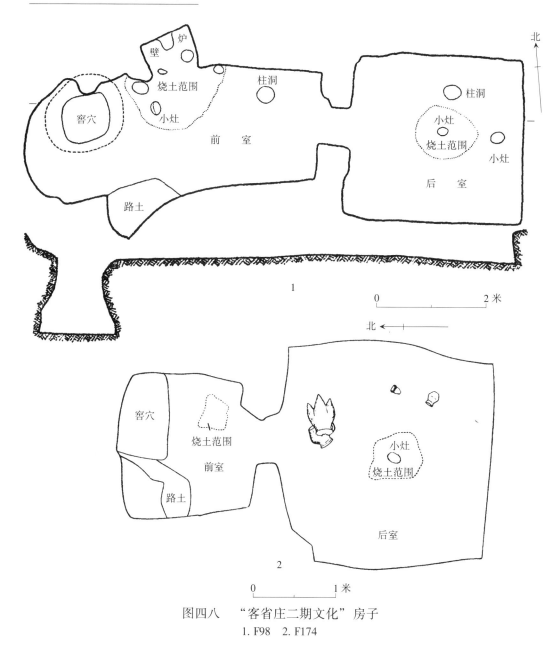

图四八　"客省庄二期文化"房子
1. F98　2. F174

（三）文化遗物

在客省庄和横阵等地的发掘中，得到许多生产工具、陶器和部分装饰品与宗教遗物等，兹分别简述如下。

生产工具以石器为多，骨器次之，蚌器和陶器均甚少。石器一般磨制甚好，但也有一部分打制的。种类主要是斧、锛、凿等手工工具，还有一定数量的石刀、石镞、磨石和盘状器等。石斧有剖面椭圆和扁薄长方形穿孔的两种，石刀多长方形，单孔或双孔，也有两端缺口的。另外还发现个别石矛和石镰。骨器有铲、锥、针、镞和鱼钩等。蚌器有刀和镰。陶器主要是纺轮。如果和河南龙山文化比较起来，农具是比较少的，尤其是缺乏石铲，这反映其农业不及河南龙山文化发达。另一方面渔猎工具较多，遗址中又多出土兽骨如獐、兔等，还有鱼骨、蚌壳和螺蛳壳等，都说明渔猎经济还占有重要的地位。遗址中出土家畜骨骼有猪、狗、牛、羊等，牛是一种大家畜，其畜养乃是家畜饲养的一个显著进步。

陕西龙山文化陶器的制作以泥条盘筑为主，少数为轮制和模制的。陶鬲常用泥条盘筑和模制两种方法，用盘筑法制成的鬲，上体呈圜底罐状，三个袋足是以后安上去的，其裆部宽，足内有泥条接缝。模制的鬲，足内有反绳纹和反篮纹，裆部较窄。斝的制法类此。轮制法只见于少数的小罐子。

陶器质地可大致区别为夹砂和泥质两类，但夹砂陶常夹砂甚少，而泥质陶又多事先不经淘洗，所以两者的界线不很分明。陶色以灰色为主，红褐陶次之，黑陶极少。纹饰以绳纹为最多，篮纹次之，方格纹极少见。篮纹一般较浅较宽，以横行和斜行为多。

主要器形有以下几种。

鬲：单把、高裆，裆部常略外鼓，似有底，饰绳纹或篮纹。

斝：高腰、双耳，上体如深腹盆，饰篮纹或附加堆纹。

鬶：单把，素面，流与口平。

盉：形略似鬶，唯流捏成嘴状，比口稍高。

鼎：侈口圜底罐形，饰方格纹，下加三扁足。

夹砂罐：侈口鼓腹，颈部圆缓，饰绳纹和蜂窝状绳纹。

泥质罐：个体甚小，有单耳、双耳、三耳之分，表面多打磨光亮，或饰若干弦纹。

小口高领瓮：多饰篮纹。

敛口瓮：如同小口高领瓮截除脖子者。

其他尚有豆、盆、碗、碟和器盖等。

上述各种器物中，鬲、斝、夹砂罐与泥质罐等是最多的，鼎、鬶、盉等均甚少（图四九）。

装饰品有玉璜和陶环等。宗教遗物有卜骨，客省庄发现6块卜骨，全用羊肩胛骨做成，不加修治，只有灼痕。另外在客省庄发现了陶祖，它是一种男性生殖崇拜的遗物。

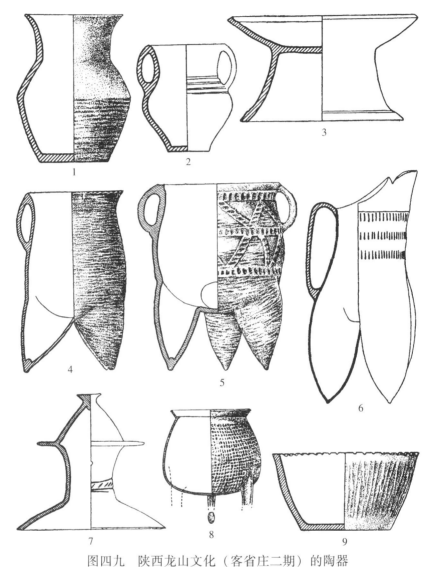

图四九　陕西龙山文化（客省庄二期）的陶器

1. 罐　2. 双耳罐　3. 豆　4. 鬲　5. 斝　6. 盉　7. 器盖　8. 鼎　9. 碗（均为客省庄遗址）

七　齐家文化

（一）遗址的发现与分布

齐家文化是 1924 年于甘肃和政齐家坪首先发现的。其陶器多灰褐色，饰篮纹、绳纹、蜂窝状绳纹和少量篦纹，器形多高领篮纹罐、绳纹夹砂罐和安佛拉式双耳罐（因其类似希腊 Amphora 罐得名）等。同类的遗址以后陆续发现了许多，在西礼赵家坪、崆峒山、柏林寺、乔家川村、套边村、镇原六墩坪，宁县庙咀坪，庆阳吴岭，泾川齐家岭、安家岭、蒋家咀，平凉西塬上、上李家、苏家台，静宁寺坪塬、田家坪、台家坪、威戎镇、党家坪、石门口、李家堡子，秦安雷神庙、堡子坪、寺咀坪，陇西沈家坪、寺坪、梁家坪、上坪、梅家咀、周家庄，武山胜利坪、五甲坪、石坡村、赵家坪，天水杨家湾、西山坪、柴家坪、红土坡、七里墩，定西河西坡、朱家庄，榆中小石峡，兰州双可岔、青岗岔、土门墩，东乡甘程家，临夏张家咀、高家咀、刘魏家、新寨村、大何庄、秦魏家，和政齐家坪、西坪，临洮堡子坪、塔儿坪、冯家坪、夏家坪，岷县中寨坪、卓坪，武威皇娘娘台等处。又青海西宁罗汉堂也有齐家文化遗址。其分布遍及整个甘肃东部、河西走廊、青海东北和宁夏回族自治区南部和内蒙古阿拉善旗南部等处，和甘肃仰韶文化分布于同一个区域。

对齐家文化遗址的发掘大部分是近几年才展开的，其中较重要的是1957年和1959年武威皇娘娘台的发掘，1959～1960年临夏秦魏家和大何庄的发掘，1960年临夏姬家川的发掘，另外在秦安寺咀坪、兰州中堡和青岗岔等处也进行了小面积的发掘和清理。这一系列的工作，便使得我们对齐家文化的许多方面有了崭新的认识。

（二）房屋和窖穴

齐家文化的房屋遗址已在临洮瓦家坪、秦安寺咀坪、临夏大何庄、姬家川和武威皇娘娘台多处发现，一般均为圆角方形的半地穴式建筑，地面铺垫草泥土和白灰面，室中则有一圆形灶面。

寺咀坪发现的房屋是具有代表性的，那里是一处较大的村落遗址，坐落于葫芦河东岸的第一阶地上，在已清理的6座房屋中，有5座是紧密地排列在一起的。其结构均为圆角方形和半地穴式的，门道一律朝南，大小也较一致，约十五六平方米。其中第2号房保存较好，南北长4.1、东西宽3.6米，南边有宽约0.9米的门道，房中有一直径1.44米的圆形灶面，以两道同心圈作为周界。地面垫草泥土，然后涂以白灰面。周壁残存部分最高达1.78米，敷草泥土和红胶泥，也在表面刷有薄薄的一层白灰。屋壁周围每隔7～8厘米有一组柱洞，每组柱洞系由三个手指粗的小圆洞构成，插在这种小洞中的树棍认真说很难算作是柱子，只不过是夹在墙壁中的骨架，其负荷能力当然有限。

袋形窖穴是比较普遍的，有些窖穴内壁还涂上红胶泥和草泥土，以利于物资的储藏。有些遗址袋形窖穴较少，而直壁的和口大底小的坑穴则较多，大部分为圆形，少数为长方形，用途不明。

（三） 红铜器的发现

齐家文化是否已经发明铜器，在以前是不知道的，由于近年来在皇娘娘台、秦魏家和大何庄的发掘，陆续地发现了一些红铜器，包括一些手工工具和装饰品等，从而使我们确知齐家文化已有红铜器，并已进入铜石并用时代。

皇娘娘台的铜器主要是发现于房屋旁和灰坑中的，秦魏家和大何庄则用铜器随葬，铜器的种类有刀、匕、锥、凿和指环等。刀长 10 余厘米，宽 3 厘米，刃部微凹，后端缩小，是插入木柄中使用的。锥有方茎圆茎之分，长短差别较大，3.8～12 厘米不等，后端略扁，也是安柄使用的。凿身甚细，只有在刃端稍稍展宽。指环则为一粗铜丝扭曲而成。

这些铜器大约有两种不同的制法，一种是直接锤锻，原料大约取自天然的红铜，工具上似有锤锻的痕迹，用这种方法制造的铜器占绝大部分，另一种是单范浇注，个别铜刀上可以见到模铸的花纹，由于红铜的熔点过高（1084℃），在当时不易达到，因而用这种方法制造的红铜器很是稀少。

铜器质地的纯度是很高的，据皇娘娘台铜器的光谱定性和半定量分析的结果，其含铜率有 99.6% 以上，其他杂质不到 0.4%，可算是真正的红铜器具。

由于红铜本身的弱点（原料稀少、制造困难、硬度过小等），当时仅用于制造一部分手工工具和装饰品，在生产上起主要作用的还是石器。

（四） 生产工具和经济状况

齐家文化的生产工具主要是石器，也还有少量的骨角器。

石器制作可分三种，一为磨制，一为打制，最后一种为细石器。磨制石器有铲、刀、斧、锛、凿、镞和纺轮等，石铲的数量很少，扁平长方形，体较窄，上端有时穿孔，刀为长方形，穿一孔或二孔。打制石器有盘状器，两端带缺口的刀和刮削器等，有一种特大的盘状器，呈椭圆形，两面分别有一圆窝和屈曲的凹槽，使用时以拇指按圆窝，其余四指按凹槽，很是方便。细石器在大多数遗址中是不多见的，但在少数遗址中则占相当的比例，例如在皇娘娘台一地即发现 888 件，另外还有石核 200、石片约 2000 件，质地主要是半透明的燧石，玛瑙较少，器形有三角形凹底和平底镞、刮削器（端刃刮器和边刃刮器均有）和尖状器等。在齐家文化中发现这样多的细石器，主要应从经济的特点去考虑，同时也可能多少受到北方细石器文化的影响。

从工具的种类来说，主要是手工工具，其次是狩猎工具，农具的数目较少，可能齐家文化的农业不如大体上属于同一时期的龙山文化那么发达。至于当时的农作物，目前仅知有粟一种，粟壳的痕迹在大何庄的遗址和墓葬中都有发现。

齐家文化的畜牧经济是比较发达的。家畜种类有猪、狗、羊和牛等。猪的数量很多，在有些墓葬中随葬猪下颌达数十个。羊的数量也很多，在大何庄和皇娘娘台等遗址中都曾出土大量羊骨，齐家文化的卜骨也多用羊肩胛制成，羊是一种宜于牧放的家畜，由于羊骨的大量发现，可以说明当时的畜牧业已越出单纯家养的性质而开始走向畜群的牧放了。

狩猎也是较发达的，狩猎工具有镞和矛，镞中有磨制石镞，也有不少是打制的细石器。同其他文化一样，当时主要的狩猎对象是鹿。

手工业方面，除制造铜器外，还有纺织和制陶等。许多遗址都有石制或陶制的纺轮出土，织物的痕迹亦有发现，在大何庄墓中随葬的陶罐上经常附有布纹，某些人骨的头部和手臂上亦有布纹痕迹，这是人们用布作为衣着的直接证据。据观察，这种布每平方厘米各有经纬线 30 根交织着，比仰韶文化的布细得多了。

（五）陶器皿

齐家文化的陶器一般是泥条盘筑法制成的，次为模制，轮制的仅是例外。按质地可分为两类，一类泥质陶，有红色、灰色和个别黑色的，胎壁较薄；另一类是夹砂陶，有褐色和灰色的，胎壁较厚。纹饰以绳纹为主，次为不相连续又看不出绳股的蜂窝状绳纹、篮纹、附加堆纹、刻划纹和篦纹等，个别遗址中发现彩陶。

彩纹主要饰于双耳或单耳罐上，大部为黑彩，也有紫彩。主要用细匀的直线和方块等构成菱形纹、格子纹、棋盘格纹、平行竖线和三角纹等。纹饰均成组对称排列，很是工整。

器形以平底为多，也有少数三足器和圈足器。器物附件有耳、嘴、流、盖等。器物类别主要有（1）鬲：高裆，单把或双耳，多饰绳纹；（2）斝：高腰，多饰篮纹；（3）鬶：只见残片；（4）盉：单把；（5）夹砂罐：多侈口微鼓腹，颈部圆缓，饰绳纹或蜂窝状绳纹；（6）高领双耳罐：常饰篮纹；（7）安佛拉式双耳罐；（8）豆：浅盘，足部有时镂孔；（9）碗：斜壁平底；（10）杯。还有一种敛口瓮，其形状如同高领双耳罐裁除了颈部，与客省庄二期文化者颇为相像。上述各种器物中，以高领双耳罐、安佛拉罐、夹砂罐为最多，鬶、盉等均是极少见的。从这些陶器的总体特征来看，与陕西客省庄二期文化非常接近，有些几乎达到难以分辨的程度（图五〇）。

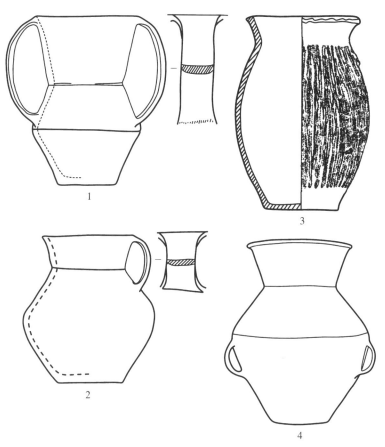

图五〇　齐家文化的陶器

1. 安佛拉式双耳罐　2. 单耳罐　3. 夹砂罐　4. 高领折肩罐

（六）埋葬习俗

齐家文化有较大的公共墓地，其位置往往和住地紧相毗邻，临夏大何庄、秦魏家和武威皇娘娘台是其中较重要的三个地点。

秦魏家的墓葬分为两群，一群位于遗址中部，已发掘29座，分为三排；在这一群的西南20多米处共发现109座，分为六排。在原始社会制度下，每一氏族都有其单独的公共墓地，或者在一处较大的墓地中，各氏族有其单独的行列，秦魏家在同一墓地中分为两个独立的墓群，可能是分属于两个近亲的或有联姻关系的氏族的。

墓圹一般为长方形土坑，没有什么葬具。埋葬方式以仰卧伸直葬为主，其次是侧身屈肢葬，也有侧身伸直葬和二次葬的。大多数头朝西北，大人和小孩的葬法相同。

屈肢葬是当时流行的葬俗之一，其中有单人侧身屈肢的，也有在合葬墓中一人侧身屈肢，另一人为仰卧伸直的，仰身屈肢葬则只有个别的例子。侧身屈肢葬曾是甘肃仰韶文化的一种主要的葬式，齐家文化有较多的同样的葬式，再次说明了两者间具有一定的承继关系。

齐家文化埋葬习俗中一个突出的特点是男女二人合葬的出现。在秦魏家发现的百余座墓中，合葬墓占 20 余座，其中除一小部分为小孩合葬和成人与小孩的合葬外，大部分是成年的二人合葬。在这些墓葬中，往往一人仰卧伸直，另一人侧身屈肢，据已鉴定的第 95 号墓来看，仰卧伸直者为男性，侧身屈肢者为女性，女性侧身面向男子。在皇娘娘台更发现一座三人合葬墓，男性居中，仰卧伸直，两个女性骨架分别位于男性左右，侧身屈肢，均面向男子。这种男女合葬的墓既在不同的墓地多次出现，便不能以偶然的或个别的现象来解释。男女合葬在许多国家原始社会晚期的文化中都是有过的，俄罗斯南部青铜时代早期的横穴期，其数目甚至达到当时总墓数的 25%。在这些墓中，有时可以发现妇女被杀殉葬的创痕。对于这些女性的身份有两种不同的解释，一种认为她们是同墓男性的妻室，如果是这样，那就表明当时的婚姻形态正由对偶婚向一夫一妻制过渡，而这一般是发生在母权衰落，父权制逐步建立的时期，此时不仅出现一夫一妻，甚至更有一夫多妻的婚姻，皇娘娘台一男二女的合葬，于此便可得到解释。另一种认为她们不过是同墓男性的女奴，同墓合葬并不能断定他们有婚姻关系。如果是这样，也正好证明了男权的增长，证明当时已进入父权社会，因为用女奴为男子殉葬无论如何是与母权不相容的。事实上父权制的建立，总是伴随着男性对于女性的家内统治而来的，在许多场合下，妻子和女奴实际上是二而一的。

在齐家文化的墓葬中约有半数以上是有随葬品的，其中大部分是随葬一组陶器，少数墓随葬铜器、生产工具、兽骨、装饰品和卜骨等。陶器有一定的组合，通常是安佛拉式双耳罐、高领篮纹罐、侈口夹砂罐和碗等，有时有豆而无碗。随葬品较多的墓葬每种器物可以有 1 件以上，一般是各有 1 件，少的只有其中的两三种，放置位置常在人骨的脚下。

随葬的生产工具有石刀、纺轮、骨锥等，数目不多，其他用具和装饰品有骨匕、骨针、绿松石珠、骨饰、牙饰等，在皇娘娘台一些人骨的胸部压放着一块石璧，随葬铜器只是个别的例子，其种类有铜匕（大何庄）、铜锥（皇娘娘台）和铜指环（秦魏家）等，在少数的墓中也还随葬卜骨。

用家畜骨骼随葬是齐家文化的普遍现象，在秦魏家的百余座墓葬中有将近一半的墓随葬猪下颌骨，大何庄也有不少墓以猪下颌随葬，皇娘娘台有随葬狗头和其他动物骨骼的。应当指出，在上述墓地的个别墓葬中随葬了特别多的猪下颌骨，如大何庄有一墓中随葬26块，秦魏家更有一墓随葬达68块之多，而一般的墓葬仅有数块，或者根本没有。这种差别是非常值得注意的，因为家畜，作为一种重要的生活资料而被占有，同一个人拥有或多或少的生活用具或装饰品等的性质是不一样的。当原始社会末期开始出现私有财产的时候，家畜便是最初的私有财产之一。尽管齐家文化的墓葬中只是随葬的猪下颌骨，但每一猪下颌都可作为一头猪的代表[1]，从而根据随葬猪下颌数目悬殊的情况，可以说明当时财富占有的差别已是很明显的事实了。

齐家文化除一般的墓葬外，还有不少坑中埋人的现象，人骨置于灰坑中，一人或数人不等，无一定葬式，有的骨殖比较凌乱，大多数没有随葬品，其身份可能与一般氏族成员不同；个别有随葬品和一定葬式的，则可能体现着一种特殊的埋葬习俗。

（七）宗教信仰和艺术

人们的宗教观念，许多可从埋葬习俗上体现出来。在齐家文化墓葬的许多人骨架的头部和手臂上，都涂着红色的染料，可能是在死后以赤铁矿粉末涂尸，在肉体腐烂后黏附到骸骨上去的。这种以红色颜料涂尸的习惯在许多原始社会的人民中都是实行过的，赤色当是血、生命和复活的象征。

在大何庄的墓葬区曾经发现4座由砾石列成的圆圈，直径4米左右，圆圈的周围置放着整个的牛羊骨架和卜骨。可能当时在死者安葬时，要在墓地举行入葬的仪式，其中包括供奉牺牲和进行占卜等。

进行占卜在当时可能是一种流行的习俗。卜骨不仅发现于上述的石圆圈附近，也发现于住地的遗址中，有些墓中则以卜骨随葬。这些卜骨多以羊肩胛骨制作，牛、猪、鹿骨的数目很少。大部分卜骨只有灼痕，个别的经过刮治，皇娘娘台还曾发现有钻孔痕迹的。

齐家文化的艺术作品有陶塑人面和鸟头等，造型逼真，装饰品则有铜指环、绿松石珠、近玉质的绿色石璧、碎石饰和骨笄等，它们多半是从墓葬中被发现的。

（八）与甘肃仰韶文化和陕西龙山文化的关系

当安特生发现了齐家文化之后，便从他自己臆造的单色陶器早于着色陶器的假定出发，认为它早于仰韶文化。1945年夏鼐在广通阳洼湾齐家墓葬的填土中发

---

[1]　我国云南的佤族和纳西族，在杀牛杀猪以后，便将牛头和猪下颌留下，作为其拥有财富的标志，齐家文化用猪下颌随葬，可能出于同样的认识。

现了两块彩陶片，从而改订了它们的相对年代，确定齐家文化晚于甘肃仰韶文化。但是甘肃仰韶文化包括马家窑、半山和马厂三个类型，那两块彩陶片太小，到底属于哪个类型还难以分辨。在甘肃仰韶文化三个类型之间的关系尚有争论的情况下，就不能因为有这两块彩陶片的发现而作为论证齐家文化晚于整个甘肃仰韶文化的主要根据了。

现在有些地方发现了一些地层关系，证明齐家文化晚于仰韶变化，也晚于甘肃仰韶文化的半山类型和马家窑类型。例如 1956 年在天水西山坪发现齐家文化叠压于仰韶文化之上的地层关系，同年在天水七里墩一个齐家墓葬的填土中发现仰韶文化的小口尖底瓶片和夹砂粗红陶片，可以确证齐家文化晚于仰韶文化[1]。又如 1957 年在渭源寺坪发现了齐家文化叠压马家窑类型的地层关系，这又确证它晚于甘肃仰韶文化的马家窑类型[2]。至于齐家晚于半山，是在 1963 年于兰州青岗岔一座齐家文化的房子中发现了个别半山式彩陶片，这些彩陶片必然是在齐家堆积形成之前就已存在于当地的，因而可以作为齐家晚于半山的一个根据。

但是齐家文化同上述仰韶文化、甘肃仰韶文化的半山类型与马家窑类型的文化面貌都相去甚远，看不出其间有什么因袭或承继关系来，不能认为齐家文化就是从这些文化或类型中直接发展而来的。至于齐家文化和马厂类型，现在还没有找到相互的地层关系，然而两者在文化面貌上则有若干相似与接近之处。例如皇娘娘台出土的齐家文化双耳彩陶罐，器形和马厂类型的几乎完全相同，齐家文化的浅盘素豆也似乎脱胎于马厂的浅盘彩豆，齐家高领双耳罐在马厂类型中亦可找到其渊源，齐家的夹砂罐在形制上颇与马厂夹砂罐近似，只是前者多饰绳纹而后者多为素面无纹。至于齐家文化的彩陶纹饰，主要是以直线和方块等构成菱形纹、棋盘格纹、网格纹、平行竖线等，并且成组地对称排列，这种作风在马厂已经出现，并有相似的彩纹母题。但是齐家文化的大部分器形如鬲、斝、鬶、安佛拉式双耳罐、敛口双耳罐等都是马厂所未见的，齐家多饰绳纹和篮纹，而马厂几不见这些纹饰，因此，即令齐家与马厂间具有某些相互承继与发展的关系，也不会是很直接的，至少其间还有一个不小的缺环。

至于齐家文化和陕西龙山文化（客省庄二期文化），因为有各自的分布区域，大约不会有相互发展的关系，即不会是同一文化的不同时期。就文化内容来说，

---

〔1〕　甘肃省文物管理委员会：《渭河上游天水、甘谷两县考古调查简报》，《考古通讯》1958 年第 5 期，4 页。

〔2〕　甘肃省文物管理委员会：《甘肃渭河上游渭源、陇西、武山三县考古调查》，《考古通讯》1958 年第 7 期，11、12 页。

两者非常接近，有些几乎达到难以分辨的程度。例如陶器，两个文化都以灰褐陶为主，制法以手制为主，纹饰以绳纹，蜂窝状绳纹和篮纹为主，器形都有鬲、高腰斝、安佛拉式双耳罐、夹砂绳纹罐、豆，等等。但是齐家文化有部分彩陶和篦纹陶，陕西龙山文化没有；陕西龙山文化有少许轮制陶，齐家文化未见；陕西龙山文化鬲、斝甚多，并有鼎，齐家文化鬲、斝少，一般不见鼎，等等，表明两者还是有一些区别。又如在生产工具方面，两者主要是相同或类似的，但齐家文化中有细石器，有些地方还有红铜器，这些于陕西龙山文化均尚未发现。在遗迹方面，两者都有双间式房屋和圆角方形、地面铺白灰的半地穴式房屋，都有男女二人合葬墓，但陕西龙山文化合葬墓中男女均仰卧伸直，齐家一般则为男性仰卧伸直，女性侧身屈肢，面向男子。在宗教信仰方面，两者都有卜骨，流行占卜之术；又客省庄有陶祖，齐家文化有石祖，表明都有男性生殖崇拜的习俗。上述情况表明，齐家文化和陕西龙山文化在发展阶段上是一致的，文化水平是相同的，两者之间的关系也是密切的。但是因为所处地区不同，还有一些文化差异，应当是地域差别的体现。

八　龙山文化和齐家文化的分区分期与社会性质问题

（一）分区和分期问题

现在对于龙山文化和齐家文化的分区与分期还缺乏全面而系统的研究与阐述。一般的意见认为，东方沿海的龙山文化和中原地区的龙山文化是差别较大的。如果从陶器的角度来看，可以认为"黄河中游的龙山文化是一种文化，而东方沿海一带的龙山文化又是另一种文化，是实质不同的两种文化"[1]。至于齐家文化，一般认为它与陕西龙山文化接近，就某种意义上说可以称为甘肃龙山文化，但是它与龙山文化也还有许多区别，不应当混为一谈。这样看来，现在所称的龙山文化和齐家文化实际上可以分为三个文化区，即东方沿海地区、中原地区和甘青地区。三个文化区很可能代表着三个同一时期的不同文化。另外在每一大区内又还可以分为若干小的文化区，例如中原晚期龙山文化还可分为河南龙山文化和陕西龙山文化，而河南龙山文化各区之间的面貌又不全一致等。

我们认为龙山文化和齐家文化是继仰韶文化与甘肃仰韶文化（马家窑文化）

---

〔1〕　石兴邦：《黄河流域原始社会考古研究上的若干问题》，《考古》1959年第10期，568页。

而发展起来的，是它们的直接继承与发展，而不是另有别的来源的不同系统的文化，如果也包含某些仰韶与甘肃仰韶以外的来源，那也只能是占次要地位的一部分因素。因此，在龙山时期划分文化区时可以看到对于仰韶时期文化区的继承性的一面，如中原区域与甘青区域仍然是两个文化区；同时也还看到发展与变迁的一面，因而小区与小区之间就不能很吻合了。至于东方沿海的龙山文化，其前身现在尚不很清楚，可以想见也会是仰韶文化或类似于仰韶文化的另一种文化，大汶口遗址部分曾出土一些饰圆点勾叶纹的彩陶片，颇与仰韶文化庙底沟类型相似，可以作为这一假设成立的一个根据。

至于龙山文化的类型与分期，也必须在分区的基础上来加以考虑。大体说来，东方沿海有两个类型：大汶口类型和两城类型，分别代表早晚两期。中原地区以庙底沟第二期文化为早，在它之后是河南龙山文化和陕西龙山文化。它们之间是有地层关系为根据的，例如洛阳王湾是河南龙山文化叠压庙底沟二期文化，而华阴横阵是陕西龙山文化叠压庙底沟二期文化。至于齐家文化，现在也看出其本身有些差别，当有分期的可能，不过究竟怎样分法，却还没有弄清楚。当然，这里讲的只是一个大体的轮廓，实际上每一地区的分期还可以更细致一些，比如同是东方沿海早期龙山文化，安丘和岗上村就有所不同，同是中原晚期龙山文化的河南龙山文化，牛砦和旭旮王也有所不同。这些细节，在具体地对各地龙山文化进行编年研究时自然是要注意的。

至于龙山文化的下限到底是在什么时候？是否有不平衡的现象？这还是一个需要深入探讨的问题。有些同志认为龙山文化在中原结束较早，东方和西方（陕西）结束较晚，齐家文化更晚。就现在所能提供的证据来说，河南龙山文化的下限是东干沟文化。在洛阳东干沟有地层关系作为根据。一般认为东干沟文化是夏文化或先商文化。这就是说，河南龙山文化最晚结束于夏代。东方沿海的晚期龙山文化是什么时候才结束的？现在不很清楚，有地层关系的是城子崖，那里东周文化（人们认为是春秋时代的谭国文化）叠压龙山文化，但我们估计龙山文化的下限不会晚到春秋。在山东境内，例如济南大辛庄等处曾发现早商文化，它和当地龙山文化的面貌相差甚远，如果它是龙山文化的承继或替代者，则山东龙山的下限不仅在早商，甚至应当比早商更早。在陕西，龙山文化的下限是西周文化，在西安客省庄便有两者的直接地层关系。但西周文化和陕西龙山文化的面貌差距甚大，其间亦必有一个缺环。这就是说，陕西龙山文化的下限应当早于西周。在甘肃，情况比较复杂，在洮河、大夏河一带，齐家文化是被叠压于辛店文化之下的，例如临夏姬家川、张家咀、吴家等处都有这样的地层关系。但在甘肃东部没有辛店文化遗存，有的是西周文化。无论辛店还是西周文化，都与齐家文化差距较远，其间亦必有缺环，这也就是说齐家文化的下限当比辛店或西周文化为早。

（二）社会性质问题

一般认为，齐家文化是父系氏族社会，龙山文化也是父系氏族社会。

在这个时期，不少地方都发现了合葬墓，例如属于龙山文化的有山东宁阳大汶口（8 座）、江苏邳县刘林（5 座）、陕西华阴横阵村（1 座）等处，属于齐家文化的，有临夏秦魏家（20 余座）、大何庄（3 座）和武威皇娘娘台（3 座）等处，这些合葬墓中有些是小孩与小孩合葬或成人与小孩合葬的，但绝大部分是两个成年人的合葬。从已鉴定性别的各墓来看，如横阵是一男一女合葬，大汶口 M1、M13、M35、M111 四墓均为一男一女合葬，秦魏家 M95 也是一男一女合葬，皇娘娘台 M24 是一男二女合葬。我们在观察这些合葬墓时注意到如下几个情况。

第一，这些墓中合葬的男女都是一次葬，我们不能设想这些对男女都那样偶然地同时病死或老死，其中必有一个为主的先死，另一个为其附葬或殉葬。

第二，在秦魏家的合葬墓中是男子仰卧伸直，女子侧身屈肢，面向男子；在皇娘娘台 M24 是男子居中，仰卧伸直，两个女子分卧两侧，侧身屈肢，面向男子。这似乎表明男子是处于本位的主导的地位，而女子是殉葬的。

第三，既然这些合葬多是二人合葬，并有个别一男二女的三人葬，则当时婚姻形态似已进入一夫一妻，并偶尔夹杂有一夫多妻的阶段。这些都是原始氏族社会由母系进入父系以后才能发生的事情。

这种社会变化在意识形态上的反映就是男性生殖崇拜的出现。在陕西华县泉护村、山西万荣荆村、西安客省庄等龙山文化遗址中发现了陶祖，齐家文化则有石祖，便是这种祖先崇拜的遗物。

上述情况的发生，是有其经济根源的。在这个时期，不但农业较仰韶时期更向前发展了，家畜饲养的发展更快。在种类上增加了牛和羊，在数量上也有增加，如庙底沟 26 个龙山灰坑中出土的家畜骨骼，较同地 168 个仰韶灰坑所出还多得多；又如临夏秦魏家和大何庄齐家文化遗址中有成层的羊骨和羊粪，等等。按照恩格斯所说的："它们（指家畜）的最初驯养及以后对它的照管都是男性的事情"[1]。畜群的增长显然加强了男子的地位。

其次，技术的发展也是显著的。在齐家文化中已确知使用红铜器，龙山文化也很可能发明了铜器；同时在这个时期已发明用陶轮制造陶器，有些地方，例如

---

[1]　恩格斯：《家庭私有制和国家的起源》，人民出版社，1955 年，155 页。

东方沿海晚期龙山文化的陶器，主要就是用陶轮制作的。这些新技术的产生，势必要有专门或半专门的匠人，不受任何羁縻的男人显然比必须掌管家庭劳动的妇女具有更好的条件来从事这些工作。

男子在生产中地位的增强，乃是母系氏族转变为父系氏族的根本原因[1]。从而在龙山文化和齐家文化埋葬习俗中观察到的一些情况和陶祖的出现等，就是可以理解的事情了。

在父系氏族社会，劳动协作的形式和所有制形式都发生了变化。除了全氏族公社的共同劳动外，父系家族的劳动起着越来越大的作用，还出现了家族的私产。私有财产的观念发生了，用家畜随葬的情况普遍地出现了。例如山东大汶口墓地随葬猪头和其他兽头，少者 1 个，多者 14 个；滕县岗上村随葬猪下颌骨和猪蹄，邳县刘林随葬狗，甘肃武威皇娘娘台随葬狗头及其他动物，临夏秦魏家和大何庄都用猪下颌随葬，多者竟达 36 ~ 68 个。在人类历史上，家畜乃是最先被占有的私产。在仰韶时期不见用家畜随葬，到现在则不止一次地出现，可见私有财产的观念是在龙山时期才发生的。

既然出现了家族的私产，各家族劳动力的强弱和在交换中的利益不会一致，从而就必然发生财富不均、贫富分化的现象。像大汶口的墓葬大小悬殊，大的有木椁、随葬品百余件，其中包括一些猪头和制作精美的工艺品等，小墓几乎一无所有；齐家文化中如秦魏家有一墓随葬 68 个猪下颌的，同时也有许多一个也没有的。这也是在仰韶时期不曾见的现象。

---

[1]　斯大林：《斯大林全集》（第一卷），人民出版社，1953 年，310 页。

第五章　长江流域的新石器文化

一　概述

（一）地理环境

长江位于黄河之南，同源于青藏高原，曲折东流，最后注入东海，两侧支流众多，水量极富，是我国的第一大河流。

长江流经的地方，最西是青藏高原，往东经四川盆地，穿过三峡，然后进入中下游冲积平原区，平原之北为秦岭淮阳山地，以南为江南丘陵。整个流域基本上属北亚热带气候，生长期较长（如汉口为 322 天，上海为 307 天），雨量丰沛（年降水量约 750～1750 毫米），有利于农业文化的发展。但是温和湿润的气候也会促进森林和荆莽的生长，过多的雨量有时会造成泽国，对于原始农业也会带来相当的困难。长江流域新石器文化发达的时期较黄河流域，尤其是关中黄土高原地区为晚，地理环境的因素可能起了一定的作用。

（二）考古工作简况

长江流域新石器时代的考古工作在中华人民共和国成立以前是做得很少的。1926 年冬，美国中亚调查队成员之一的纳尔逊（H. C. Nelson）曾沿长江两岸进行调查，发现过一些石器。从 20 世纪 30 年代初起，成都华西大学博物馆于四川广汉和西康道孚等处发现不少石器。不过这些调查限于地面的捡拾，而没有田野发掘的基础，加之时间短促，以后并未继续下去，故对所发现遗物的文化性质和年代都难以做出正确的判断。

在长江下游，王湘和李景聃曾于 1934 年调查了安徽寿县魏家郢子等十余处遗址，其文化性质接近于黄河流域的龙山文化。1936 年西湖博物馆曾清理了浙江杭州老和山遗址，同年施昕更调查并发掘了杭县良渚和长明桥遗址。在江苏则有南京北阴阳营等地的调查。

中华人民共和国成立以后的工作首先是从下游的江淮地区开始，逐渐向中游江汉地区以及四川盆地推进的。从 1950 年开始的治淮工程，对江淮地区考古工作的普遍展开起了很大的推动作用。前华东文物工作队、南京博物院等单位在治淮工地发现了不少新石器遗址，如 1950 年发现安徽舒城王城子，1952～1953 年发现霍邱义成台、绣鞋墩、嘉山泊岗、寿县大城子等地，1954 年发现灵璧蒋庙村，1955 年发现亳县钓鱼台、青凤岭，临泉老丘堆等。在江苏的一些调查，也与治淮和其他工程有关，从 1951 年起，治淮文物工作队苏北组曾数度调查了淮安青莲岗遗址，发现其陶器常有红衣，并饰简单的彩绘，和此前在黄河流域发现的仰韶文化与龙山文化等颇不相同，因而被命名为青莲岗文化。

在江苏南部，南京博物院于 1951～1952 年间曾先后三次派人调查了江宁城冈头、老鼠墩，南京窨子山等多处遗址。1957 年于宁镇山脉和秦淮河地区进行新石器遗址的普查，有很丰富的发现。1960 年和 1961 年又于太湖地区进行区域性调查，发现新石器遗址 31 处。

浙江的工作主要集中于该省北部的杭州湾一带，同时在进贤和浙南瑞安山前山等处进行了调查。

在普遍调查的基础上，逐渐开展了一些发掘工作，其中比较重要的是 1955～1958 年南京北阴阳营的四次发掘，揭露了一处很大的新石器遗址和墓地；1959 年发掘了吴江梅堰袁家埭，1960 年发掘了苏州越城，1961 年发掘了上海青浦崧泽村，其文化性质都基本相同。在浙江，1956 年和 1958 年发掘了吴兴钱山漾遗址，1958 年和 1959 年发掘了杭州水田畈遗址，1959 年发掘了嘉兴马家浜和吴兴邱城遗址。邱城遗址包含着不同时期的三层堆积，对探讨本区新石器文化的分期提供了一个重要的线索。

长江中游以湖北的工作开展较好，1954 年湖北省文物管理委员会在配合石龙过江水库工程中于京山屈家岭发现了一处新石器遗址，其中包含一部分器壁很薄的彩陶和绘彩纺轮等，尽管在某些器形上看来和黄河流域的仰韶文化和龙山文化有些相近，但就整体而论，却清楚地显示出它是另外一个系统的文化，从而便提出了屈家岭文化这一名称。屈家岭遗址在 1955 年春曾由中国科学院考古研究所派人进行发掘，同时发掘了天门石家河遗址，后者在时代上显得比屈家岭晚。

1958 年 5 月至 1961 年，长江流域规划办公室文物考古队直属工作队和湖北省分队等，先后在汉水中游的郧县、均县进行了一系列考古调查与发掘工作，在郧县发掘的青龙泉和大寺遗址，都有较厚的文化堆积，并可分为几个文化期，对探讨本区新石器时代的分期很有帮助。均县乱石滩和朱家台也经过发掘，丰富了本区新石器文化研究的内容。

此外，在宜昌杨家湾、武昌洪山放鹰台、蕲春易家山和黄冈堵城等处也经过调查和小规模的发掘，对湖北地区新石器文化的全貌有所了解。

在江西，主要是清江营盘里的调查和发掘，在湖南，则有石门皂市等处的调查。

在四川地区，四川省博物馆于 1957 年曾派人调查了三峡地区，发现了巫山大昌坝等新石器遗址。1958 年，由省博物馆等组成的长江三峡水库文物调查队对整个水库区进行了普查，发现了更多的遗址，其中最重要的是巫山大溪，这个地点于 1959 年曾经进行发掘，发现居住遗迹及大批的墓葬，其文化面貌则与屈家岭文化比较相近。

由于以上这些工作，已使我们有可能勾画出长江流域新石器文化发展的大体轮廓，它们和黄河流域的新石器文化有所不同，同时又有很紧密的联系，就是长江下游、中游和四川地区，也是互有联系而又各具特点的。

二　江苏地区——青莲岗文化

（一）江浙新石器文化概貌

江浙地区的新石器文化可以大致区别为两个不同的系统，其中苏北和皖北的一个系统和黄河流域的新石器文化非常接近，如苏北新沂花厅村、邳县刘林、连云二涧水库下层等，与山东龙山文化的大汶口类型基本上是相同的。徐州高皇庙、赣榆青墩庙、下庙墩和二涧水库上层等与城子崖—两城镇类型相同，而皖北寿县等地的若干遗址，则与河南龙山文化比较接近，这些在前章有关部分已经谈到，这里就不赘述了。

另一个系统是太湖和杭州湾地区的许多遗址，普遍地存在着一些很富特征的因素，如三角形"石犁"，特别发达的黑皮磨光陶，圈足器特多，还有很像仿铜器的双鼻壶等，过去被称为杭州湾的龙山文化，以后改称良渚文化，不过它们所指乃是当地新石器文化的最晚时期，至于近年在同一地区发现的较早的遗存，有人认为是青莲岗文化，但在青莲岗遗址本身的性质被很好地认识以前，对比和归类都有一定的困难，反之和良渚文化的关系比较清楚，可以肯定即其直接的前身，或竟可称之为良渚文化的早期。

在上述两个系统的文化之间，还有一个中间地带，包括苏北淮安和南京地区的一些遗址，一般称之为青莲岗文化，它们似乎和前两者都有一些关系，我们不能确定是否可以独立地自成一个系统，或者不过是前两者之间的一种过渡状态。

（二）青莲岗遗址和青莲岗文化

青莲岗遗址在淮安县北，东西北三面为废黄河所环绕，岗子的坡度平缓，仅略高出周围的地面而已。遗址地表是一层黄褐色的淤土层，大约是黄河泛滥所致，淤土以下为黑色土层，便是新石器时代的堆积。由于地下水位过高，所有文化层都在潜水面以下，给发掘造成一定的困难。

遗址首先是由治淮文物工作队苏北组于 1951 年 12 月发现的，侯后于 1952 年 1 月、4 月及 1953 年冬、1958 年 2 月陆续进行了五次调查，并且最后一次经过了试掘。

在青莲岗发现的石器有铲、斧、锛、凿和砺石等。石铲为弧形凸刃，体扁平，上穿一孔，这是江浙地区比较流行的一种形式。斧有剖面椭圆和扁薄的两种，前者器身砸制，后者通体磨光，棱角显著。

陶器绝大部分为红色，灰陶和黑陶都很少见。主要是手制的，有些泥质陶器可能是轮制的。器形有鼎、豆、甑、斧、盆、钵、碗、罐等，大部仅为残片，釜是一种圜底大口罐形器，口沿以下有一道宽边，以便架设于炊具之上，有的夹粗砂陶，外涂红衣，并往往有烟炱痕迹，这种器物在江浙地区也是常见的。

陶器纹饰有刻划纹、压印纹等，遗址中发现了不少陶印模和陶拍，都是制陶的工具。最值得注意的是彩陶的发现，它们大部分是碗、钵的残片，通常在器物口沿的内外施红彩一道，再用紫褐色彩在器物内壁绘成各种图案，其中有双弧线纹、双波状纹、八卦形纹、双折线相交纹和网格线等，也有由以上数种纹饰组成的复合纹饰。这些彩陶无论就颜色、绘彩部位或纹饰母题来看都是与仰韶文化很不相同的。除彩陶外，还有一些陶器加施红衣，这也是江浙地区新石器文化中相当普遍的现象。基于上述的若干特点，后来便把青莲岗所发现的新石器遗存定名为青莲岗文化。

由于青莲岗遗址的全部材料仅仅限于几次的调查所得，显得比较零散，不能充分地显示其文化面貌，因而在与其他遗址的对比中，在以青莲岗为典型从而探索该文化的分布范围时，都会感到一定的困难。现在被称为青莲岗文化的遗址是很多的，其中有很大一部分我们不能肯定说是或者不是。苏北的若干遗址，如刘林等处，彩绘是施于器外的，其纹饰母题也不尽相同，前面已指出它和大汶口类型接近，至于太湖和杭州湾地区的许多遗址，如苏州越城、吴县夷陵山、吴江梅堰、团结村、上海青浦崧泽、浙江吴兴邱城、嘉兴马家浜等处，虽也被称为青莲岗文化，但是它们并不包含彩陶，只有红衣陶，器形上也有很大的出入，和青莲岗遗址的新石器文化是不大相同的。

（三）北阴阳营下层文化

和青莲岗比较接近，同时也往往被视为青莲岗文化典型遗址之一的是南京北阴阳营的下层文化。

遗址位于南京城内金川河的东岸，周围环绕着许多水塘，是一个高出周围地面约 5 米的椭圆形土墩子，顶部面积约 7100 平方米。

遗址早在抗日战争之前经吴良才首次发现，1954 年南京师范学校建校时于该处掘出许多石器和陶片，此后南京博物院于 1955～1958 年陆续进行了四次发掘，在其底层（即第 4 层）发现了新石器时代的居住遗址和公共墓地。

居住区在整个遗址的东侧，在该处发现了一些房屋遗迹，其建造方法是在黄土地面挖成房基，地表经火焙烧为坚硬的红烧土面，墙壁用竹木为骨架，然后填敷草泥土，房屋的面积均较小，均约在 20 平方米以内。

墓葬区紧接着住地的西边，就已发掘的部分来说，面积已在 600 平方米以上，清理人骨 225 具，排列十分密集，中心部分上下叠压成三四层，可见是一个长期使用的很大的氏族公共墓地。

所有墓葬的圹边都不清楚，人骨一般头向东北，但也有少数向南的。葬式以仰卧伸直为主，也有少数仰身侧面的和俯身的，还有一座仰身屈肢、一座侧身屈肢和一座二次葬（M206）的。死者在壮年居多，也有老年和少年的，不同的年龄和性别，在葬式上或埋葬区域上并无任何特殊的处理。

由于土地潮湿，骨殖保存状况不良，其中一部分保存完好的下颌骨曾经吴定良先生研究，认为其蒙古族的特征很为明显，在一部分体征上，很接近于当地的现代组，而与华北古代组（安阳侯家庄组和小屯组，均属殷代）相去较远，由此可以证明南北两地区的体质分型，在新石器时代便已存在。

在全部 225 具人骨中有 206 具是有随葬品的。10 件以下的较多，20 件以上的仅 6 座，其中最多的一座（M74）随葬 40 件器物。随葬遗物有陶器、石器、骨器和玉器等，个别有随葬猪牙床的。陶器以鼎、豆、钵、罐为多，有实用的，也有制作粗率、个体太小的非实用器。石器有斧、锛、凿、刀和纺轮等，玉质和玛瑙质的装饰品也被大量随葬，其中有璜、玦、玉管和珠子等，在有些人骨的口内还含有半透明的五色花石子，各种随葬品的配合并没有一定的规律，有的包括生产工具、陶器和装饰品，有的只有其中的一种或两种。计 206 具人骨中，有生产工具随葬的占 159 具，有陶器随葬的占 154 具，有装饰品的占 85 具。生产工具被这样普遍地用于随葬，在我国各新石器文化的墓地中还是少见的现象。

北阴阳营出土的遗物，其特征与青莲岗很是相近，但是也有若干差别。

陶器以夹砂和泥质的红陶与褐陶居多，灰陶较少，大部分为手制，在造型上，三足器、圈足器、圜底器，平底器都较发达，多嘴，多角状和弓形把手，也常使用器盖。主要器形为鼎、豆、钵、盆、带嘴壶等，另外还有鬶、盉、釜、罐等，数量较少。鼎大部分为圜底釜形，砂质，三足竖直或往外别，少数的有盖；泥质鼎数目较少，多为盆钵形，足较矮，器外常有一两道彩绘。豆的形态很是复杂，豆盘有曲壁、折壁和敛口之分，豆把有高矮之分，高把豆中常有镂孔，矮把豆外壁常有彩绘。钵和盆都有平底与圜底之分，盆多折壁敞口，钵多曲壁敛口，个别盆钵有一角状把手。陶壶的形态也很复杂，但大部分都有一嘴和一弓形把手，鬶有实足与空足之分，均颈部分界明显，与连云二洞水库和山东大汶口等地出土的陶鬶基本相同。盉形略似鼎，唯有一嘴，有的还有一个角状把手，釜为大圜底，口较小，器身较矮，和青莲岗的颇不相同，从上海青浦崧泽等处的地层关系来看，它是一种比较晚期的形制（详见后述）（图五一）。

陶器表面多素面和磨光，有少数的弦纹、锥刺纹、压印纹、刻划纹和彩绘等。有些彩陶是先施陶衣的，有白衣红彩、红衣深红彩和红衣黑彩等数种，绝大部分都是绘于器身外壁的，但也发现有少数内彩陶器（折腹圜底盆等）。彩绘母题多为几道平行条带，其他有方格网纹、三角纹和弧线纹等。

北阴阳营出土的石器绝大部分都是磨制的，主要器形有斧、锛、凿、刀和纺轮等，还有少数石铲与石锄。石斧大部分是扁平的，圆刃，并常有穿孔，剖面椭圆形石斧只占很小的比例。石锛的数量最多，仅墓地就出土 153 件，其中有一部分于背面起脊，依据林惠祥先生的分类，应属于初级型的有段石锛。石铲扁薄圆刃，穿一大孔，石锄为长方形，亦穿一孔。北阴阳营的石刀是很富特征的，刀呈长方形，体窄而长，背穿七孔，和北方常出的长方形石刀（多穿一孔，有时穿双孔）的用途也许有所不同（图五二）。

北阴阳营还出土大量的玉和玛瑙器，它们绝大部分都是葬地出土的装饰品。其中玉器有玦、璜、管和珠等，玛瑙器多珠和坠饰。玉器的发达，是江浙沿海新石器文化的一个显著特点。

和北阴阳营下层文化接近的遗址，在南京还有北郊卸甲甸庙山和西南郊太岗寺，在南京附近有江浦蒋城子和安徽滁县朱勤大山等处。大岗寺的遗存是很复杂

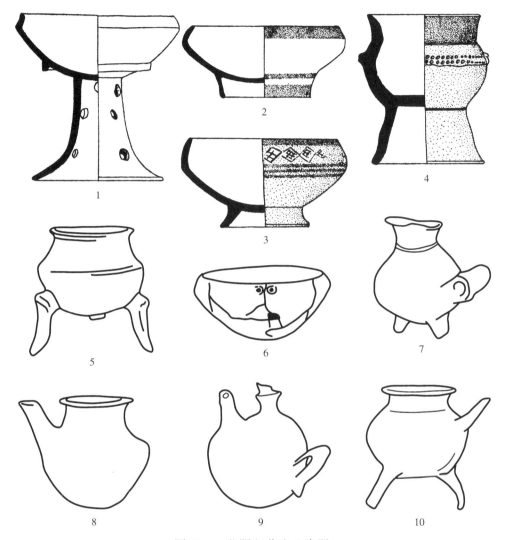

图五一　北阴阳营出土陶器

1～4.豆　5.鼎　6.钵　7.鬶　8、9.壶　10.盉

的，包含着几个不同的时代，其中像第 9 号墓出土的带角状柄的陶鼎和折腹钵，造型风格是和北阴阳营下层文化相一致的，同墓出土的扁足罐，在青莲岗曾有类似的残片出土。又在该遗址出土的实足鬶、单把杯和黑陶壶等，都和山东大汶口的同类陶器相像，因而这一类遗存的年代，大约也与大汶口类型相当。滁县朱勤大山遗址的地层关系，可以直接证明这一类遗存的相对年代。在那里最下层是与北阴阳营下层文化相似的遗存，出土划纹、条纹鼎足和红衣陶片等，在它的上部叠压着类似山东龙山文化（城子崖—两城镇类型）的遗存，出土有罐形鼎和鬼脸式鼎足、蛋壳黑陶等，另有竹节状黑陶豆把则与后述之良渚文化相近。这一方面

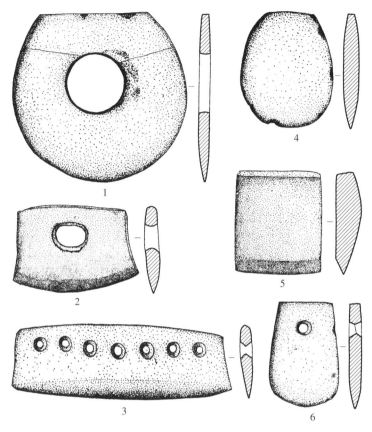

图五二　北阴阳营出土石器

1、2. 锄　3. 七孔刀　4、6. 铲　5. 锛

说明了北阴阳营下层文化在年代上早于龙山文化（城子崖类型）和良渚文化（晚期），另一方面也说明了它的直接继承者乃是一种类似于龙山和良渚晚期的文化，而不是湖熟文化[1]。

三　太湖和杭州湾地区

（一）地理环境与文化概貌

在江浙交界的太湖平原和杭州湾地区，有两种地质作用在进行着。一方面是陆地的沉降，这是由第四纪新构造运动而引起的；另一方面是各种不同的地层堆

---

　　[1]　湖熟文化是分布于江苏安徽境内长江沿岸地区的一种青铜文化，从上海马桥俞塘和青浦崧泽等处的地层关系来看，其时代显较良渚文化为晚。

积，包括长江和钱塘江的泥沙淤积、潟湖和沼泽的沉积等。由于两种作用的同时进行，那里的地理面貌数千年来已有很大的改变，有些原是陆地的地方已因沉降作用而渚为湖泊，有些原是湖泊或海面的地方又已堆积为陆地，有些地方的绝对高度虽无多大变化，而原来的地面则已掩埋于现今地面一两米以下了。因此在这个地区发现的许多新石器文化遗址，除了少数位于山坡和较高的土墩上者以外，大部分都位于较深的地层，往往下降到潜水面以下，上部为冲积土覆盖，或为泥炭与沼铁矿所埋没。更有一些文化遗物出自湖泊与池塘之中，它们也许是由水流从岸边冲进去的，也许今日的湖泊，竟是当日的村落所在，因而遗留下如许遗物。由于地面很少有文化遗存的露头，在这个地区进行考古调查是比较困难的，许多新石器文化遗址的发现，往往不是通过有计划的田野调查，而是在配合农田水利工程和基本建设中发现并清理的。

过去在这个地区发现的新石器遗存仅杭县良渚等少数几处，其文化特征是磨光黑皮陶特别发达，造型以圈足器和平底器为多，有双鼻壶等似仿铜器的器形，玉器甚多，玉石器制作技术甚高，当时曾被视为龙山文化的一支，后改称良渚文化，时代仍与龙山文化相当，这些看法从今天看来仍然基本上是正确的。

近年来，在这个地区发现了相当多的新石器遗址，其中不少曾经过发掘与清理，在江苏境内的有无锡仙蠡墩（1952 年发掘）、锡山公园（1955 年），昆山陈墓镇（1957 年），荣庄（1959 年），无锡许巷，苏州越城，吴江梅堰（以上皆1960 年）等处，在上海市的有马桥俞塘（1959 年）、青浦崧泽（1961 年）、松江广富林等处，在浙江的有杭州老和山（1953 年）、水田畈（1958～1959 年）、吴兴钱山漾（1956 和 1958 年）、嘉兴马家浜（1959 年）、吴兴邱城等处。这些发掘与清理，已经大大丰富了我们对这一地区新石器文化的认识，它们不仅表现为良渚类型的文化遗存，而是有着时代先后、文化特征演变清楚的几期文化，良渚不过是其中最晚的一个时期的遗存而已。

吴兴邱城遗址的文化堆积，可以作为观察本区地层关系的一个代表。遗址位于吴兴县北紧临太湖的小山丘上，连同住地遗址和墓地，面积约有 3 万平方米，在它的上部有城墙遗址、印纹硬陶和釉陶等时代甚晚的遗物。新石器文化分为两层，上层曾发现 10 座墓葬和 2 个灰坑，它们都打破了下文化层。下文化层主要是住地遗存，其中有房屋遗迹，为硬土面的柱洞等。

从出土的遗物观察，上下层的区别是很明显的。下层陶器以红陶为主，只有极少数的黑陶片，器壁都比较厚。绝大部分都是素面无纹，只有个别的镂孔和刻划纹，一部分陶器加饰红色陶衣。造型的特点是多三足器、平底器和圜底器，圈足器甚少，腹壁圆缓，常有牛鼻式耳和把等。器物种类有鼎、釜、罐、盆、钵、豆、杯和似鬶形器等。鼎有罐形与钵形之分，皆圜底，足为圆柱或椭圆柱形，足外常压印几个小圆窝作为装饰。釜为大口深腹圜底式，腹外有一道宽边，和青莲岗发现的同类器物比较接近。钵有平底和圜底的，外面常施红衣。这几种器物都可作为本区早期文化的代表性器物。石器则有圆柱形斧、厚重的锛、细长的凿等，也曾出土玉玦。

上层的墓葬和灰坑虽无直接的叠压或打破关系，但所出遗物风格是不同的。有一个灰坑中（H2）出土典型的良渚黑皮陶，其中有豆、罐、器盖和石镞等。陶豆有高把和矮圈足两种，柄部均起凸棱，呈竹节状，石镞剖面为菱形，都是良渚的典型形态。

墓中出土的器物是比较丰富的，其中陶器有鼎、豆、钵、壶、罐、圈足盘和杯等。鼎有罐形和盆形之分，以前者为多，素面或饰弦纹与堆纹，足多外别，上部为三角形，足端为扁凿形，少数的鼎带盖或有把，其风格和北阴阳营下层文化的有些类似。豆的数量很多，主要形态是折盘敛口，柄部有圆形与三角形的镂孔，有时于镂孔之外更兼施复线交叉和绚索状的刻纹。壶为小口，带圈足。有一种高足杯，上为直筒杯形，柄部镂孔，在湖北京山屈家岭曾出土一件相似的器形。纵观这些陶器，黑陶比例较高，陶质较软，三足、圈足和平底器都较发达。纹饰以镂孔为多，有少数刻纹、弦纹和堆纹等。这些特征有别于下层，又与上层灰坑遗存不同，似是两者的中间环节。

石器也有本身的特点，主要是圆刃扁平穿孔石斧、长条形石锛，还有三角形石犁和有柄石刀，后两者乃是太湖与杭州湾地区特有的器形。看来墓葬的遗物比灰坑较接近于下文化层，时代应当较早，因而邱城新石器文化发展的顺序当是下文化层→上层墓葬→上层灰坑。前面已经说过，墓中遗物是和北阴阳营下层文化比较接近的，而灰坑遗物乃是典型的良渚文化，至于下层文化，现在发现得比较少，它是迄今所知本区新石器文化最早的一期。

除了邱城以外，还有一些遗址的文化层堆积也有着早晚的不同，可以作为邱城地层关系的补充。其中上海青浦崧泽的墓群和邱城墓群基本上是同时的，它们打破下文化层，该层遗物则与邱城下层相当。在无锡仙蠡墩，吴县虎山、华山，苏州越城，昆山绰墩、荣庄，吴江团结村、梅堰等处，上部都有良渚类型的遗存，下部大部分与邱城墓地相当，少数有早到其下层文化的。因而邱城下层、邱城墓地和良渚类型的遗存的顺序关系在本区是有一定的普遍意义的。它们代表着本区新石器文化发展的早、中、晚三个文化时期。

（二）以邱城下层为代表的早期文化遗存

早期文化遗存现在发现较少，能够比较确定的有吴兴邱城下层、上海青浦崧泽下层和吴江梅堰下层等处，浙江嘉兴马家浜的文化面貌差异较大，内容比较复杂，但有一部分基本上仍和邱城下层文化相当。

当时的生产工具以石器为主，有近圆柱形的斧、厚重的锛、长而精致的小凿，骨器则有锥、针等。这些基本上都是手工工具。在马家浜曾发现不少骨镞，并同出大量兽骨，包括鹿、野猪、麋等，其他遗址则有大量蛤蜊、螺蛳壳的发现，可知当时渔猎经济比较发达。马家浜还发现不少水牛（Bubalus sp.）骨骼，并有较完整的骨架，可知当时已饲养大家畜了。

陶制器皿全都是手制的。以夹砂红陶和泥质红陶为多。也有少量的灰陶与褐陶。绝大部分为素面无纹，少数有附加堆纹、镂孔和刻划纹等，不少陶器加施红衣，质地较软，红衣常易脱落。造型的特点是以平底和圜底器为主，有少量的圈足（豆）和三足（鼎）器，多鸡冠耳和牛鼻式耳，器形有鼎、釜、豆、钵、罐、壶等。鼎常为圜底，圆足或扁圆足；釜均大口深腹圜底，腹壁外部有一道宽边；豆盘曲度缓圆，足呈喇叭状，有些有镂孔；罐有大口夹砂罐和小口泥质罐之分；钵有平底与圜底之分，其外壁都是常施红衣的。

建筑遗迹曾于邱城下层发现，那是一种厚 10～18 厘米的硬土面，有的地方相互叠压达三层。这种硬土面是用碎石、陶片、砂粒、蛤蜊壳、螺蛳壳和黏土拌和筑成的，表面涂一层泥沙，适当拍紧，然后经火焙烧，便呈褐色，很是坚硬。有一块硬土面上发现了两行柱洞，行距 3.5、洞距 0.87、洞径约 0.6～0.8 米，洞底铺木板，板上立柱，柱径约 0.2 米，这大约是一所房屋的残基。此外，在崧泽等地还有灰坑的发现。

在马家浜曾发现一处葬地，发掘了 30 座墓葬，分布很密，并有重叠达五六层之多的。一般无墓圹，个别骨架旁有木板痕迹。葬式以俯身为多，仰身直肢次之，并有仰身屈肢的。均南北向。绝大部分无随葬品，少数墓随葬石斧及陶豆、罐、钵、纺轮和玉环等。

（三）以邱城墓地为代表的中期文化遗存

和邱城墓地相当的中期文化遗存，主要有苏州越城（住地和墓地）、上海青浦崧泽（墓地）等处。邱城墓葬排列比较整齐，方向多正南北，均为长方形土坑。崧泽的 50 余座墓葬因地下水位太高，墓圹不明，人骨保存状况也不好。方向以南偏东者较多，其他方向的也不少。在邱城和越城差不多每墓都是有随葬品的，越城每墓自 10 余件至 20 件不等。崧泽的绝大部分墓亦有随葬品，少仅 1 件，多达 17 件，以 4 件左右为多。

随葬品以陶器为多，生产工具和装饰品等也很普遍，崧泽有个别墓葬随葬兽牙和猪下颌骨的。

陶器以泥质灰陶为多，泥质黑陶、夹砂褐陶次之，夹砂红陶较少，泥质陶常为灰胎黑皮者。绝大部分为素面或表皮磨光，多弦纹、镂孔，也有少数刻划纹和附加堆纹。个别陶器还有施加红衣的。

陶器器形有鼎、釜、豆、罐、壶、钵、盆、杯和器盖等。大部分都是手制的。它们在墓中的组合是不固定的，有的器类比较全，有的只有其中的几件，但大多数都包括炊器（鼎或釜）、饮食器（豆、盆或钵等）和盛储器（罐、壶等）三类。

本期文化的釜为小口圆腹大圜底式，颈肩部分常饰弦纹。大部分的鼎器身和釜相同，下加三条扁足，只有少部分鼎是盆形的。豆以浅盘折壁口微敛，柄部饰弦纹和镂孔的为多，镂孔以三角和圆形为主，常结合一起组成很美丽的图案。有些小罐有着花瓣形的矮扁足，是本期陶器造型上的一个显著特征。

用于随葬的生产工具以锛为最多，次为斧、铲、凿等，少数有随葬镞，三角形"石犁"和有柄刀的。常见锛个体较大，最长有达 25 厘米的，分扁薄与厚重两种，薄锛体厚常不及宽度之半，厚锛体厚与宽相等或更大于宽。除常见锛外，也还有个别的有段石锛，个体较小，分段不十分明显（为初级或中级型）。

斧为扁平式，圆刃，上穿一孔。石铲则更薄，平刃或圆刃，亦穿一孔。所谓三角形"石犁"，体为三角形，一边有刃，一边为背，另一边有缺口，似为安柄所设，这种器物乃是太湖—杭州湾地区的新石器文化所特有的。

装饰品多玉器，有玉璜、玉环和陶环等。

（四）晚期——良渚文化遗存

属于晚期的良渚文化遗存是发现得最多的。比较重要的遗址，在江苏有无锡锡山公园、仙蠡墩、许巷，吴县华山，苏州越城，昆山荣庄、陈墓镇，吴江团结村、梅堰等处，在浙江有杭县良渚、长明桥，吴兴钱山漾，邱城上层，嘉兴双桥，杭州水田畈等处，上海马桥俞塘和松江广富林则发现了良渚文化的墓地。

在上述遗址中，只有钱山漾是经过较大规模的发掘的，其他仅经试掘或调查。钱山漾遗址在吴兴城南约 7 千米，西濒钱山漾，常年被水浪冲蚀，部分遭到破坏。

浙江省文管会和省博物馆的同志们曾于 1956 年春和 1958 年春进行了两个季度的发掘，揭露面积 700 余平方米，其下层主要为良渚文化遗存[1]。上层则为包含几何形印纹硬陶的晚期遗存。

在下文化层曾发现 3 处居住遗迹，有红烧土灶穴、柱洞和木柱残迹等。还出土大量的陶器和石器，它们的特征和良渚镇的基本相同。

良渚文化的陶器，以黑皮磨光的泥质陶和灰色夹砂陶为主，次有泥质灰陶、泥质红陶、夹砂黑陶、夹砂红陶等，而以黑皮磨光陶最富特征。这种陶器胎壁甚厚，质地较软，容易脱皮。但是也出土过一些火候较高，壁厚仅 1.3～2 毫米的薄壁黑陶，几与山东龙山文化的蛋壳黑陶媲美。

泥质陶器约皆轮制，夹砂陶则以模制与手制为多。纹饰颇不发达，比较常见的有镂孔、竹节纹、刻划纹和少许绳纹、篮纹、附加堆纹、弦纹等。器身磨光或素面无纹的占绝大多数。

从造型上来看，圈足特别发达，三足器和平底器也很多，多小型竖鼻，有些陶器带把。一般器身折棱显著，较少曲度圆缓的。陶器种类有鼎、鬶、豆、篮、圈足盘、盆、罐、碗、壶等。

鼎身多为圜底罐形，有的在内壁中央有一道宽边，似为置箅以蒸食物的，足多扁式侧装，有的呈鱼鳍形，有的剖面呈"T"形。

鬶为夹砂红陶或灰陶，器壁较厚，颈部缓曲，钱山漾还出土一种长颈鬶，唯余上段，和南京西善桥太岗寺所出几乎完全一样，当是较少的一种形制。

豆和篮类器的造型风格是差不多的，并有许多中介的形制，豆盘较浅，盘壁缓曲或急折，柄部常有多数竹节状凸棱，有的柄部特高。篮盘较深，圈足粗矮，亦多竹节状装饰。镂孔和中期比较起来是大大减少了，孔形也有变化，多长方或曲尺状，也有圆孔。这类器物在良渚文化中大量出现，形成一种显著的风格。

双鼻壶更是良渚文化中富特征的器形，可分两种，一种为尊形，颈部特高，双鼻与口沿平齐，腹矮而外鼓，下有矮圈足；另一种为鱼篓形，最大腹径下垂，从颈到腹是缓曲的，底部亦缓曲收缩为平底，双鼻在颈部。前一种差不多每个遗址必有，后一种主要分布在太湖区域的各遗址中（图五三、图五四）。

---

［1］　浙江省文物管理委员会：《吴兴钱山漾遗址第一、二次发掘报告》，《考古学报》1960 年第 2 期。从报告所发表的材料来看，下层的遗物很是复杂，并不单纯是属于一个时期的。如长颈鬶（图版叁：6，肆：1）当属本区中期文化的，而"云雷纹黑陶豆柄、墨绘回纹残石斧"（75 页，又图版陆：7）等应属上层以几何形印纹硬陶为代表的晚期遗物。鉴于有这种情形，在下层发现的许多从本身不易判明其时代早晚的遗迹遗物，很难把它们通通看作是良渚文化的遗存。

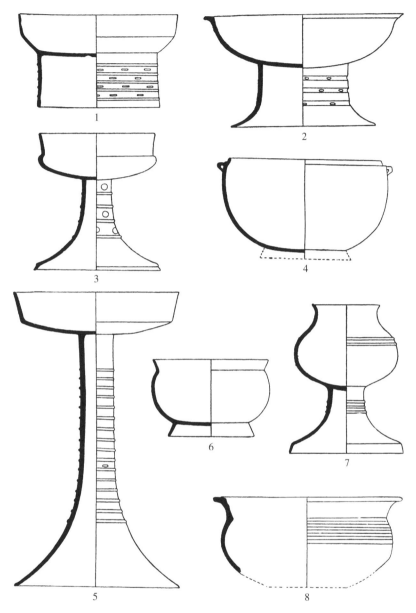

图五三　良渚文化的陶器

1~3、5. 豆　4、6. 簋　7. 高足杯　8. 盆（均为良渚第二区出土）

　　良渚文化的生产工具以石器占绝大部分，骨、蚌器是极少见的。石器一般磨制精致，棱角显著，其种类有斧、锛、有段锛、凿、铲、长方刀、镰、有柄刀、"耘田器"、三角形"犁"和镞等。

　　石斧有剖面椭圆形和扁薄的两种，后者尚为圆刃，穿一孔。石锛有常见形制的，也有不少有段石锛（自初级型至高级型均有），其个体一般较小。石铲为扁薄

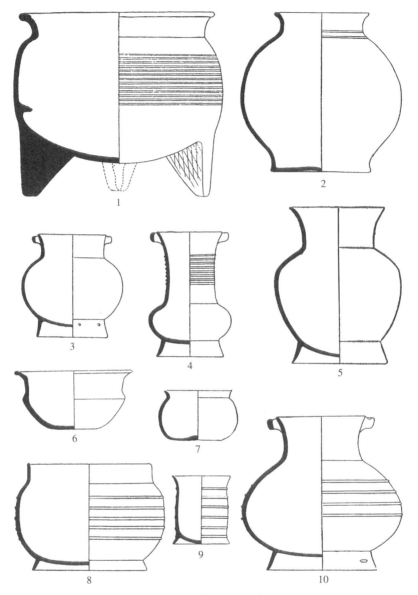

图五四　良渚文化的陶器

1. 鼎　2、7. 罐　3、4、10. 双鼻壶　5. 壶　6. 钵　8. 簋　9. 杯（均为良渚第二区出土）

长方形，上端穿孔，和扁平式斧很接近。

三角形石"犁"、"耘田器"和带柄石刀差不多是本区新石器文化的特产，它们在良渚文化遗址中是常见的。石"犁"状呈三角形，刃部朝下，前缘尖锐，后端有一榫口，当为安柄所设，大约是用于松土的。"耘田器"有双翼，圆刃，背部中央有一榫头，也当是安柄使用的，其形状与现今江南铁制的耘田器有些相似。有柄石刀一般较厚重，在一端有一柄，用途不详。

石镞数量较多，以剖面呈菱形的占绝大多数，有的锋、身、铤分化明显，有的浑然一体。

除石器外，良渚文化有较多的玉器。有些是生产工具，如玉斧、玉铲等，但更多的是礼器和装饰品，包括璧、璜、环、管等及其他佩饰。常成批地出土，有一窖出土近百件者。

上海马桥俞塘发现了2座良渚文化的墓葬，都是被压在以几何印纹陶为代表的青铜文化之下的。其一为女性，随葬1双鼻壶和1白玉坠饰。另一座为小孩墓，随墓1件釜、2件豆和2件双鼻壶。在松江发现的2座墓葬除随葬上述物品外，还有石镞和陶纺轮等，这种不仅以陶器，还以生产工具和玉饰等装饰品随葬的风习，和本区中期文化如邱城和崧泽等墓地所见的情形正好相仿。

四　湘鄂赣地区

位于长江中游的湖北、湖南和江西三省，是一个颇大的盆地，地理上称为两湖盆地。盆地四周为秦岭淮阳山地与江南丘陵所环绕，中央有密集的湖泊群，其中最大的为洞庭湖和鄱阳湖。许多从四周山地发源的河流都流向盆地中央的湖泊，或直接灌入长江。在河流的两岸发育了很好的山间盆地或阶地，河流的下游和湖泊周围则已淤积为广大的平原地区，这些土肥水足的地方，都曾经是新石器时代人们聚居蕃息的处所。

通过近年来的工作，在三个省区都发现了一些新石器遗址，其中以湖北发现较多，文化内容了解得比较清楚。

（一）湖北地区的新石器文化

湖北境内的新石器文化主要属屈家岭文化系统，这个文化是1954年首先在京山屈家岭遗址发现的，其突出的特征是包含有一部分蛋壳彩陶和绘彩的陶纺轮，为他处新石器文化所未见。陶器形制等许多也具有独特的风格，一部分则与中原和江浙地区的新石器文化相接近。从1958年起在湖北北部均县、郧县各遗址的调查和发掘中，不仅发现了和屈家岭遗址同一类型的文化，还明确地提出了该区文化的分期。至于它与中原新石器文化的关系，也找到了一些新的线索。

（二）屈家岭遗址和屈家岭文化

屈家岭遗址位于京山县青木河东岸的一个岗地上，面积约4万平方米，岗坡较缓，高出周围平地仅四五米。文化堆积可分为两层，分别代表早晚两个时期。

早期的遗存较少，仅有少数灰坑和遗物的发现。陶器以泥质黑陶较多，灰陶次之，也有一定数量的红陶和橙黄陶。有手制的，也有轮制的。器表多素面无纹或打磨光滑，有些器物上绘彩，有些器物上则有朱绘。彩陶一般胎壁较厚，多红陶和橙黄陶，除大部为泥质外，也有个别掺砂的。有的有白衣或暗红衣，彩纹为黑色、红色或黑、红二色兼而有之，纹饰母题为平行线、方格网纹、圆点勾叶纹等，与仰韶文化的彩陶有类似之处。朱绘全施于磨光蛋壳黑陶之上，有横线、斜线和似雷纹的图案，满被器身，是早期的一大特色。

早期陶器之形制似较简单，主要有鼎（足为锥形）、豆（浅盘平缘）、罐、小口高领罐、小口高圈足彩陶壶、朱绘蛋壳黑陶杯、盘、罐等。圈足（尤其是矮圈足）特别发达，其他均为三足与平底器，器盖较多，而把、耳等不常见。

早期生产工具主要为剖面椭圆形石斧、石锛和大型黑灰陶纺轮。另外出有较多的黑陶环。

晚期的遗存较早期为丰富，其中有房屋遗迹和墓葬等。有一座较大的房基，南北长约14米，其北半为高0.5米的红烧土台子，两侧各有对称排列的柱洞4个，南半低平，上面残余柱洞16个。房基全为红烧土块，上面残留有大量的稻壳痕迹，其谷粒呈短圆形，腹背两面长短相称，稃端有长芒，稃面茸毛多而且长，是属于粳型稻的。同样的稻壳痕迹在天门石家河、郧县青龙泉和武昌洪山放鹰台等处都有发现，乃是湖北地区新石器时代被普遍栽植的一种农作物。

墓葬仅发现3座，均未查明墓圹，2座为仰身直肢葬，1座为屈肢葬，仅有一墓有随葬品，随葬带盖陶鼎4件、陶罐1件，均置腰侧。

在陶器中灰陶成分增加，比例最大，次为泥质黑陶、夹砂和泥质红陶等。仍以手制为主，仅个别器物为轮制的。纹饰不发达，素面无纹与磨光的占绝大部分。本期没有朱绘蛋壳黑陶，而出现相当多的蛋壳彩陶，是很突出的现象。

晚期的彩陶，一部分保存早期的特点，即胎壁甚厚，上绘方格网纹和平行线等，但更多的是胎壁极薄（0.5~2毫米）的所谓蛋壳彩陶。其器形有碗、杯、小口高圈足壶等。在这些器物的表面、内壁或里外两面，常涂一层黑色、橙黄或橙红的色衣，然后加饰红色、黑色或二色兼有的彩绘。彩绘母题有方格网纹，方格纹中加圆点、斜直平行线、棋盘格子和螺旋形与弧线纹等。常满被器身，有的也满被于器物内壁。

彩陶而外，占全部陶器绝大多数的还是单色陶器。其器形有鼎、锅、甑、豆、盆、钵、碗、壶、罐、杯和器盖等。鼎身多圜底罐形，有的浅腹折壁带盖，足多为扁凿形。锅为红褐色夹砂陶，敞口浅腹尖底，大的口径几近1米。豆盘多敞口，有的折壁，只有个别口部微敛，豆把一般较矮，常有圆形镂孔。盆、钵腹较深，底部缓收并向上凹进。壶为小口直领高圈足，杯亦有高把的，两者均是屈家岭极富特征的器物。

石器有斧、锛、凿、刀、镰、镞等。斧多小型者，但也有长达 26 厘米的大型石斧。锛为常型者，也有少数有段石锛，正如前节所说的，这种锛乃是东南沿海所普遍出土的。镞为数很多，有扁平叶形的，三棱的和断面为菱形的。骨制工具有锥、针、鱼叉和镞等。

陶质纺轮发现甚多，且形式复杂，从剖面看有长方形、半月形、菱形等各种，周边有的平齐，有的起棱，也有孔周围特别加厚的。除素面者外，还有不少是绘彩的。彩陶纺轮全为黄陶，彩均为橙黄色或黑褐色，纹饰有浑然一体的（螺旋纹、同心圆圈纹、点纹），也有三分的和四分的（弧线纹、平行直线纹），颇富变化。

在屈家岭遗址第一阶段发掘完毕之后，接着便在其南面不太远的天门石家河进行发掘，揭露面积约 1400 平方米。

石家河出土的遗物和屈家岭晚期有许多共同之处，但是也有不少差异。陶器仍以灰陶为多，但夹砂红陶的比例较屈家岭晚期为大。制法仍多手制，也有轮制。纹饰相对增加，有篮纹（斜行的，方向相斗的）、绳纹、附加堆纹、弦纹、刻划纹和镂孔等，彩陶已很少见，但彩陶纺轮则大量出土。彩陶器仍为碗、杯和小口高颈高圈足壶，彩饰有方格状网纹和平涂的色衣等。彩陶纺轮形制和屈家岭晚期基本相同，但彩饰有些变化。约均为米红色，其构图方式有浑然一体的（螺旋纹）、二分的（弧线纹夹平行直线、太极形纹）、三分的（相斗的弧线纹）、四分的（相斗的平行直线，相斗和相切的弧线纹，太极形纹，平行直线与点纹相间、平行直线与红三角相间等），更有五分和六分的（相斗的平行直线），其中以太极形纹最富特征。

陶器器形有鼎、鬶、盉、豆、盆、碗、高圈足杯、平底杯、壶、罐和器盖等。鼎有罐形与盆形之分，均为圜底，有些饰篮纹，足多侧装扁足，也有平装扁足中部起凹槽者。鬶为红陶，流部突出而高与口沿齐平，盉有长嘴一把，并有镂孔圈足。豆约皆浅盘矮圈足，常有圆形镂孔。碗亦多矮圈足。小口高颈高圈足壶和壶形高圈足杯都是屈家岭晚期曾见的器形。直筒杯多平底，有色衣或彩绘，有的有镂孔高圈足。罐多瘦腹小平底，其最大腹径常较低，外表素面无纹，或饰以斜行的浅篮纹等。此外还有一些粗红陶的圜底锅形器和盘形器等。

石家河的石器有铲、斧、锛、镞和钻等，铲为扁薄长方形，穿孔，磨制不精，石镞有三棱式者，锋、身、铤三部分化明显，是一种进步的形式。

从石家河出土的全部遗物看来，有一些是继承屈家岭晚期的，或基本上是相同的，但是有更多的新因素，这些因素中的一部分如鬶、盉、小口篮纹罐、侧装扁足鼎等与中原龙山文化较为接近，因而推测它是一种与屈家岭同一系统，然而年代较晚的遗存。

由于屈家岭新石器文化的发现，考古界便提出了屈家岭文化这一名称（图五五～图五八）。它的内涵，既包括了屈家岭的早期和晚期，也包括了石家河的遗存，它们分别构成屈家岭文化的早、中、晚三期。

屈家岭文化的分布，就现在所知的最北可达汉水支流唐河白河流域，已入河南境内。那里的遗址有南阳黄山、唐河砦次岗、淅川下集和镇平赵湾等处，其中有些遗址出土蛋壳彩陶杯和小口高颈圈足壶，有些出土彩陶纺轮等，都是屈家岭文化的典型器物。但那些遗址同时出土一些类似中原仰韶文化的彩陶、小口瓶等，文化内涵不是很单纯的。与那些遗址相接壤的湖北西北部郧县、均县一带的遗址也表现了同样的情形。此外，在湖北地区曾发现屈家岭文化遗址的地方还有光化、襄樊、钟祥等县，这些都位于汉水流域。至于湖北东部的黄冈堵城、鄂城和尚山等处，虽也出蛋壳彩陶杯，但更大量的遗存均有其本身的特点，就某些方面说还与青莲岗文化接近，已是屈家岭文化分布的极限了。

（三）鄂西北地区的文化遗存

湖北省的西北部乃是一个山地区域，有武当山横亘于南，新开岭耸立于北，汉水穿流其间，汇集着堵河、曾河、浪河与丹江，向东南进入江汉平原。山地中的这些河流有着旺盛的侵蚀作用，往往造成深浚的峡谷。在河谷宽放的地方，有着发育程度不同的阶地、平坝子和山间盆地，新石器时代的遗址就是分布在这些地方的。

从 1958 年起，长江流域规划办公室文物考古队等单位便在这一带进行考古调查，随即组织了几个重点遗址的发掘，其中主要属于新石器时代的有郧县青龙泉、大寺和均县乱石滩、朱家台、观音坪等处，它们的文化内涵是不全一致的。兹将各遗址的简况和它们之间可能的关系略述如下。

大寺遗址在郧县城西约 10 千米汉水和埝河交汇的三角地带，估计面积约 5000 平方米。新石器文化可分三期。

第一期多彩陶盆、钵等，彩纹有宽带、圆点、弧形三角、平行线等，有些彩陶并施白衣，其他陶器多饰绳纹或素面，器形有釜形鼎、尖底瓶、罐、瓮等，和中原的仰韶文化有许多共同之处，可能是这一地区新石器文化中最早的遗存。

第二期陶器多为素面，器形有高圈足壶形杯、蛋壳彩陶杯、红边灰腹钵、小口高领罐、镂孔豆和鼎等，大部分和屈家岭遗址的晚期相同，应属屈家岭文化中期。

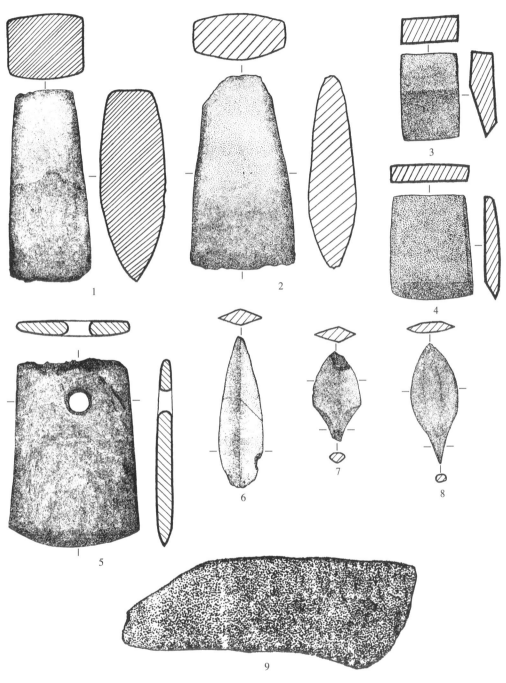

图五五　屈家岭文化的石器
1、2. 斧　3. 有段锛　4. 锛　5. 铲　6～8. 镞　9. 镰（均为屈家岭遗址）

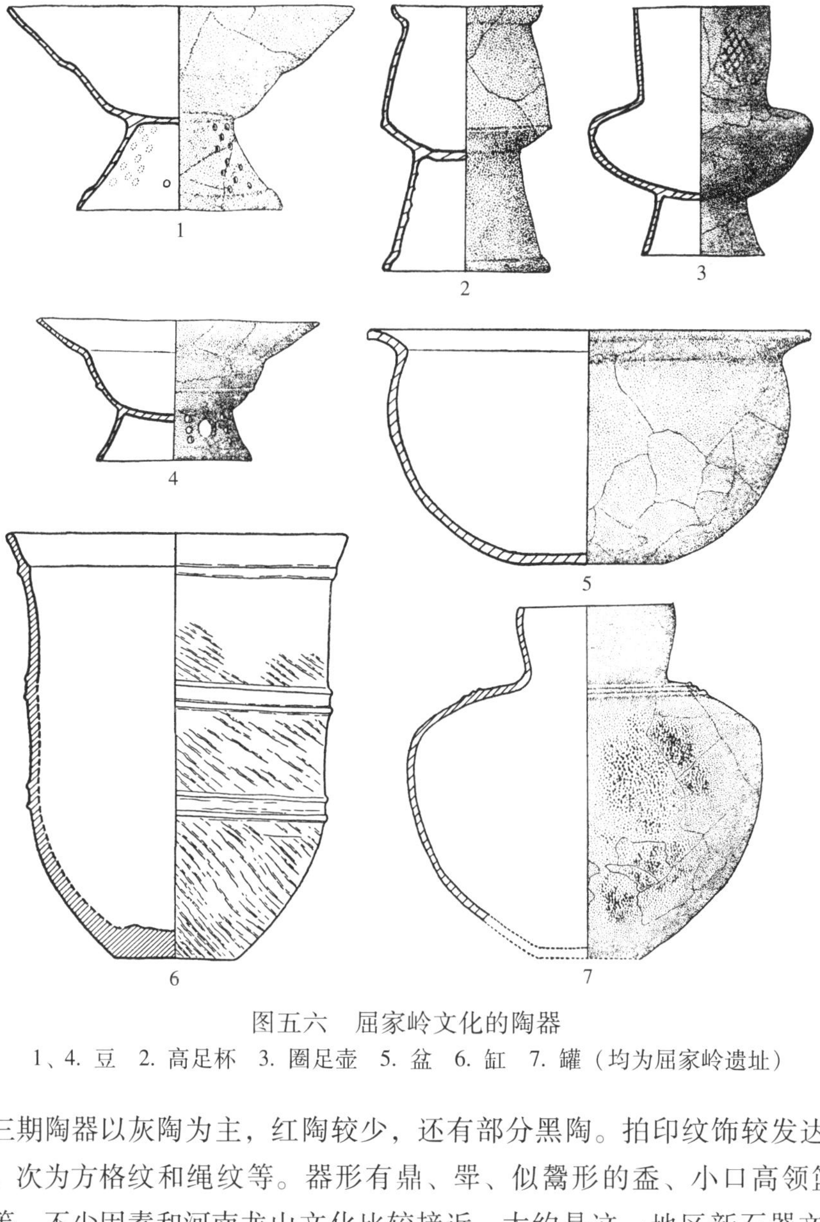

图五六　屈家岭文化的陶器

1、4. 豆　2. 高足杯　3. 圈足壶　5. 盆　6. 缸　7. 罐（均为屈家岭遗址）

第三期陶器以灰陶为主，红陶较少，还有部分黑陶。拍印纹饰较发达，以篮纹为多，次为方格纹和绳纹等。器形有鼎、斝、似鬶形的盉、小口高领篮纹罐、矮把豆等，不少因素和河南龙山文化比较接近，大约是这一地区新石器文化最晚的一期。

青龙泉遗址在郧县城东约5千米，汉水北岸，玉钱山南麓的一个缓坡地上，估计面积约4万平方米。这里的新石器文化也可分为三期：第一期陶器以夹砂灰陶和细泥红陶为多，大部分素面无纹。器形主要为铲式足盆形鼎、侈口罐、小口高领罐、红边灰腹敛口盆、杯和提手饰绳纽状花边的器盖等。彩陶仅见数片，黑色或红色，纹样有圆点、弧形三角和平行线等。和大寺比较起来，仅有很少的因

图五七　屈家岭文化的朱绘陶和彩陶

1~3. 彩陶碗　4、6. 彩陶杯　5、9. 彩陶盖　7. 朱绘盘　8. 朱绘杯（均为屈家岭遗址）

素与其第一期接近，同时又有一些与大寺二期相近，时代当在两者之间。

第二期与大寺二期基本上是相同的，年代也应与之相当。

第三期陶器多为灰陶，红陶次之。器表仍以素面无纹者为多，拍印纹饰较前发达，以篮纹为主，次为方格纹与绳纹。主要器形有鼎（足多扁平起棱）、罍、下腹膨大的罐、红口灰腹钵、小口高领罐和彩陶小罐等。还出有彩陶纺轮，其纹样为太极、双弧线夹平行直线等，与石家河屈家岭文化者相同。就本期的全部文化因素来说，不少是继承第二期的，有一部分已接近大寺三期，其时代亦当在两者之间。由于其内容有不少和石家河屈家岭文化晚期的遗存相同，故基本上是属于

图五八　屈家岭文化的彩陶纺轮
（1～8、10、13、14 为屈家岭遗址，余为石家河遗址）

屈家岭文化系统的。

乱石滩遗址在均县城东约 7.5 千米，汉水北岸一个依山傍水的缓坡地上。新石器文化可分两期：第一期与青龙泉一期相当，第二期约与大寺三期相当，从而为这两类遗存提供了一个直接的相对年代的证据。

朱家台遗址在均县城南约 2.5 千米，汉水和曾河汇流的冲积地带，两种约 1

万平方米。文化堆积比较丰富，其特征与青龙泉一期相同。

观音坪遗址属均县，文化遗存主要与青龙泉二期相当。

根据上述遗址不同面貌的文化，可以归纳为五类遗存，分别代表着五个文化时期。第一类遗存仅大寺第一期一处，可能是最早的一期；第二类遗存有青龙泉一期、乱石滩一期和朱家台，从它和第三类遗存的关系远较第一类为紧密来看，当比第一类为晚，当属第二期；第三类遗存有青龙泉二期、大寺二期和观音坪，在大寺有层位关系证明它比第一类遗存为晚，在青龙泉有层位关系证明它也晚于第二类遗存；第四类有青龙泉三期，它叠压于第三类遗存之上；第五类有大寺三期、乱石滩二期，在乱石滩有层位关系证明它比第二类遗存为晚，在大寺有层位关系证明它也晚于第三类遗存，从它与第三类遗存的关系不如第四类紧密，同时有一些较进步的因素看来，应当是这一地区最晚的一期文化了。兹特作表以明之（表七）。

表七　五类遗存相对关系表

各遗址分期 地点 总文化期	大寺	青龙泉	乱石滩	朱家台	观音坪
第一期	I				
第二期		I	I	I	
第三期	II	II			I
第四期		III			
第五期	III		II		

明确了上述关系以后，便可进而了解各期文化的内容了，让我们先从早期谈起。

第一期文化仅大寺下层一处，在100多平方米的发掘面积内共发现4个灰坑、8座墓葬和许多文化遗物。生产工具以石器为主，其他只有少数骨器和陶锉。石器有斧、钵、凿、镞和网坠等，骨器有铲、镞、锥等。未见石刀，农具是不发达的，相反狩猎工具倒比较多，并有捕鱼用的网坠。在遗址中出土较多的兽骨、河蚌壳和螺蛳壳等，这些多少反映了本期文化的经济特点。

陶器全为手制，以红陶为主，器形有鼎、尖底瓶、卷缘盆、圜底与平底钵、瓮、夹砂罐、小口高领罐、杯、器盖等。鼎身为釜形，肩部满饰弦纹，足为圆锥形，和河南陕县庙底沟仰韶文化的釜形鼎别无二致。卷缘彩陶盆和敛口彩陶钵的器形也与庙底沟仰韶文化的相同。夹砂绳纹罐、瓮和圜底钵等则与西安半坡仰韶文化接近，至于其中还有一些小口高领罐和红边灰腹钵等，与第二期的陶器相同，也许大寺下层的包含并不单纯，除主要属第一期外，也还有部分第二期的遗物。

夹砂陶表面多饰绳纹，而泥质陶常有彩绘。一般为黑彩与紫红彩，也有少数鲜红彩的，部分器物在施彩前还加一层白色陶衣。彩绘纹样有宽边、圆点、弧形三角和平行线等，就其较流畅和富于变化来看，更接近于庙底沟彩陶的特点。

居住遗迹仅发现 4 个灰坑，呈圆筒形，口径不到 1 米，内填陶片、兽骨、河蚌和螺蛳壳等。

8 座墓葬中有 7 座是单人葬，1 座是八人合葬。单人葬有 3 座保存较好，头向分别为西、西北和东面，两座为仰卧伸直，一座上体仰卧，左手压在躯体之下，右手置腹部，下部两腿交叉。随葬器物有小陶罐、陶环和石球等。合葬墓的 8 具人骨皆为二次葬，仅余头骨与四肢骨，肢骨堆置在一起，依次排列，头向均朝西北，随葬器物有石斧 2 件和泥质红陶高领罐、钵等残片。正如第四章所详细介绍的，以二次葬制为主的多人合葬墓乃是仰韶文化半坡类型的特点，大寺合葬墓的发现说明了这一地区早期新石器文化不仅在遗物上表现出与中原仰韶文化有密切关系，就是埋葬习俗也有类同之处。

第二期文化在朱家台和青龙泉下层均有很丰富的堆积，两处各发现房屋 5 座，亦各发现墓葬 4 座，在乱石滩则只有少数遗物发现。

生产工具以石制的为多，骨、陶制的都很少。石器多打磨兼施，即刃端磨制，器身打制或者略磨去其锐棱，通体磨光的石器是很少的。另外也有一些仅经打制的工具。石器种类有斧、锛、凿、刀、镞、纺轮、网坠和刮削器等，斧多用长条形砾石做成。部分石斧还保留有砾石的岩面，只有少数扁平穿孔石斧是通体磨光的。石刀很少，有长方形穿孔和两侧带缺口的两种。骨器主要为镞，有圆锥形和三棱形等。陶工具主要为纺轮，在朱家台和乱石滩还有"陶锉"发现。从工具的性质看，以手工工具为多，农业工具仍然较少。遗址中发现兽骨一般也不很丰富，其种类有猪、狗、鹿等，以猪为多。这些只能多少反映一点当时经济的某些方面，而不能确知其全貌和发展水平。

陶器以夹砂和泥质红陶为最多，泥质和夹砂灰陶次之，泥质黑陶为数甚少。可能基本手制，表面多素面无纹或打磨光滑，并在其上饰以凸弦纹、堆纹和乳丁纹，也有极少的篮纹和绳纹。少数的罐、钵之外施红色陶衣。青龙泉下层更有个别的彩陶片，为红地黑彩或鲜红彩，纹样有圆点、弧形三角和平行线等，烧制较差，彩色易于剥落，和第一期彩陶颇盛的情形比较起来，显然已大大衰落了。

器形种类比较简单，主要有鼎、罐、小口高领罐、盆、钵、碗、杯、器盖和器座等。鼎多圜底、扁圆锥形足。罐外常饰凸弦纹或乳丁纹。小口高领罐之外也有饰乳丁纹的。钵多敛口圆唇或方唇，部分器壁甚薄，红边灰腹，与河南仰韶晚期的"红顶碗"相似。

此外还出土一些陶环、石环和璜形装饰品等。

当时的房屋均系平地起建的，未见半地下穴式者，大约是出于防潮的考虑，因鄂西北地区正在秦岭之南，气候比黄河流域湿润得多了。

房屋平面结构可分三种，一为圆形，二为长方形，三为长方形双间房子。青龙泉发现的 5 座房屋均为圆形的，以 4 号房屋为例，居住面内径约 2.4 米，周围开挖沟槽，内垫石块和红烧土，上安木柱，然后再填充烧土。沟内发现柱洞 23 个，间距 0.2～0.3 米，东南部有二柱洞间距 0.8 米，当是房门所在。居住面是细泥硬土，中有二柱洞，大约是支撑屋顶的。屋顶的残迹塌毁于居住面上，已被烧红，反面遗有竹、木椽子的印痕。

朱家台的 5 座房屋大多残毁过甚，保存较好的 1 号房为长方形单间式，东西长 7.5、南北宽 5 米，为一四周低而中间稍高的红烧土面，周边无墙壁痕迹。居住面上有三列柱洞，南北二列均 4 个，中间仅余西端 2 个，东端已为后代之沟渠破坏。居住面上亦有倒塌的房顶痕迹，其反面遗有半圆柱形的木头印痕。在居住面的南边，还延伸一段烧土面，可能是门道。

朱家台的 2 号房屋是长方形双间式的，因残破过甚，全貌已不得而知。从残余的部分看，有南北两室，中为土墙隔开。南室南北长 5.75、东西残宽 3.95 米。北室残长仅 1 米余。墙宽约 0.2 米，残存最高为 0.26 米，转角处为圆形。墙基开挖沟槽，填充烧土，墙壁则以烧土与黏土掺和叠筑而成。居住面和墙壁表面均用细泥涂抹，并经火烧成淡黄与红褐色。在南北两室靠近东墙的居住面上遗有宽约 1 米的竹席印痕，当是人们坐卧之处。在北室靠南的居住面上有一用黏土围成的小室，其中有许多陶器，当是置放饮食用具的地方。

灰坑遗迹仅在朱家台发现 4 个，既少又小。坑形有椭圆与圆角长方两种，均口大底小，椭圆坑长、短径分别为 1.9、1.64 米，长方坑长、宽分别为 0.58、0.24 米，用途不详。

从朱家台和青龙泉发现的墓葬来看，当时实行着成人和小孩分别埋葬的制度，成人为单人仰身直肢，小孩则实行瓮棺葬。朱家台的 4 座葬中有 3 座是成人墓葬，墓圹不清楚，单人仰身直肢，头朝东南，头部和足部分别随葬陶钵和陶罐各 1 件。瓮棺葬在朱家台发现 1 座，青龙泉发现 4 座，以大型陶罐上覆一钵为葬具，朱家台一墓内随葬 1 枚鹿角，其他数墓均无随葬品。

第三期文化以青龙泉最丰富，在那里发现了 4 座房屋、3 个灰坑、1 座残窑和 6 座墓葬，大寺中层仅发现灰坑 4 个，观音坪的堆积较少。

几个遗址出土的遗物是比较丰富的。生产工具以石器为主，骨、陶器为数甚少。石器通身磨光和琢磨的较第二期文化有所增加，主要器类有斧、锛、凿、锄、刀、镞、敲砸器等。石斧有剖面长方形的厚斧和较扁薄的带孔斧。锛、凿皆磨制，数量甚多。石锄数量也很多，均打制，凹腰或带肩，平刃或凸刃，刃部因使用而擦磨光滑，是这一文化的重要特征之一。石刀甚少，为长方穿孔式，石镞多菱形和柳叶形。骨器主要为圆锥形镞，亦有鱼叉。纺轮均为陶制的。

陶器仍以夹砂和泥质灰陶较多，泥质和夹砂红陶较少，泥质黑陶更少。全都是手制的。大部分表面素面无纹或打磨光亮，在上面又加饰镂孔、凸弦纹、堆纹和划纹等，个别陶器拍印篮纹，另外还有一些彩陶。

器形主要有鼎、罐、小口高领罐、缸、盆、钵、豆、壶、杯、高圈足杯、器盖和器座等。鼎有圜底罐形与盆形之分，扁足而内凹，腹部常有一对鸡冠耳。罐外常饰凸弦纹或堆纹，小口高领罐唇略外凹，两者和第二期文化的同类器物相比变化不大。缸较大，器壁亦较厚，大口深腹，外饰篮纹。红边灰腹的小钵仍然很多。亦有带流钵等。新出现豆和高圈足杯，豆的形式很多，以浅盘折壁和高把镂孔者为多。

彩陶器仅限于小口高领壶、斜直壁平底碗、杯和个别器盖等，大部分是胎壁甚薄的蛋壳陶。常为红地黑彩或紫黑彩，橙黄地红彩或紫黑彩，在蛋壳彩陶碗的里壁有用紫红两者兼绘的。纹样有圆点、平行线、弧线、方格、斜方格等。这种彩陶器和屈家岭遗址的晚期颇为接近。

本期的房屋遗迹仅在青龙泉中层发现 4 座，均为长方形地上建筑，有单间与双间之分，从地层关系来看，单间略晚于双间式的。

双间房屋 1 座（6 号），其结构类同于朱家台的 2 号房子，但保存要好得多。该房南北全长 14 米，东西宽约 5.6 米，中由隔墙分划为南北二室，朝东各开一门，两门均靠近中间的隔墙，隔墙的东段亦有一门，以沟通两室。房屋四周亦绕以墙壁，厚 0.5～0.6 米，残存最高 0.48 米，由地面起建，是用黏土掺和烧土块筑成的，壁面则涂一层细泥，然后经火焙烧。

居住面先用烧土块垫底，表面涂以细泥，经火焙烧，成为红灰色的硬面。在北室北部的中央，有一长 1.8、宽 0.8、高约 0.05 米的烧土台子，其南竖埋 1 陶罐，在南室南部的中央，有一长方形凹面，大小与北室土台相等，其北部亦竖埋 1 陶罐，两罐里面遗留柴灰，大约是保存火种用的。在北室南部和南室北部偏西的地方遗有竹席的印痕，大约便是卧榻所在。

　　房屋中央有一列南北向的柱洞，每室 3 个，当是支撑脊梁的，于此可知房顶为东西两面坡式。塌毁的房顶和墙壁残迹，于居住面上还可找到。前者较薄而表面粗糙，后者较厚而外抹细泥，质地均为黏土。

　　长方形单间房屋 3 座，由北向南依次排列，面积均较小。其中 1 号房东西长 4.2、南北宽 2.3～2.64 米，周绕墙壁，宽 0.2～0.3 米，亦系黏土掺和烧土筑成。墙基挖沟槽，填充烧土块。墙面保存柱洞 30 多个，唯东墙未见，大约房门是朝东开的。居住面用细泥涂成，软硬不一。在西北角有用泥墙围成不到 1 米见方的土台，就近有豆、罐等残器，当是置放陶器所在。

　　在青龙泉中层发现灰坑 3 个，锅底形，不甚规则，大寺中层发现灰坑 4 个，其中较规整的略呈圆筒形，口径不及 2 米。灰坑较少而欠规整，尤其缺乏袋形窖穴，是这一地区各期文化的普遍现象。其原因盖在该处气候潮湿，窖藏易腐，有所不适。

　　青龙泉发现的 6 座墓葬中包括成人葬 2 座，小孩瓮棺葬 4 座。成人葬仰卧伸直，头向朝西，墓圹不清，皆无随葬品。小孩瓮棺葬皆以一大罐为葬具，有的罐口仰置一圈足盘，亦无随葬品。

　　第四期文化，仅青龙泉上层一处，堆积比较丰富。生产工具以石制为主，骨、陶制的仍然很少。石器中琢磨的和通体磨光的进一步增多，打制的较少了，器形主要有斧、锛、凿、刀和纺轮，另有少数有肩石锄和盘状器。石刀多长方穿孔式。石镞和骨镞式样较多，有菱形和圆锥形的，亦有三棱锋、圆身圆铤的。陶纺轮为数甚多，主要为两面平整的圆饼式，周边平齐或起折棱。另外还有一部分彩陶纺轮，纹样为太极形、双弧线夹平行直线和平行直线四分相斗等，都是天门石家河屈家岭文化晚期遗存中曾经出现过的，唯青龙泉者为红地黑彩，而石家河为橙黄地红彩。

　　陶器以泥质和夹砂灰陶较多，夹砂和泥质红陶也占一定比例，泥质黑陶甚少。绝大部分陶器是手制的，一部分器物的口沿和颈部经慢轮修整，有些小型器物如杯、豆等有轮制的。表面仍以素面无纹或磨光为主，但拍印篮纹已显著地增加了，其他纹饰则有绳纹、方格纹、锥刺纹、镂孔、划纹和彩绘等。彩为红地黑彩或紫红彩，橙黄地红彩或紫彩，绘于小罐、鬶、杯之外表，有些器表则饰以红色陶衣，彩绘纹样有平行线、方格等，有的笔道粗疏，纹样很乱，显示着一种退化现象。陶器器形是较复杂的，主要有鼎、罩、鬶、甑、缸、尊、罐、盆、钵、豆、盘、杯、器盖和器座等。鼎以折腹圜底盆式的为多，足部则以扁平起棱的为主。罩为圜底，外饰篮纹或堆纹，其中一件领部较高者与河南宜阳水沟庙早期龙山文化的陶罩颇为相像。尊个体颇大，大口尖圆底，外饰篮纹或附加堆纹。罐多圜底内凹，最大腹径位于全器之下部，其外常饰篮纹，另有小口高领罐等。红边灰腹钵仍然为数甚多，唯口沿外部加厚而成圆棱。豆以矮把的较多，盘多为碗形，镂孔的较少。捉手成三片花瓣式的器盖和厚壁红衣陶杯，是本期文化富有特征的器物。

住地遗迹，仅见12个灰坑。有圆形、椭圆形和略呈袋形的等各种，口径1~5米不等，深均在1米左右，内含石骨陶器和兽骨等，兽骨种类有猪、狗、鹿、羊等，而以猪骨为多。

当时的埋葬习俗仍是成人和小孩分别处理。在青龙泉上层发现的30座墓葬中，成人墓为24座，小孩瓮棺葬6座。成人墓中仅有少数墓圹清楚，为长方形土坑，圹穴很浅。均单人葬，但在分布上有成对的现象，或则左右平行，或则前后相接，因骨殖尚未鉴定，于其性别尚无所知。葬式以仰卧伸直为多，仰身屈肢和侧身屈肢者仅有2墓，头朝西部或北部。仅9墓有随葬器物，其中有陶器——罐、钵、盆，生产工具——石镞、陶纺轮，装饰品——石环和方柱形饰等，还有4墓随葬猪下颌骨的，最多的有14副，于此可见当时已有贫富的分化。

瓮棺葬仍以陶罐为之，上覆陶钵或陶盆，有的仰置，皆为随葬品。

第五期文化，有大寺上层和乱石滩上层两处，遗存不很丰富。生产工具以石器为主，还有少数骨器和蚌器。石器以磨制的较多，也有个别打制的，种类有斧、锛、凿、凹腰石锄、长方形穿孔石刀和网坠等。骨器有镞和锥，蚌器只见蚌镰。从石器的制作技术和新出现蚌镰来看，较第四期文化又有进步。

陶器质地和第四期文化没有太大的不同，唯黑陶加多。仍以手制为主，但轮制的较前增多。纹饰较前增多，以拍印篮纹为主，次为方格纹、绳纹、堆纹、弦纹、划纹和镂孔等，不见彩陶。

陶器器形主要有鼎、夹砂罐、小口高领罐、鬶、盉、斝、盆、钵、豆、盘、杯、器盖和器座等。鼎多罐形，外施绳纹或篮纹，足多窄条形。大寺出土一鬶形陶盉，整体有如龙山文化的鬶，唯以嘴代流。小口高领罐肩部更广，外施竖篮纹。与河南龙山文化所出颇为相像。又乱石滩出土的圈足盘和簋形器等，也与河南龙山文化的器物类同。至于平缘小平底盆、红边灰腹口部起棱的钵、矮圈足豆等，则是直接继承前期的器形。

居住遗迹仅在大寺上层发现灰坑4个，其中有形制比较规整的袋形坑，口径0.7、底径1.1米，甚小，内出陶片、兽骨和大量蚌壳等。

墓葬在大寺上层发现3座，乱石滩上层4座，后者均为成人葬，仰身直肢，头向东北或西南，墓圹均不清楚。随葬器物多少不等，较丰富的一墓有陶罐、小口瓮、圈足盘和陶纺轮等，并随葬猪下颌骨数个，较少的仅随葬1件陶钵而已。

大寺墓葬保存不好，人骨散乱，葬式不明。有一墓为瓮棺葬，以陶罐为葬具，并随葬石斧 1 件和厚壳蚌 30 多个。在小孩瓮棺葬中是仅见的。

从上述各期文化内容的介绍中可以看出发展是一环扣一环的，在整个过程中，生产技术逐渐有所进步，陶器形制也走向复杂化，并慢慢开始使用陶轮，埋葬习俗的变化则反映了人们观念形态的发展，因此就其本身来说，主要应是一个系统的文化成阶段地连续发展，但在不同的时期受到周围文化不同程度的影响。第一期的相当多因素就是接近于中原仰韶文化的庙底沟类型和半坡类型的，第二期的某些器形与河南晚期仰韶文化接近，第三期和第四期基本上是属屈家岭文化系统的，唯第四期的斝等又似受河南早期龙山文化的影响，第五期则有不少因素与河南龙山文化接近。

如果从时代上加以比照，则典型的屈家岭文化大约与本区第三、四期相当，部分可能早到第二期。屈家岭的早期有较多的朱绘蛋壳黑陶器，在本区则根本不见，可见在早期阶段二地的差别是比较大的。至于后来到第五期时，因京山、天门等处没有发现同一时期的遗存，不可妄测它们的关系。

（四）　湖北东部和西部的文化遗存

在湖北省东部长江沿岸的蕲春、鄂城和黄冈等地，近年来也发现了一些新石器遗址，在蕲春发现的有易家山、潘家畈、洪家岗、广铺山等处，黄冈发现堵城、螺蛳山等处，鄂城有和尚山等处。其中有些是经过发掘的。

遗址一般位于小山岗上，面积不大。黄冈堵城和螺蛳山是 1957 年发掘的，发现灰坑和墓葬等。两处的文化性质基本相同，陶器有釜形鼎，多扁足，或更起凹槽。彩陶盆上腹饰红地黑彩，由圆点和勾叶纹组成，有点类似河南庙底沟的彩陶。豆多深盘圆腹，也有浅盘折腹的，豆把多粗短，上饰弦纹如竹节，并有镂孔。其他器形则有圈足碗、圈足壶、盃等。在堵城和鄂城和尚山尚出蛋壳彩陶杯，看来与屈家岭文化还有一些关系。

易家山遗址是在 1955 年发现的，1956 年曾经发掘，发现有房屋残迹和大量遗物。生产工具多石器，有剖面椭圆斧、扁平斧、常型锛、有段锛、有肩铲、凿、长方石刀、石镞、网坠等。陶质者有纺轮等，骨器仅数枚骨锥和簇。

陶器中灰陶、红陶和黑陶都占一定的比例。有轮制的，也有手制的。纹饰有绳纹、方格纹、篮纹、堆纹、刻划纹等，也有个别彩陶片，为红地黑彩，仅余一道横条纹。

器形有鼎、鬶、豆、壶、罐、钵、碗、杯、盘等。鼎多圜底罐形，足作圆锥式或鸭嘴式等，素面或饰方格纹。豆为浅盘，细把或粗把，有的镂孔。壶为小口高颈，有的有矮圈足。有一种壶形高把杯，和河南信阳三里店下层所出相同，敛口矮圈足碗亦见于三里店，同时和南京北阴阳营所出相近。从总的特征来看，易家山遗存与信阳三里店下层是属于一个系统的，与屈家岭变化有所不同。

在湖北省西部，中国科学院考古研究所长江队曾于1958年和1960年两度调查了长江西陵峡段的新石器遗址，后一次还选择了几个遗址进行试掘。

这一带峡谷陡峻，两岸多悬崖，但也有数段较开阔的地方，为现今村落分布的区域，亦为古代遗址的所在。遗址因长期受山洪和江水的冲刷侵蚀，破坏较甚，原生堆积变薄了，面积缩小了，而在低处则造成倒转堆积或二次堆积，这是在判断地层时不得不注意的地方。

据调查，宜昌的杨家湾、四渡河和秭归的朝天嘴等处大约是属于同一性质的文化遗址。在杨家湾进行了试掘，出土生产工具有笨重的打制石斧、扁平磨光石斧、石锛、石凿、扁平圆刃石铲，后者略带肩。另有小刮削器等。

陶器以粗红陶和粗黄褐陶为多，细泥红陶和细泥黑陶较少，粗灰陶和细泥紫陶等甚少。粗质陶是由掺入草末、贝壳末的陶土或未经淘洗含有细砂的陶土烧制而成，火候低，陶质松软，胎色黑。部分粗红陶和黄褐陶施红衣，极少施紫衣。更有若干彩陶的发现，彩色有红、黑二种，纹样有平行条纹、弧线纹和波浪纹等。

就陶器造型来说，以圈足器最发达，次为圜底器、平底器等。主要器类有粗红陶圜底钵、小口高领罐、绳纹罐、细泥红陶圈足碗、折缘盆、豆等。豆为浅盘高把，有竹节状弦纹和镂孔等。其文化特征与屈家岭文化相差较大，而与下节所述之巫山大溪新石器文化较为接近。

（五）江西和湖南的新石器文化遗存

早在中华人民共和国成立以前，在江西的若干地点就曾发现石器，中华人民共和国成立以后发现石器的地方更多一些了，其中清江的许多遗址历经多次调查，并于1956年秋发掘了营盘里第1~4土城和横山瑙遗址。

营盘里位于清江南部约4千米的小山岗上，山岗南北延亘，西临赣江冲积平原，东为沉香溪谷地，在山岗北部的边缘一带，分布着5处遗址，相对高程约15~20米。

遗址的堆积基本上可分为三层，第1层出土物以几何形印纹硬陶为特征，约当春秋战国时期；第2层出土物以几何形印纹软陶为特征，并同出土铜器，当是一种青铜文化；第3层出土物以黄褐色砂质陶为特征，只有这一层是属于新石器时代的。

以黄褐砂质陶为特征的堆积只见于第1、3土城和横山瑙遗址的下层。所谓黄褐砂陶，大体上是一种掺和砂粒或未经淘洗的陶土所制，有粗细之分，有的素面而粗糙，有的抹一层黄褐色或黑色泥衣然后打磨光滑，也有饰方格纹、篮纹、绳纹、划纹和弦纹的。器形以鼎为多，全形不知，从残片看来，大约是以敞口折缘深腹圜底的罐形鼎为多，浅腹圜底或平底者较少。鼎足多扁平和剖面呈"丁"字式的，锥形外别者较少。

与黄褐砂陶同出的，还有一部分泥质陶，胎黑色或灰色，也有褐色或红色的。质地细软，火候较低，表面黑色或褐色，多素面或磨光，具体器形尚不清楚。

出土石器不多，其中有很大一部分仅经打制，有浑厚的斧、扁平锛、扁平刀、粗阔的锛等，有些石器则磨制刃部，或者通身稍加磨光。

在清江北部的南昌市郊也有和营盘里下层文化性质相近的遗存发现。遗址在青云谱砖瓦窑厂的南侧，为一长条形缓坡台地，出土陶器有泥质红陶、泥质灰陶和夹砂红陶等，素面居多，亦有弦纹和刻划纹等。器形有鼎、盆、杯等，鼎足皆扁式，上刻交叉的平行斜线。盆为泥质灰陶，浅腹大平底，和龙山文化者近似，杯为直筒形者。

石器有斧、锛、凿、铲、刀、镞和砺石等。斧有剖面近圆形和长椭圆形的，也有扁平穿孔的。铲扁平圆刃，和江苏青莲岗所出相同。刀为半月式的，有二孔。

在湖南省发现新石器的地点虽不太少但多与几何形印纹陶片共出，时代甚晚，现在看来可能属新石器时代的遗址只有石门皂市和华容时家岗等处。

皂市遗址位于沣水北岸，1960年春季发现，并于秋季进行试掘，出土陶器有夹砂红陶、夹砂黑陶、泥质黑陶、灰陶等，大部分打磨光滑，或素面无纹，纹饰有方格纹、篮纹、绳纹、雷纹、弦纹等。其中高把黑陶豆、轮制黑陶高领罐、轮制黑陶带杯形捉手的器盖，以及蛋壳磨光黑陶片、方格纹陶片等，颇和龙山文化的遗物相似，深盘敛口矮圈足豆则与屈家岭文化者接近。至于同出的带雷纹的高领罐、簋形器等，和商代器物略近，时代可能较晚。

时家岗遗址位于华容东北一条小溪的北岸，是1960年发现的。出土陶器有夹砂红陶、泥质红陶、泥质黑陶和灰陶等，纹饰有篮纹、绳纹、刻划纹等，也有不少素面磨光陶。还有磨光的蛋壳黑陶和施黑衣者。器形有鼎足、钵、罐、豆把等。其特征和皂市者相当接近。

两地出土的石器均以磨制为主，也有少数打制的，器形有斧、有段石锛、镞、敲砸器和刮削器等。

五　四川地区

四川周围多山，中间是长江及其支流的冲积平原，因气候温暖湿润，土呈红色，称为红盆地。

四川省新石器时代的考古工作开始虽较早，然而发现的遗址仍很有限，经过发掘因而文化内容比较清楚的只有巫山大溪遗址一处，其他新繁水观音和广汉中兴公社等处只有试掘或调查。

（一）巫山大溪遗址

大溪遗址在巫山大溪镇西，北临长江，东濒大溪，南倚乌云顶山，在一个第三级的阶地上，面积约为 300 米 ×50 米。这个遗址是 1958 年发现的，1959 年曾两度进行发掘，揭露遗址面积 228 平方米，墓葬 74 座。

遗址可分上下两层，下层出土陶器均为夹砂红陶、器形有釜、碗、盘、罐、鼎等，上层除仍以夹粗砂红陶为主外，还有细泥红陶、彩陶、细泥黑陶和灰陶等，从墓葬中出土的遗物看来，大部分是属于上层的。

墓葬集中于遗址的北部，和遗址差不多是处在同一的水平线上。墓葬分布密集，上下重叠，同层的墓葬间距仅 20～30 厘米。墓圹均不清楚，头向一致，均朝向北方，仅有几度的差异，这一情况表明该处曾经在一个相当长的时期内作为氏族的公共墓地。

埋葬方式计有仰身直肢葬、仰身屈肢葬、侧身屈肢葬和俯身葬四种，大人和小孩的葬式没有根本的不同。屈肢葬显然是这一墓地埋葬方式的一个特点，无论仰身屈肢或侧身屈肢，下肢的蜷曲程度均比甘青新石器文化的屈肢葬为甚。同是仰身屈肢，其身体各部位的摆放也还有所不同，一种是上身仰卧，双手交叉置于下腹，两腿同向右侧屈曲；第二种上身和手臂同上，唯两小腿正向后曲，双足几贴于臀部之下；第三种上身仰卧，双膝紧贴胸前，两手抱脚。侧身屈肢者双膝亦盘于胸前，但稍留距离，两手似亦抱脚。

各墓随葬品的多寡和种类是很不一致的，随葬器物有陶器、石器、玉器、骨器、牙器和蚌器等，包括生产工具、生活用具和装饰品。有的墓中以石器为主，有的以骨器为主，有的则以陶器为主，最多的一墓达 58 件，也有一部分是根本没有随葬品的。值得注意的是，除用上述多种器物随葬外，也还有用整条鱼和狗殉葬的习惯。

随葬品放置的部位并无严格的制度，大约陶器多放在人骨架上部或头的两侧，也有少数置于人骨架左侧的。石制生产工具多放在头下，玉质装饰品如璜、玦、环等多发现于颈部与胸部，骨圈、蚌环等则带在手臂之上。

有些墓的随葬情况是比较特殊的，如 1 号墓用 2 个红陶碗覆盖在二乳房上，11 号墓用 3 件彩陶杯成串置于两腿之间，3 号墓用 2 条鱼随葬，分置人颈两侧，尾端衔于人口中，69 号墓为一小孩，其颈部围绕着百余枚蚌珠，还有小孩墓随葬人面形玩具的，以及头枕大象牙或殉狗的，等等。

以下将随葬器物的特征略加叙述。

陶器有夹砂红陶、细泥红陶（包括彩陶）、泥质灰陶和黑陶四类。夹砂红陶主要为釜和鼎，均素面，手制，釜为侈口、鼓腹、圜底，鼎身亦为釜形，唯下部加三矮足。细泥红陶火候一般较高，亦为手制。胎色有红黄色与灰色者，器表往往施一层红色陶衣，并经打磨光滑。器形有罐、碗、豆、簋形器、钵、盉和器座等，大部分器物都有矮圈足，上有镂孔，豆一般为深盘圆腹者，杯为直筒形，甚高。在这些器物中一部分是有彩绘的，绝大部分为黑彩，间或在黑彩中夹有红彩，均绘于器物外表，纹样有平行线、弧形纹、窗棂纹、"＞"形纹等具有独特的风格，和仰韶文化或屈家岭文化的彩陶都是不同的。

泥质灰陶均为手制，火候也较高，器形有罐、豆、尊形器等。罐为小口高领鼓腹，满腹饰凸弦纹，肩饰附加堆纹。豆有深盘矮把和浅盘高把之分，前者有涂朱的装饰。细泥黑陶约皆轮制，质地细腻，壁薄而坚，火候甚高。有表里全黑和胎灰而涂黑衣者。器形有杯、罐、尊形器等，罐为小口高领，下有矮圈足，杯下段略呈直筒形，上半加粗并外敞，似两器拼合而成。这类器物的表皮常打磨光滑，大部分施以朱绘。屈家岭早期虽有不少朱绘黑陶器，但其器形是很不相同的（图五九）。

石器多属磨制，也有仅经打制、制作未完的半成品。器形有剖面为圆角方形的厚斧、圆刃扁斧、锛、凿、雕刻器、纺轮和镞等。遗址中除出土这些工具外，还发现较多的石锄及石矛、盘状器等，均为打制，它们之见于墓中是很有意思的。

玉器较多，约皆为装饰品，其种类为璜、玦、坠、环纽形饰等，也发现绿松石耳坠。

骨器也是相当多的，有矛、凿、笄、管、锥、针、耳饰等。

其他有象牙、象牙圈、猪牙饰、蚌圈、蚌珠等。

（二）水观音和中兴公社遗址

新繁水观音和广汉中兴公社遗址均位于川西平原，靠近小河，地势均甚平坦。

水观音遗址是 1956 年发现的，1957 年和 1958 年分别进行了两次发掘，发现

图五九　大溪遗址出土的陶器

1. 彩陶瓶（M11）　2. 彩陶罐（M33）　3. 彩陶盆（M5）　4. 红陶鼎（M1）　5. 红陶釜（M1）　6. 黑陶罐（M5）　7. 红陶簋（M5）　8. 灰陶罐（M27）　9. 灰陶豆（M6）

住地遗址和 8 座墓葬，墓中出土铜器，其年代较遗址为晚。

遗址中出土陶器以灰陶为多，红陶次之，黑陶最少。造型以大量尖底器为特征，圈足器、圜底器和平底器均较少。多属轮制，也有模制和手制的。纹饰较少，就中弦纹、绳纹较多，方格纹次之，也有少数镂孔、刻划纹等。器形有小口平底罐、尖底罐、尖底钵、尖底盆、高把豆、簋形器和盉等。

石器以打制为主，磨制较少。器形有斧、锛、凿和刮削器等。

中兴公社遗址早在 1931 年就已发现，1956 和 1958 年又做过两次调查。出土陶器以夹砂红陶为主，细泥灰陶和夹砂灰陶也较多，细泥黑陶与细泥红陶则较少见。造型以小平底为主，圈足器和尖底器次之，也有少数三足器，器盖器耳较多。器物种类有豆（镂孔）、鼎足、尖底罐、圈足盘、盉嘴、敞口盆等。纹饰多绳纹、压印纹、附加堆纹、弦纹、划纹和镂孔等。石器有斧、锛、矛、盘状器等。多磨制，打制者少。

　　两处遗址有共同的地方，也有一些差异。但都表现出强烈的地方性，可能是巴蜀文化的前身。它们的时代，依发现人的意见当在殷周，但从新繁出土的盉和广汉出土的外起竹节状棱的敞口盆等看，多少接近龙山文化的特点，镂孔豆、篦形器和器座等也是较早的器形，故也有可能属于新石器时代末期。

第六章　华南地区的新石器文化

一　东南沿海新石器文化概貌

我国东南沿海的福建、广东、广西、台湾等地区，在地理上处于热带和亚热带的边缘，气候湿热。大部分地区为丘陵或山区，在珠江三角洲则有较大的冲积平原和海滩。从很早的时候起，就有人在这一地区发现新石器，其中最富特征的是有段石锛和有肩石斧。有段石器主要发现于福建和台湾，以锛为主但不限于锛，也有少数有段石斧和有段石凿；有肩石器主要发现于广东和广西，以斧为主但也不限于斧，还有少数有肩石铲和有肩石锛。和这些石器共同发现的，往往为满布各种几何形印纹的陶片，质地常较坚硬，称为几何形印纹硬陶。因此在一个相当长的时期内，在中国新石器时代考古学界便流行着一个"几何形印纹硬陶文化"的称谓，作为东南沿海新石器文化的一个总称。

所谓几何形印纹，包括许多复杂的纹样，如方格、云纹、雷纹、"米"字格纹、水波纹、席纹等等，有单式的，也有复式的，每一种纹样又有若干种变体，至于这种陶器的器形，也是有变化的。它们不仅发现于上述各省，就是江西、湖南、浙江，甚至江苏、安徽和湖北的部分地区也有分布，各地的特征是有所不同的，未必都属于同一的文化系统。

更有进者，与上述几何形印纹硬陶共同出土的，不仅有大量的石器，也有个别的青铜器。例如在福建光泽、闽侯县石山、广东惠阳金足布等处发现的青铜斧等就是与几何形印纹硬陶共同出土的。因此其年代绝不会早到新石器时代，而是一种青铜文化。

现在在几何形印纹硬陶地层之下，往往还发现印纹软陶的堆积，如江西清江营盘里、江苏丹徒葛村、广东增城金兰寺等处，都有这样的地层。可知印纹软陶较印纹硬陶为早。而在广东河源的圆墩岭、广州的飞鹅岭、灵山、龙武等处，它是和青铜斧同出的，而不管印纹硬陶或软陶，其纹样有相当一部分是仿自铜器花纹的，因而也是一种青铜文化。

基于上述的理由，我们将不把以几何印纹软陶或硬陶为特征的上千处遗址列入本章来叙述，而仅仅介绍在年代上远远早于它们的新石器遗存。这种新石器文化遗存，在福建等地是以橙黄色砂陶和彩陶为其特征的，而在广东则多贝丘遗址，彩陶在不少地点都有零星的发现。但由于这类遗存现在刚刚开始发现，我们只能得知它的某些特征，整个的文化性质和各地点间文化的关系都还不太清楚。

二　福建和浙江南部

福建的新石器遗址以闽侯昙石山为最重要，该山呈长岗形，南坡下有一小河，再南约200米为闽江，山高仅约10～20米，遗址区位于山的南部。自1954年发现以后，又分别于1959年春、1959年底和1960年春、夏进行了四次发掘。

遗址的堆积可归纳为两大层，上层出土几何形印纹硬陶、橙黄砂陶等；下层为大量的蛤蜊壳堆积，出土夹砂橙黄陶、泥质橙黄陶、泥质灰陶、黑陶等，部分陶片饰有彩绘，本层属新石器时代的堆积。同层发现的两座墓葬，也是属于同一时期的。

下层出土石器多属磨制，大型石器有些是打制的，有斧、锛、有段锛、凿、断面菱形的镞、长方形穿孔刀和砺石等。骨器有各式镞、锥、刀和笄等。陶器有纺轮和网坠等。

陶器中以橙黄陶居多，多属轮制，器形有豆、圈足盘、簋形器、小口罐、高颈壶、杯等。豆为浅盘平缘，把较粗。簋形器圈足较细，盘腹底交接处起折棱。高颈壶下带矮圈足，造型上略与良渚文化的双鼻壶相似。上述这些陶器多数是轮制的，表面打磨光滑，或饰弦纹、镂孔等。其作风和良渚文化有些类似，于此也可以大致推定昙石山下层文化的年代，是与良渚文化大致相当的。

在昙石山的陶器中还有少量的彩陶是为良渚所不出的。这些彩陶片质地细腻，火候甚高，灰色或红色，轮制，表面不加磨光。彩饰多为黑色，个别有赭色的，纹样有平行斜线、网格、错交斜线三角等。同类的彩陶在闽侯庄边山以及周宁、寿宁、福安和浙江瑞安山前山等处都有发现，是这一地区新石器文化特征之一（图六〇，1、2）。

昙石山的两座墓葬，人骨是压在蛤蜊壳之下的，墓圹不清。其一仰卧伸直，头向224°，骨架下铺薄薄的一层草灰，头部右侧随葬夹砂灰陶圜底釜、高颈圈足壶、圈足盘和陶纺轮等。另一座墓并列埋葬，然无随葬品（图六〇，3～8）。

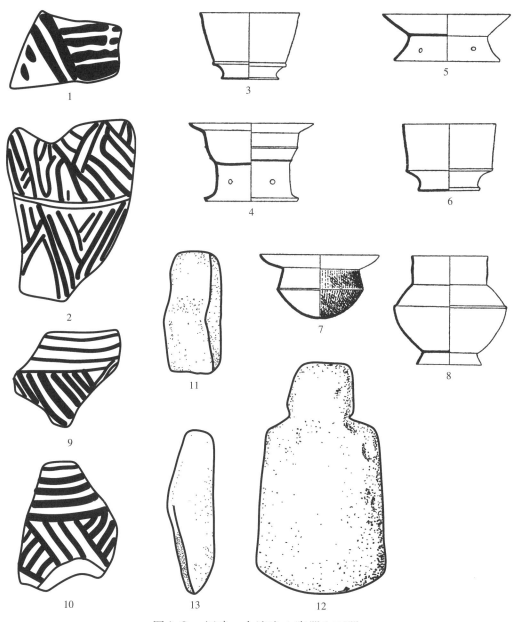

图六〇　福建、台湾出土陶器和石器

1、2. 彩陶片（昙石山）　　3、6. 碗（昙石山 M2）　　4、5. 豆（昙石山 M2）　　7. 釜（昙石山 M2）
8. 罐（昙石山 M2）　　9、10. 彩陶片（台湾南部）　　11. 有段石锛（台湾圆山）　　12. 有肩石斧
（台湾圆山）　　13. 有段石锛（福建光泽）

　　闽侯庄边山也是一处包含有彩陶的新石器遗址，其性质与昙石山很是相近。遗址曾于1960年进行试掘，其文化层中发现大量的蛤蜊壳，在两个椭圆袋形灰坑中亦发现大量蛤蜊壳堆积。出土石器有斧、锛、有段锛、镞等。陶器有夹砂灰陶、红陶和泥质灰红陶、黑陶。多素面磨光，亦有篮纹、镂孔和彩绘等。

在庄边山也曾发现两座墓葬，为长方形竖穴，头向 104°。仰卧直伸，随葬高颈小圈足壶，形同良渚之双鼻壶、镂孔圈足盘、圜底罐、碗等。和遗址是属同一文化系统的，也和昙石山墓葬基本相同。

三　广东地区

迄今在广东发现的新石器时代遗存，同福建一样多系贝丘遗址，另外翁源青塘还发现了数处洞穴遗址。

贝丘遗址，现知有东兴马兰咀山、亚菩山、杯较山，增城金兰寺，东莞万福庵、龙江村，潮安石尾山、陈桥村、海角山等处。这些遗址均濒临海滨，或者在离海岸不远的地方，大部分位于小山岗上，海拔多在 10 米左右，仅个别的在河流入海旁边的滩地上，遗址面积一般为数千平方米，有大量的斧足类和腹足类介壳堆积，厚数十厘米以至 1 米以上。据对东兴各遗址贝壳的鉴定，其种属有文蛤（*Cytherea*，sp.）、魁蛤（*Aroa*，sp.）、牡蛎（*Ostrea*，sp.）、田螺（*Viviparus*）、乌蛳（*Semilwecorpira*）等，或为单壳，或敲去尾端，乃是人们食余委弃的遗骸。

由于上述遗址分别分布于广东的极东、极西和中部，其年代也有先后，故文化面貌不全一致，兹分为四组简单介绍。

（一）东兴贝丘遗址

东兴地处广东的最西部，境内山峦起伏，而临海地势低洼，在这里发现的 3 处贝丘遗址，均在临海的小山岗上，岗由红色砂岩构成，四周环水或被更高的山围绕。其中亚菩山遗址面积约为 38 米 ×60 米，贝壳堆积厚约 1 米；马兰咀山遗址面积约 32 米 ×20 米，贝壳堆积较薄，断断续续；杯较山遗址约为 150 米 ×50 米，贝壳堆积厚达 2.2 米，出土遗物丰富。

在这些遗址出土的遗物有石器、骨蚌器、陶器和人与动物骸骨等。

石器以打制为多，均为石核制成，原料多石英粉砂岩，燧石和硅质角岩较少，具有致密坚硬而性脆的特点。多数石器采用石锤直接敲击的方法，片疤深而短；有些石器打击点和半锥体比较散漫，大约是在石砧上摔击而成的。第二步加工多用交互打击，只有少数为单面修整。一般器面加工较多，背面较少，有的加工仅限于刃边和尖端，不少石器还保存着原有的岩面。

打制石器的种类主要有蚝蛎啄、砍砸器、手斧形器、三角形器、两用石器、石球和网坠等。蚝蛎啄数量最多，且形式复杂，多呈扁椭圆形，也有长形、方形和三角形的，均在一端打制成一尖，用以敲破蚝壳，采取其肉。由于长期使用，其尖端大多被磨蚀光圆了。砍砸器是将砾石之一边或两边交互打击成刃，用以砍伐木材。手斧形器有三角形和椭圆形两种，亦用交互打击法加工。三角形石器大概用于切割或刮削，两用石器则用作石锤和砧，宜于用以敲击蚝蛎。

磨制石器大多较粗糙，通体磨光的只占极少数，个别比打制石器为小，其种类有斧、锛、凿、磨盘、石饼等，斧多扁平长方形，圆刃，也有不少有肩石斧，肩多呈钝角、体较短、平刃。石锛亦有常型与有肩两种，圆刃和平刃兼而有之。

骨蚌器出土不多，且多系装饰品，其种类有骨锥、骨镞、蚌铲、蚶壳网坠、穿孔骨饰和蚌环等。

上述的工具多与采蚝有关，其他用于捕鱼、打猎、农业和手工加工方面的极少，结合遗址中大量的贝壳堆积，就可看出当时经济的特点。

三处遗址出土的陶器，都是夹砂粗陶的碎片，陶土中掺和粗砂粒和介末，火候很低，捏之即成粉末。胎质为红色，也有灰黑色的。杯较山所出多夹砂粗黑陶，表面施以红色陶衣。纹饰多细绳纹，也有篮纹和划纹。器形仅知有小敞口和圜底，未见平底，类多罐形器。

（二）增城和东莞贝丘遗址

两地都处在珠江三角洲上，为河滩或古时的海滩，贝丘遗址的分布非常广泛，其中增城金兰寺和东莞龙江村曾于 1961 年进行试掘，在金兰寺获得了几个不同时期的重叠堆积。

金兰寺上层出土陶器以印纹硬陶为主，又被东汉砖室墓所打破；中层上部多出几何形印纹软陶，中层下部印纹软陶减少，而夹砂粗陶大量出现；遗址的下层则以夹砂陶为主，也有少量泥质红陶和彩陶，绝无几何形印纹陶的痕迹。这个地层关系的发现是有重要意义的，因为过去在广东发现的所谓新石器时代文化遗存，包括几何形印纹硬陶、印纹软陶和夹砂粗陶，对其相对年代关系只有大略的估计和推测，而没有可靠的地层关系作为依据。金兰寺的发现，使我们得以确定广东在印纹软陶以前还存在着一个大的文化阶段，以夹砂粗红陶和彩陶为其特征，它们乃是真正的新石器时代遗存。

金兰寺的下层厚约 0.3~0.65 米，其包含 60% 为贝壳。出土有打制和磨制的石器如砍砸器、敲砸器、斧、锛、凿、砺石和骨锥等。出土陶器多夹砂粗黑陶，次为夹砂粗红陶、泥质磨光红陶，后者包括一部分彩陶片，陶器器形不甚复杂，有罐、釜、豆、圈足盘式钵和器座等。

彩陶不仅出于金兰寺，也发现于东莞万福庵等地。金兰寺彩陶为细泥红陶，火候较低，表里均经磨光，彩为赭红色，纹样为条带、平行线和叶脉状纹等，另有一些陶器仅施红色陶衣，而无彩纹，能见出的器形为钵口沿和圈足等。万福庵的彩陶为细泥灰黄色陶，外施灰白色陶衣，里外均施彩绘，彩色亦为赭红，纹样较复杂，大约为条带、水波纹等，因剥落而不很清楚。

（三）潮安石尾山和陈桥村贝丘遗址

潮安位于广东的极东部，东韩江三角洲上，这里的贝丘遗址很多，面积也较大。其中石尾山面积约 100 米×60 米，贝壳堆积厚约 0.8～1.1 米，陈桥村面积约 40 米×80 米，贝壳堆积厚约 1.3～1.4 米。出土遗物以陈桥村较为丰富。

出土石器绝大部分为打制的，许多还保留自然的砾石面。打制方法多是交互打击。器形有蚝蛎琢、手斧形器、砍砸器、敲砸器等，和东兴各遗址所出基本相同。磨制石器仅在陈桥村出土少许石锛，另有砺石等。

在陈桥村出土大量骨器，数量之多为广东新石器文化遗址所仅见。骨料有牛、鹿、猪骨，鱼骨仅用作骨针。骨器种类有斧、两端刃器、刀、锥、镞、针、笄等。另有大量废料和半成品出土。

石尾山和陈桥村两处出土的陶器特点是接近的，唯石尾山出土极少，均粗砂红陶，陈桥村陶片较多，除粗砂红陶外，还有粗砂灰陶和黑陶，均为手制，火候甚低，捏之即碎。陶器里外均经磨光，有的在口沿及器里，有的在颈部或腹部着有赭红的彩色，其上再饰以螺丝划纹或线纹。器形有敞口和敛口之残片，圜底残片约为罐、钵之类，还有一件着赭红彩的圜底杯。

（四）潮安海角山贝丘遗址

遗址位于山脚下，面临韩江。面积约 120 米×50 米，贝壳堆积厚 0.4～1.2 米。出土石器以磨制为多，打制石器有砍砸器、敲砸器，和陈桥村比较接近，但却未见尖状器和手斧形器。磨制石器均为半磨的，器身仍遗有打琢痕迹，以锛为多，背面微隆，此外尚有砺石。陶片数量甚多，绝大部分为粗砂黑陶，仅极少数为粗砂红陶。火候低，手制。表面多带绳纹和篮纹，也有素面、磨光或上红泥色陶衣的，从口沿残片看有敛口和敞口的，底大约是圜底，器形可辨的有罐、釜两种。

这里石器磨制较多，陶片较多且较进步，其时代大约比石尾山和陈桥村晚。

洞穴遗址：在翁源青塘共发现 7 处。均靠近北江支流滃江和青塘河。这一带为石灰岩地区，由于喀斯特地形的发育构成许多独立的小山，高 50～100 米之间。山多溶洞，洞中有两种堆积，一为红黄色砂质泥土，胶结坚硬，其中含有巨貘、剑齿象、熊猫、犀牛等动物化石，其时代为中更新世晚期或上更新世初期；另有一种为微红色或灰黑色的硬土和松散土堆积，其中包含大量的田螺壳、河蚌和几种现生的哺乳动物骨骼如野猪、鹿、羊，还有鸟类、鱼和鳖类等，有些骨骼带有烧焦的痕迹并有轻微的石化。和这些动物遗骸共存的有石器和陶片，像这样的堆积有朱屋岩、仙佛岩、吊珠岩和狮头岩的黄门岩 1～4 号洞，它们无疑是属于新石器时代的洞穴遗址。

在上述洞穴中出土的石器多属打制，仅有个别的刃部磨光，器形有斧和锛。打制石器绝大部分为砾石石器，仅在其边缘稍加敲打成刃即行使用。打制痕迹多在砾石的一面，刃甚厚，片疤深而短。器形多砍砸器，刃部由交互打击而成，此外还有石砧和砺石等，石片石器约为刮削之用。

陶片甚少，有夹砂粗陶和泥质软陶两种。夹砂粗陶有红、灰、黑等颜色，而以红色为多，火候甚低，手制，表面抹平，或施红赭色陶衣，以细绳纹较多，偶尔有曲尺纹和编织纹。泥质软陶大多来自地表，有红色和灰色的，火候稍高，纹饰有曲尺纹、编织纹和方格纹等。

在广西来宾县桥巩墟麒麟山、柳州市附近白面山的白莲洞、柳江县木罗山的思多岩和穿山岩、崇左县濑湍区绿青山的矮洞等处，也都有类似青塘的洞穴堆积，其中出土大量田螺壳和加工甚为简单的打制石器，很可能也是属于新石器时代的，并与青塘诸遗址基本同时。

四　台湾的新石器文化

台湾的新石器时代遗址，以台北圆山最为出名，但那里主要出几何形印纹陶、有段石锛和有肩石斧等，年代是比较晚的。

在台中、高雄和澎湖列岛曾经发现过一些彩陶和黑陶，其特点与福建闽侯等地所出基本相同，彩陶器形主要为钵，口边绘平行斜线之黑彩。由这些遗物的发现，可以证明自从新石器时代起，台湾和大陆的文化就是联系成一个整体，尤其和福建地区最为接近（图六〇，9 ~12）。

五　云南的新石器文化

云南的新石器时代遗存，早在中华人民共和国成立以前就引起了人们的注意，并曾做过一些调查和发掘，但所得遗物大部分是晚于新石器时代的。中华人民共和国成立以后又陆续做了多次调查，主要集中于滇池周围。滇池东岸平地较为宽广，遗址亦较多。在西岸也有个别遗址发现。

遗址有分布于平地的，也有分布于小山岗上或山坡上的，大多有丰富的螺蛳壳堆积，其厚度往往达四五米。出土石器以磨制较多，打制较少，种类有锛、刀形器、敲砸器和磨石等。

陶器有下列三种。

泥质红陶：器形有凸底浅盘、平底小碗和卷边小碗等。均手制，用谷穗、谷壳等作垫，再由湿手抹平。器壁厚，火候低，制作粗糙。

夹砂红陶：手制或轮制，以螺蛳壳细末为掺和料，陶质较差。器形有罐、盆、钵和圈足器等。纹饰有小方格纹、斜方格纹、草叶纹、斜线纹、点纹，或由"人"字纹、斜"十"字纹组成的图案。

夹砂灰陶：手制或轮制，亦以螺壳末为掺和料，器壁薄，器形有罐、圈足器和器盖等。纹饰有斜"十"字纹、波浪纹、小方格纹和斜线纹等，皆划成，有的表面磨光。

三种陶器在各遗址中包含的情况是不一样的，其中石寨山、河泊所、白塔山等处，以泥质红陶为多，夹砂陶器少见，制陶技术比较原始，大约是比较早的遗存。另一些遗址的泥质红陶较少，夹砂陶器较多，器形较大，制作也较精致，时代应当较晚。

参考书目

（资料限于 1962 年以前发表的，1963 年发表的个别重要
文献亦适当收入）

1. 恩格斯：《家庭私有制和国家的起源》，人民出版社，1955 年。

2. 恩格斯：《玛尔克》，《世界通史参考资料》（古代史部分）。

3. 斯大林：《无政府主义还是社会主义》，《斯大林全集》（第 1 卷），人民出版社，1953 年，271～332 页。

4. 尹达：《中国新石器时代》，生活·读书·新知三联书店，1955 年。

5. 尹达：《新石器时代考古工作的回顾与展望》，《考古》1963 年第 11 期。

6. 夏鼐：《考古学论文集》第 1～3 和第 10 篇，科学出版社，1961 年。

7. 夏鼐：《新中国的考古学》，《考古》1962 年第 9 期。

8. 夏鼐：《解放后中国原始社会史的研究》，《历史教学》1963 年第 4 期。

9. 裴文中：《中国史前时期之研究》，商务印书馆，1948 年。

10. 裴文中：《中国石器时代的文化》，中国青年出版社，1954 年。

11. 裴文中：《中国石器时代》，中国青年出版社，1963 年。

12. 中国科学院考古研究所：《新中国的考古收获》，文物出版社，1961 年。

13. 梁思永：《梁思永考古论文集》，科学出版社，1959 年。

14. G. D. Wu，1938. *Prehistoric Pottery in China*，London.（吴金鼎：《中国史前陶器》）

15. P. Teilhard de Chardin et W. C. Pei，1944. *Le Neolithiquede la China*.（德日进、裴文中：《中国新石器时代》）

16. Ching Tê-K'un，1959. *Prehistoric China*.（郑德坤：《史前中国》）

第一章

17. 安志敏：《关于我国中石器时代的几个遗址》，《考古通讯》1956 年第 2 期。

18. 安志敏、吴汝祚：《陕西朝邑大荔沙苑地区的石器时代遗存》，《考古学报》1957 年第 3 期。

19. 广东省博物馆：《广东南海西樵山出土的石器》，《考古学报》1959 年第 4 期。

20. 安志敏：《石器略说》，《考古通讯》1955 年第 5 期。

21. 安志敏：《陶器》，《文物参考资料》1953 年第 1 期。

22. 石兴邦：《略谈新石器时代晚期居住遗址的发掘》，《考古通讯》1956 年第 5 期。

23. А. Я. 勃留索夫：《考古学文化与族的共同体》，《考古》1961 年第 8、9 期。

24. 安志敏：《中国新石器时代的物质文化》，《文物参考资料》1956 年第 8 期。

25. 佟柱臣：《黄河长江中下游新石器时代文化的分布与分期》，《考古学报》1957 年第 2 期。

26. 王思礼、陈惠、朱江：《对〈黄河长江中下游新石器时代文化的分布与分期〉一文的意见》，《考古通讯》1958 年第 2 期。

第二章

27. 安志敏：《细石器文化》，《考古通讯》1957 年第 2 期。

28. 佟柱臣：《东北自然环境与史前文化区——论东北新石器时代》，《辽海引年集》，北京和记印书馆，1947 年。

29. 佟柱臣：《东北原始文化的分布与分期》，《考古》1961 年第 10 期。

30. 丹化沙：《略论嫩江细石器文化》，《考古》1961 年第 10 期。

31. 黑龙江省博物馆：《嫩江沿岸细石器文化遗址调查》，《考古》1961 年第 10 期。

32. 黑龙江省博物馆：《哈尔滨市东郊黄山南北城遗址调查》，《考古》1960 年第 4 期。

33. 丹化沙：《黑龙江省三江沿岸考古调查》，《考古》1960 年第 7 期。

34. 黑龙江省博物馆：《嫩江下游左岸考古调查简报》，《考古》1960 年第 4 期。

35. Tolmatcheff V. G., 1928. *Remains of Neolithic Age in the Vicinity of Hailar.*（托尔马切夫：《海拉尔附近的新石器时代遗存》）

36. Lukashkin A. S., 1931. New deta on Neolithic Culture in Northern Manchuria, *BGSC* Vol. 7. No. 2.（路卡希金：《北满新石器文化的新资料》，《中国地质学会会志》第 7 卷第 2 期，1931 年）

37. 佟柱臣：《吉林新石器文化的三种类型》，《考古学报》1957 年第 3 期。

38. 李莲：《吉林安广县永合屯细石器遗址调查简报》，《文物》1959 年第 12 期。

39. 荆山林：《长春近郊伊通河流域史前文化遗迹调查报告》，《厦门大学学报》1954 年第 1 期。

40. 吉林省博物馆：《吉林镇赉县细石器文化遗址》，《考古》1961 年第 8 期。

41. 吉林省博物馆：《吉林大安东山头细石器文化遗址》，《考古》1961 年第 8 期。

42. 王恒杰：《长春市郊新石器时代遗址》，《考古通讯》1957 年第 1 期。

43. 赵善桐：《黑龙江安达县青肯泡遗址调查记》，《考古》1962 年第 2 期。

44. 赵善桐：《黑龙江宾县老山头遗址探掘简报》，《考古》1962 年第 3 期。

45. 李殿福：《1962 年春季吉林辑安考古调查简报》，《考古》1962 年第 11 期。

46. 刘谦：《辽宁朝阳两处新石器时代遗址》，《考古通讯》1956 年第 6 期。

47. 安志敏：《记旅大市的两处贝丘遗址》，《考古》1962 年第 2 期。

48. 旅顺博物馆：《旅大市长海县新石器时代贝丘遗址调查》，《考古》1962 年第 7 期。

49. 安特生：《奉天锦西县沙锅屯洞穴层》，《中国古生物志》丁种第 1 号第 1 册，1923 年。

50. 安志敏：《沙锅屯洞穴层位之研究》，《燕京学报》第 36 期，1949 年。

51. D. Black，1925. The Human Skeletal Remains from the Sha Kuo T'un Cave Deposit in Comparison with Those from Yang Shao Tsun and with Recent North China Skeletal Material. （步达生：《沙锅屯洞穴遗址人骨与仰韶村出土人骨及现代华北人骨材料之比较》，《中国古生物志》丁种第 1 号第 3 册）

52. E. Licent，1932. Les Collections Nêolithiquies du Museě Hoang ho Pai ho de Tien Tsin . （桑志华：《天津北疆博物院所藏新石器时代之搜集品》，1932 年）

53. R. Torii and K. Torii，1914. Etudes Archēologiques et Ethnologgues，Populations Primitives de la Mongolie Orientale. *Journal of the College of Science*，Tokyo Imperial University Vol XXXVI Art. 4. （乌居：《东蒙的原始居民》）

54. 小牧实繁、水野清一等：《蒙古多伦诺尔に於げる新石器时代の遗迹》，《人类学杂志》第 46 卷第 8 号（《蒙古多伦诺尔的新石器时代遗存》）。

55. 江上波夫：《石器时代の东南蒙古》，《考古学杂志》第 22 卷第 4、5 号，东北，1932 年。

56. 内蒙古自治区文化局文物工作组：《内蒙古自治区发现的细石器文化遗址》，《考古学报》1957 年第 1 期。

57. 内蒙古自治区文化局文物工作组：《昭乌达盟巴林左旗细石器文化遗址》，《考古学报》1959 年第 2 期。

58. 吕遵谔：《内蒙林西考古调查》，《考古学报》1960 年第 1 期。

59. 汪宇平：《内蒙昭乌达盟印纹陶的时代问题》，《考古通讯》1955 年第 4 期。

60. 郑绍宗：《解放以来热河省考古的新发现》，《考古通讯》1955 年第 5 期。

61. 汪宇平：《西喇木伦河流域的新石器时代遗址》，《考古通讯》1955 年第 5 期。

62. 东亚考古学会：《赤峰红山后》，《东方考古学丛刊》甲种第 6 号，东京，1938 年。

63. 吕遵谔：《内蒙赤峰红山考古调查报告》，《考古学报》1958 年第 3 期。

64. 江上波夫、水野清一：《内蒙古长城地带》（第一部分《蒙古の细石器文化》），《东方考古学丛刊》乙种第 1 册，东京，1935 年。

65. N. C. Nelson，1926. Prehistoric Archaeology of the Gobi Desert. *America Museum Novitates*，No. 222. 10 – 16. New York. （纳尔逊：《戈壁沙漠史前考古记》）

66. John Maringer，1950. Contribution to the Prehistory of Mongolia. *The Sino-Swedish Expedition*，Probl. 34. Stockholm. （马林吉尔：《史前蒙古》）

67. Teilhard de chardin，P. and Young，C. C.，1932. On Some Neolithic（and Possibly Palaeolithic）Finds in Mongolia，Sinkiang，and West China. *BGSC*，Vol. ⅩⅡ.（德日进、杨钟健：《中国西部及蒙古、新疆几处新石器（或旧石器）之发现》）

68. 内蒙古自治区文物工作队：《1957 年以来内蒙古自治区古代文化遗址及墓葬的发现情况简报》，《文物》1961 年第 9 期。

69. 齐永贺：《苏尼特旗伊尔丁曼哈发现石器时代遗址》，《文物》1960 年第 5 期。

70. 安志敏：《大同云冈附近的新石器时代遗存》，《文物参考资料》1953 年第 5、6 期。

71. 李逸友：《清水河县和郡王旗等地发现的新石器时代文化遗物》，《文物参考资料》1957 年第 4 期。

72. 吴德元：《伊克昭盟郡王旗发现新石器时代文物》，《文物》1959 年第 11 期。

73. 汪宇平：《伊金霍洛旗新庙子村附近细石器文化遗址》，《文物》1961 年第 9 期。

74. 洲杰：《内蒙古中南部考古调查》，《考古》1962 年第 2 期。

75. 张森水：《对〈内蒙古中南部考古调查〉一文的商榷》，《考古》1962 年第 11 期。

76. 齐永贺：《内蒙古白音浩特发现的齐家文化遗物》，《考古》1962 年第 1 期。

77. 宁笃学：《宁夏回族自治区中卫县古遗址及古墓葬调查》，《考古》1959 年第 7 期。

78. 宁夏地志博物馆：《宁夏青铜峡市广武新田北的细石器文化遗址》，《考古》1962 年第 4 期。

79. Folke Bergman，1939. Archaeological Research in Sinkiang. Part I. *The Sino-Swedish Expedition*，publ. 7. Stockholm.（贝尔格曼：《新疆考古研究》第一篇）

80. 黄文弼：《罗布淖尔考古记》第二编第一章和第三编第一章，1948 年。

81. 黄文弼：《新疆考古的发现》，《考古》1959 年第 2 期。

82. 史树青：《新疆文物调查随笔》，《文物》1960 年第 6 期。

83. 吴震：《新疆考古通讯》，《文物》1960 年第 7 期。

第三、四章

84. 石兴邦：《黄河流域原始社会考古研究上的若干问题》，《考古》1959 年第 10 期。

85. 安志敏：《试论黄河流域新石器时代文化》，《考古》1959 年第 10 期。

86. 安志敏：《我国新石器时代的仰韶文化和龙山文化》，《历史教学》1960 年第 8 期。

87. 吴汝祚：《从墓葬发掘来看仰韶文化的社会性质》，《考古》1961 年第 12 期。

88. 方扬：《仰韶文化合葬习俗的几点补充解释》，《考古》1962 年第 3 期。

89. 张忠培：《关于根据半坡类型的埋葬制度探讨仰韶文化社会制度问题的商榷》，《考古》1962 年第 7 期。

90. 王珍：《略论仰韶文化的群婚与对偶婚》，《考古》1962 年第 7 期。

91. 许顺湛：《关于中原新石器时代文化的几个问题》，《文物》1960 年第 5 期。

92. 许顺湛：《"仰韶"时期已进入父系氏族社会》，《考古》1962 年第 5 期。

93. 杨建芳：《仰韶时期已进入父系氏族社会了吗?》，《考古》1962 年第 11 期。

94. 周庆基：《对〈"仰韶"时期已进入父系氏族社会〉一文的意见》，《考古》1962 年第 11 期。

95. 杨建芳：《略论仰韶文化和马家窑文化的分期》，《考古学报》1962 年第 1 期。

96. 杨建芳：《仰韶文化的几个问题》，《考古》1962 年第 5 期。

97. J. G. Andersson，1934. *Children of the Yellow Earth*，London. （安特生：《黄土的儿女》，伦敦，1934 年）

98. J. G. Andersson，1943. Researches into the Prehistory of the Chinese. *The Museum of Far Eastern Antiquities Bulletin*，No. 15. Stockholm. （安特生：《中国史前史研究》，《远东古物博物馆馆刊》第 15 号，1943 年）

99. 中国科学院考古研究所、陕西省西安半坡博物馆：《西安半坡》，文物出版社，1963 年。

100. 考古研究所西安工作队：《新石器时代村落遗址的发现——西安半坡》，《考古通讯》1955 年第 3 期。

101. 考古研究所西安半坡工作队：《西安半坡遗址第二次发掘的主要收获》，《考古通讯》1956 年第 2 期。

102. 颜訚、刘昌芝、顾玉珉：《西安半坡人骨的研究》，《考古》1960 年第 9 期。

103. 李有恒、韩德芬：《陕西西安半坡新石器时代遗址中之兽类骨骼》，《古脊椎动物与古人类》1959 年第 1 卷第 4 期。

104. 老武：《关于西安半坡人面彩陶花纹形象的商榷》，《考古通讯》1956 年第 6 期。

105. 石兴邦：《"关于西安半坡人面彩陶花纹形象的商榷"读后》，《考古通讯》1956 年第 6 期。

106. 刘敦愿：《再论半坡人面形彩陶花纹》，《考古通讯》1957 年第 5 期。

107. 石兴邦：《陕西渭水流域新石器时代的仰韶文化》，《人文杂志》1957 年第 2、3 期。

108. 考古研究所宝鸡发掘队：《陕西宝鸡新石器时代遗址发掘纪要》，《考古》1959 年第 5 期。

109. 考古研究所渭水调查发掘队：《宝鸡新石器时代遗址第二、三次发掘的主要收获》，《考古》1960 年第 2 期。

110. 颜訚、刘昌芝、顾玉珉：《宝鸡新石器时代人骨的研究报告》，《古脊椎动物与古人类》1960 年第 2 卷第 1 期。

111. 黄河水库考古工作队陕西分队：《陕西华阴横阵发掘简报》，《考古》1960 年第 9 期。

112. 黄河水库考古队华阴队：《陕西华县柳子镇考古发掘简报》，《考古》1959 年第 2 期。

113. 黄河水库考古队华阴队：《陕西华阴县柳子镇第二次发掘的主要收获》，《考古》1959 年第 11 期。

114. 颜訚：《华县新石器时代人骨的研究》，《考古学报》1962 年第 2 期。

115. 考古研究所沣西发掘队：《1955～1957 年陕西长安沣西发掘简报》，《考古》1959 年第 10 期。

116. 中国科学院考古研究所：《沣西发掘报告》，文物出版社，1963 年。

117. 陕西考古所泾水队：《陕西邠县下孟村遗址发掘简报》，《考古》1960 年第 1 期。

118. 徐炳昶、常惠：《陕西调查古迹报告》，《北研汇报》第 4 卷第 6 期，1933 年。

119. 考古研究所陕西省调查发掘团通讯组：《1951 年春季陕西考古调查工作简报》，《科学通报》1951 年第 2 卷第 6 期。

120. 王伯洪：《西安、陕县和灵宝考古工作调查简讯》，《科学通讯》1954 年第 1 期。

121. 考古研究所陕西调查发掘队：《丰镐一带考古调查简报》，《考古通讯》1955 年第 1 期。

122. 考古研究所西安半坡工作队：《西安米家崖新石器时代遗址调查简报》，《考古通讯》1956 年第 6 期。

123. 苏秉琦、吴汝祚：《西安附近古文化遗存的类型和分布》，《考古通讯》1956 年第 2 期。

124. 考古研究所渭水调查发掘队：《陕西渭水流域调查简报》，《考古》1959 年第 11 期。

125. 陕西省文物管理委员会：《凤县古文化遗址清理简报》，《文物参考资料》1956 年第 2 期。

126. 陕西考古所渭水队：《陕西凤翔、兴平两县考古调查简报》，《考古》1960 年第 3 期。

127. 陕西考古所汉水队：《陕西安康专区考古调查简报》，《考古》1960 年第 3 期。

128. 张彦煌：《浐灞两河沿岸的古文化遗址》，《考古》1961 年第 11 期。

129. 陕西分院考古研究所：《陕西西乡李家村新石器时代遗址》，《考古》1961 年第 7 期。

130. 关琳：《陕西汧阳县陇县发现数处新石器时代文化遗址》，《文物参考资料》1954 年第 8 期。

131. 何修岭：《陕西扶风县案板乡的古代遗址》，《文物参考资料》1954 年第 10 期。

132. 关琳：《陕西岐山县京当乡王家咀子的原始社会遗址》，《文物参考资料》1954 年第 10 期。

133. 中国科学院考古研究所沣西发掘队：《陕西长安鄠县调查与试掘简报》，《考古》

1962 年第 6 期。

134. 陕西省社会科学院考古研究所泾水队：《陕西邠县下孟村仰韶文化遗址续掘简报》，《考古》1962 年第 6 期。

135. 陕西省社会科学院考古研究所泾水队：《陕西泾水上游调查》，《考古》1962 年第 6 期。

136. 陕西省社会科学院考古研究所汉水队：《陕西西乡李家村新石器时代遗址一九六一年发掘简报》，《考古》1962 年第 6 期。

137. 陕西省社会科学院考古研究所汉水队：《陕西省汉中专区考古调查简报》，《考古》1962 年第 6 期。

138. J. G. Andersson，1923. An Early Chinese Culture. *Bulletin of the Geological Survey of China*，No. 5.（安特生：《中华远古之文化》，《地质汇报》第 5 号，1923 年）

139. J. G. Andersson，1947. Prehistoric Sites in Honan. *The Museum of Far Eastern Antiquities Bulletin*，No. 19. Stockholm.（安特生：《河南史前遗址》，《远东古物博物馆馆刊》第 19 号，斯德哥尔摩，1947 年）

140. Young，C. C. and Pei，W. C.，1934. On a Collection of Yong-Shao Cultural Remains from Minchihsien，Honan. *Bulletin of the Geological Society of China*，Vol. ⅩⅢ. No. 2.（杨钟健、裴文中：《河南渑池仰韶文化遗存》，《中国地质学会志》第 13 卷第 2 期，1934 年）

141. T. J. Arne，1925. Painted Stone Age Pottery From the Province of Honan，China. *Palaeontologia Sinica*，Series D. Vol. 1. Fascicle 2.（阿尔纳：《河南石器时代之着色陶器》，《中国古生物志丁种》第 1 号第 2 册，1925 年）

142. 李济：《小屯与仰韶》，《安阳发掘报告》第 2 期，1930 年。

143. 吴金鼎：《摘记小屯以西之三处小发掘》，《安阳发掘报告》第 4 期，1933 年。

144. 吴金鼎：《高井台子三种陶业概论》，《田野考古报告》第 1 期，1936 年。

145. 刘燿：《河南濬县大赉店史前遗址》，《田野考古报告》第 1 期，1936 年。

146. 李景聃：《豫东商丘永城调查及造律台黑孤堆曹桥三处小发掘》，《中国考古学报》第 2 册，1947 年。

147. 夏鼐：《河南成皋广武区考古记略》，《科学通报》1951 年第 2 卷第 7 期。

148. 夏鼐：《河南渑池的史前遗址》，《科学通报》1951 年第 2 卷第 9 期。

149. 安志敏、王伯洪：《河南陕县灵宝考古调查记》，《科学通报》1954 年第 7 期。

150. 黄河水库考古工作队：《黄河三门陕水库考古调查简报》，《考古通讯》1956 年第 5 期。

151. 黄河水库考古工作队：《1956 年秋河南陕县发掘简报》，《考古通讯》1957 年第 4 期。

152. 黄河水库考古工作队：《1957 年河南陕县发掘简报》，《考古通讯》1958 年第 11 期。

153. 中国科学院考古研究所：《庙底沟与三里桥》，科学出版社，1959 年。

154. 吴汝祚、阳吉昌：《关于"庙底沟与三里桥"一书中的几个问题》，《考古》1961 年第 1 期。

155. 杨建芳：《评庙底沟与三里桥》，《考古》1961 年第 4 期。

156. 柳用能：《"庙底沟与三里桥"文化性质的几个问题》，《考古》1961 年第 1 期。

157. 杨建芳：《庙底沟仰韶遗址彩陶纹饰的分析》，《考古》1961 年第 5 期。

158. 安志敏：《关于庙底沟仰韶纹饰分析的讨论》，《考古》1961 年第 7 期。

159. 张世铨：《试谈庙底沟与三里桥仰韶遗存的先后关系》，《考古》1961 年第 7 期。

160. 吴力：《庙底沟仰韶遗存应比三里桥的为晚》，《考古》1961 年第 7 期。

161. 黄河水库考古队河南分队：《河南陕县七里铺第一、二区发掘概要》，《考古》1959 年第 4 期。

162. 黄河水库考古队河南分队：《河南灵宝两处新石器时代遗址复查和试掘》，《考古》1960 年第 7 期。

163. 河南文物工作队第二队孙旗屯清理小组：《洛阳涧西孙旗屯古遗址》，《文物参考资料》1955 年第 9 期。

164. 李健永、裴琪、贾峨：《洛宁县洛河两岸古遗址调查简报》，《考古通讯》1956 年第 2 期。

165. 中国科学院考古研究所洛阳发掘队：《洛阳涧滨古文化遗址及汉墓》，《考古学报》1956 年第 1 期。

166. 中国科学院考古研究所：《洛阳中州路》，科学出版社，1959 年，8、9、12 ~ 14、53 页。

167. 北京大学考古实习队：《洛阳王湾遗址发掘简报》，《考古》1961 年第 4 期。

168. 贾峨：《河南伊阳汝河沿岸古遗址调查记要》，《考古通讯》1958 年第 1 期。

169. 徐旭生：《1959 年夏豫西调查"夏墟"的初步报告》，《考古》1959 年第 1 期。

170. 中国科学院考古研究所洛阳发掘队：《1959 年豫西六县调查简报》，《考古》1961 年第 1 期。

171. 河南省文化局文物工作队：《河南临汝大张新石器时代遗址发掘简报》，《考古》1960 年第 6 期。

172. 河南省文化局文物工作队：《河南荥阳河王新石器时代遗址》，《考古》1961 年第 2 期。

173. 安金槐：《一年来郑州市的文物调查发掘工作》，《文物参考资料》1954 年第 4 期。

174. 河南省文物工作队第一队：《郑州市古遗址墓葬的重要发现》，《考古通讯》1955 年第 3 期。

175. 河南省文物工作队第一队：《郑州西郊仰韶文化遗址发掘简报》，《考古通讯》

1958 年第 2 期。

176. 河南省文化局文物工作队：《1957 年郑州西郊发掘记要》，《考古通讯》1958 年第 9 期。

177. 安志敏：《1952 年秋季郑州二里冈发掘记》，《考古学报》第 10 册，1955 年。

178. 河南省文化局文物工作队：《郑州牛砦龙山文化遗址发掘报告》，《考古学报》1958 年第 4 期。

179. 河南省文化局文物工作队：《郑州旭岽王村遗址发掘报告》，《考古学报》1958 年第 3 期。

180. 河南省文化局文物工作队：《河南偃师灰咀遗址发掘简报》，《文物》1959 年第 12 期。

181. 河南省文化局文物工作队：《河南偃师汤泉沟新石器时代遗址的试掘》，《考古》1962 年第 11 期。

182. 河南省文化局文物工作队：《河南南召二郎岗新石器时代遗址》，《文物》1959 年第 7 期。

183. 河南省文化局文物工作队：《河南鲁山邱公城古遗址的发掘》，《考古》1962 年第 11 期。

184. 李景华：《河南项城高寺集的古代遗址》，《文物参考资料》1954 年第 7 期。

185. 赵全嘏：《记河南省潢川、商城、光山所见的几处古代文化遗址》，《文物参考资料》1955 年第 11 期。

186. 中国科学院考古研究所安阳发掘队：《1958～1959 年殷墟发掘简报》，《考古》1961 年第 2 期。

187. 河南文物工作队信阳发掘小组：《河南信阳市阳山新石器时代遗址试掘记》，《文物参考资料》1955 年第 8 期。

188. 赵世纲：《河南淅川县的新石器时代遗址》，《考古通讯》1958 年第 3 期。

189. 河南省文化局文物工作队：《河南信阳三里店遗址发掘报告》，《考古学报》1959 年第 1 期。

190. 河南省文化局文物工作队：《河南镇平赵湾新石器时代遗址的发掘》，《考古》1962 年第 1 期。

191. 李济：《西阴村史前的遗存》，《清华学校研究院丛书》第 3 种，1927 年。

192. 董光忠：《山西万泉石器时代遗址发掘之经过》，《师大月刊》第 3 期，1933 年。

193. 和岛诚一：《山西省河东平野及び太原盆地北半部に於げる先史学调查の概要》，《人类学杂志》第 4 号，1943 年。

194. 裴文中：《浑源县李峪村庙坡之彩陶文化遗址》，《雁北文物勘查团报告》，文化部文物局，1951 年。

195. 裴文中：《大同云冈石佛窟对岸之史前遗址》，《雁北文物勘察团报告》，文化文物局，1951 年。

196. 安志敏：《大同云岗附近的新石器时代遗存》，《文物参考资料》1953 年第 5、6 期。

197. 王伯敏：《云岗附近发现的陶片》，《文物参考资料》1954 年第 12 期。

198. 杨富斗、赵岐：《山西祁县梁村仰韶文化遗址调查简报》，《考古通讯》1956 年第 2 期。

199. 张德光：《永济县金盛庄与石庄的新石器时代遗址》，《文物参考资料》1958 年第 5 期。

200. 山西省文物管理委员会、山西省考古研究所：《山西闻喜汀店新石器及周代遗址》，《考古》1961 年第 5 期。

201. 山西省文物管理委员会：《太原义井村遗址清理简报》，《考古》1961 年第 4 期。

202. 黄河水库考古队河南分队：《山西平陆新石器时代遗址复查试掘简报》，《考古》1960 年第 8 期。

203. 中国科学院考古研究所山西工作队：《晋西南地区新石器时代和商代遗址的调查与发掘》，《考古》1962 年第 9 期。

204. 汪宇平：《内蒙古清水河县白泥窑子村的新石器时代遗址》，《文物》1961 年第 9 期。

205. 汪宇平：《清水河县台子梁的仰韶文化遗址》，《文物》1961 年第 9 期。

206. 洲杰：《内蒙古中南部考古调查》，《考古》1962 年第 2 期。

207. 赵印堂、杨剑豪：《曲阳县附近新发现的古文化遗址》，《考古通讯》1955 年第 1 期。

208. 孟昭林：《河北正定县南阳庄卧龙岗彩陶文化遗址》，《文物参考资料》1955 年第 11 期。

209. 河北省文化局文物工作队：《河北张家口地区新石器时代遗址调查》，《考古》1959 年第 7 期。

210. 河北省文化局文物工作队：《河北承德地区的古文化遗址调查》，《考古》1962 年第 12 期。

211. 郑绍宗：《有关河北长城区域原始文化类型的讨论》，《考古》1962 年第 12 期。

212. 河北省文物管理委员会：《河北唐山市大城山遗址发掘报告》，《考古学报》1959 年第 3 期。

213. 康捷：《关于唐山大城山遗址文化性质的讨论》，《考古》1960 年第 6 期。

214. 北京大学、河北省文化局邯郸考古发掘队：《1957 年邯郸发掘简报》，《考古》1959 年第 10 期。

215. 河北省文化局文物工作队：《河北邯郸涧沟村古遗址发掘简报》，《考古》1961 年第 4 期。

216. 河北省文化局文物工作队：《河北永年县台口村遗址发掘简报》，《考古》1962年第 12 期。

217. 山东省文管处：《山东平阴县于家林新石器时代遗址调查》，《考古》1959 年第6 期。

218. 杨子范：《山东宁阳堡头遗址清理简报》，《文物》1959 年第 10 期。

219. 王思礼：《山东安邱景芝镇新石器时代墓葬发掘》，《考古学报》1959 年第 4 期。

220. 郑伟：《山东济宁琵琶山新石器时代遗址》，《考古》1960 年第 6 期。

221. 傅斯年、李济、董作宾等：《城子崖——山东历城县龙山镇之黑陶文化遗存》，中央研究院历史语言研究所，1934 年。

222. 山东省文物管理处：《日照两城镇等 7 个遗址初步勘查》，《文物参考资料》1955 年第 12 期。

223. 刘敦愿：《日照两城镇龙山文化遗址调查》，《考古学报》1958 年第 1 期。

224. 山东省文物管理处：《山东日照两城镇遗址勘察纪要》，《考古》1960 年第 9 期。

225. 刘敦愿：《山东五莲即墨县两处龙山文化遗址的调查》，《考古通讯》1958 年第4 期。

226. 刘敦愿：《山东临沂新石器时代遗址调查》，《考古》1961 年第 11 期。

227. 中国科学院考古研究所山东发掘队：《山东梁山青堌堆发掘简报》，《考古》1962 年第 1 期。

228. 中国科学院考古研究所山东发掘队：《山东平度东岳石村新石器时代遗址与战国墓》，《考古》1962 年第 10 期。

229. 南京博物院新沂工作组：《新沂花厅村新石器时代遗址概况》，《文物参考资料》1956 年第 7 期。

230. 南京博物院：《江苏新海连市锦屏山地区考古调查和试掘简报》，《考古》1960 年第 3 期。

231. 江苏省文物工作队：《江苏连云港市二涧村遗址第二次发掘》，《考古》1962 年第 3 期。

232. 江苏省文物工作队：《南京西善桥太岗寺遗址的发掘》，《考古》1962 年第 3 期。

233. 南京博物院：《江苏赣榆新石器时代至汉代遗址和墓葬》，《考古》1962 年第3 期。

234. 尹焕章、张正祥：《对江苏太湖地区新石器文化的一些认识》，《考古》1962 年第 3 期。

235. 上海市文物保管委员会：《上海市松江县广富林新石器时代遗址试探》，《考古》1962 年第 9 期。

236. 上海市文物保管委员会：《上海市青浦县崧泽遗址的试掘》，《考古学报》1962 年第 2 期。

237. 南京博物院：《1959 年冬徐州地区考古调查》，《考古》1960 年第 3 期。

238. 江苏省文物管理委员会：《徐州高皇庙遗址清理报告》，《考古学报》1958 年第 4 期。

239. 芸阁：《对"徐州高皇庙遗址清理报告"的几点意见》，《考古》1959 年第 9 期。

240. 王湘：《安徽寿县史前遗址调查报告》，《中国考古学报》第二册，1947 年。

241. J. G. Andersson，1925. Preliminary Report on Archaeological Research in Kausu. *Memoirs of the Geological Survey of China*，Ser. A. No. 5.（安特生：《甘肃考古记》，《地质专报》第 5 号，1925 年）

242. Davidson Black，1925. With a Note on the Physical Characters of the Prehistoric Kansu Race. *Memoirs of the Geological Survey of China*，Ser. A. No. 5.（步达生：《甘肃史前人种说略》，《地质专报》第 5 号，1925 年）

243. Davidson Blach，1928. A Study of Kansu and Honan Aeneolithic Skulls and Specimens from Later Kansu Prehistoric Sites in Comparison with North China and Other Recent Crania. *Palaeontologia Sinica*，Ser. D Vol. 6. Fasc. 1.（步达生：《甘肃河南晚石器时代及甘肃史前后期之人类头骨与现代华北及其他人种之比较》，《中国古生物志》丁种第 6 号第 1 册，1928 年）

244. Nils Palmgren，1934. Kansu Mortury Urns of the Pan Shan and Ma Chang Groups. *Palaeontologia Sinica*，Ser. D. Vol. 3. Fasc. 1.（巴尔姆格伦：《半山及马厂随葬陶器》，《中国古生物志》丁种第 3 号第 1 册，1934 年）

245. Bo Sommarström，1956. *The Site of Ma-Kia-yao. The Museum of Far Eastern Antiquities Bulletin*，No. 28. Stockholm.（萨马尔斯特雷姆：《马家窑遗址》，《远东古物博物馆馆刊》第 28 号，1956 年）

246. 安志敏：《"马家窑遗址"（书评)》，《考古通讯》1958 年第 1 期。

247. M. Bylin-Althin，1946. The Site of Chi'Chia Ping and Lo Han Ta'ng in Kansu. *The Museum of Far Eastern Antiquities Bulletin*，No. 18. Stockholm.（比林·阿尔沁：《甘肃齐家坪与罗汉堂遗址》，《远东古物博物馆馆刊》第 18 号，1946 年）

248. 裴文中：《史前时期之西北》，《西北通讯社丛书》1948 年。

249. 裴文中等：《甘肃史前考古报告初稿》（油印稿，未刊），1947 年。

250. 王永焱：《西北史前遗址概况》，《文物参考资料》1951 年第 2 卷第 10 期。

251. 安志敏：《甘肃远古文化及其有关的几个问题》，《考古通讯》1956 年第 6 期。

252. 甘肃省博物馆：《甘肃古文化遗存》，《考古学报》1960 年第 2 期。

253. 吴汝祚：《甘青地区原始文化的概貌及其相互关系》，《考古》1961 年第 1 期。

254. 石陶：《黄河上游的父系氏族社会——齐家文化社会经济形态的探讨》，《考古》1961 年第 1 期。

255. 一丁：《关于齐家文化主要经济形态的探讨》，《考古》1961 年第 7 期。

256. 甘肃省文物管理委员会：《渭河上游天水甘谷两县考古调查简报》，《考古通讯》1958 年第 5 期。

257. 甘肃省文物管理委员会：《甘肃渭河上游渭源陇西武山三县考古调查》，《考古通讯》1958 年第 7 期。

258. 甘肃省文物管理委员会：《甘肃临洮临夏两县考古调查简报》，《考古通讯》1958 年第 9 期。

259. 甘肃省博物馆：《甘肃西汉水流域考古调查简报》，《考古》1959 年第 3 期。

260. 甘肃省博物馆：《甘肃渭河支流南河榜沙河漳河考古调查》，《考古》1959 年第 7 期。

261. 甘肃省文物管理委员会：《兰州市几处新石器时代遗址调查》，《考古》1959 年第 7 期。

262. 甘肃省文物管理委员会：《兰州新石器时代的遗存》，《考古学报》1957 年第 1 期。

263. 甘肃省博物馆：《甘肃兰州西坡岏遗址发掘简报》，《考古》1960 年第 9 期。

264. 马承源：《甘肃灰地儿及青岗岔新石器时代遗址的调查》，《考古》1961 年第 7 期。

265. 甘肃省文物管理委员会：《甘肃古浪黑松驿谷家坪滩新石器时代遗址》，《文物参考资料》1955 年第 8 期。

266. 陈贤儒、郭德勇：《甘肃皋兰糜地岘新石器时代墓葬清理记》，《考古通讯》1957 年第 6 期。

267. 甘肃省博物馆：《甘肃武威郭家庄和磨咀子遗址调查记》，《考古》1959 年第 11 期。

268. 甘肃省博物馆：《黄河寺沟峡水库新石器时代遗址调查简报》，《考古》1960 年第 3 期。

269. 黄河水库考古队甘肃分队：《甘肃临夏马家湾遗址发掘简报》，《考古》1961 年第 11 期。

270. 黄河水库考古队甘肃分队：《临夏范家村马家窑文化遗址试掘》，《考古》1961 年第 5 期。

271. 黄河水库考古队甘肃分队：《临夏大何庄秦魏家两处齐家文化遗址发掘简报》，《考古》1960 年第 3 期。

272. 黄河水库考古队甘肃分队：《临夏秦魏家遗址第二次发掘简报》（未刊稿）。

273. 黄河水库考古队甘肃分队：《甘肃永靖张家咀遗址发掘简报》，《考古》1959 年第 4 期。

274. 黄河水库考古队甘肃分队：《甘肃临夏姬家川遗址发掘简报》，《考古》1962 年第 2 期。

275. 任步云：《甘肃秦安县新石器时代居住遗址》，《考古通讯》1958 年第 5 期。

276. 甘肃省博物馆：《甘肃武威皇娘娘台遗址发掘报告》，《考古学报》1960 年第 2 期。

277. 安志敏：《青海的古代文化》，《考古》1959 年第 7 期。

278. 王少夫：《青海乐都发现大量的彩陶遗址和古代遗物》，《文物参考资料》1954 年第 8 期。

279. 青海省文物管理委员会：《青海湟中古代文化调查简报》，《文物》1960 年第 6 期。

280. J. G. Andersson，1945. The Site of Chu Chia Chai. *The Museum of Far Eastern Antiquities Bulletin*，No. 17. Stockholm. （安特生：《朱家寨遗址》，《远东古物博物馆馆刊》第 17 号，斯德哥尔摩，1945 年）

281. 颜訚：《甘肃齐家文化墓葬中头骨的初步研究》，《考古学报》第 9 册，1955 年。

282. 石兴邦：《有关马家窑文化的一些问题》，《考古》1962 年第 6 期。

第五章

283. 尹焕章：《华东新石器时代遗址》，上海人民出版社，1956 年。

284. 蒋缵初：《关于江苏的原始文化遗址》，《考古学报》1959 年第 4 期。

285. 曾昭燏、尹焕章：《江苏古代历史上的两个问题》，《江海学刊》1961 年第 12 期。

286. 华东文物工作队：《淮安青莲岗新石器时代遗址调查报告》，《考古学报》第九册，1955 年。

287. 南京博物院：《江苏淮安青莲岗古遗址古墓葬清理简报》，《考古通讯》1958 年第 10 期。

288. 南京博物院：《南京市北阴阳营第一、二次的发掘》，《考古学报》1958 年第 1 期。

289. 南京博物院：《江苏仪六地区湖熟文化遗址调查》，《考古》1962 年第 3 期。

290. 罗宗真：《南京西善桥太岗寺遗址的发掘》，《考古》1962 年第 3 期。

291. 尹焕章、张正祥：《对江苏太湖地区新石器文化的一些认识》，《考古》1962 年第 3 期。

292. 江苏省文物管理委员会：《江苏无锡锡山公园古遗址清理简报》，《文物参考资料》1956 年第 1 期。

293. 江苏省文物管理委员会：《江苏无锡仙蠡墩新石器时代遗址清理简报》，《文物参考资料》1955 年第 8 期。

294. 江苏省文物工作队：《江苏无锡许巷新石器时代遗址》，《考古》1961 年第 8 期。

295. 王德庆：《江苏崑山荣庄新石器时代遗址》，《考古》1960 年第 6 期。

296. 上海市文物保管委员会：《上海县马桥俞塘新石器时代遗址调查》，《考古》1960

年第 3 期。

297. 金诚：《江苏崑山陈墓镇新石器时代遗址》，《考古》1959 年第 9 期。

298. 南京博物院：《苏州和吴县新石器时代遗址及其有关遗址的调查报告》，《考古》1961 年第 3 期。

299. 南京博物院：《南京安怀村古遗址发掘简报》，《考古通讯》1957 年第 5 期。

300. 施昕更：《良渚——杭县第二区黑陶文化遗址初步报告》，西湖博物馆，1938 年。

301. 何天行：《杭县良渚镇之石器与黑陶》，上海，1937 年。

302. 浙江省文物管理委员会：《良渚黑陶又一次重要发现》，《文物参考资料》1956 年第 2 期。

303. 卫聚贤、胡行之：《杭州古荡新石器时代遗址之试探报告》，1936 年。

304. 党华：《二年来浙江发现的新石器时代遗址与遗物》，《文物参考资料》1955 年第 8 期。

305. 浙江省文管会、浙江博物馆：《浙江新石器时代文物图录》，浙江人民出版社，1958 年。

306. 浙江省文管会：《钱塘江流域五个县的几处古遗址初步调查》，《文物参考资料》1956 年第 8 期。

307. 浙江省文物管理委员会：《吴兴钱山漾遗址第一、二次发掘报告》，《考古学报》1960 年第 2 期。

308. 浙江省文物管理委员会：《杭州水田畈遗址发掘报告》，《考古学报》1960 年第 2 期。

309. 浙江省文物管理委员会：《浙江嘉兴马家浜新石器时代遗址的发掘》，《考古》1961 年第 7 期。

310. 党华：《浙江嘉兴双桥发现新石器时代遗址》，《考古通讯》1955 年第 5 期。

311. 梅福根：《浙江吴兴邱城遗址发掘简介》，《考古》1959 年第 9 期。

312. 安徽省博物馆：《安徽新石器时代遗址的调查》，《考古学报》1957 年第 1 期。

313. 王劲、吴瑞生、谭维四：《湖北京山县石龙过江水库工程中发现的新石器时代遗址简报》，《文物参考资料》1955 年第 4 期。

314. 张云鹏：《湖北京山、天门考古发掘简报》，《考古通讯》1956 年第 3 期。

315. 中国科学院考古研究所：《京山发掘报告》（未刊稿）。

316. 夏鼐：《长江流域考古问题》，《考古》1960 年第 2 期。

317. 长江流域规划办公室文物考古队直属工作队：《1958～1961 年湖北郧县和均县发掘简报》，《考古》1961 年第 10 期。

318. 湖北省文物管理委员会：《湖北圻春易家山新石器时代遗址调查报告》，《考古通讯》1956 年第 3 期。

319. 夏盾：《湖北圻春发现两处古代文化遗址》，《考古通讯》1956 年第 4 期。

320. 湖北省文物管理委员会：《湖北圻春易家山新石器时代遗址》，《考古》1960 年第 5 期。

321. 湖北省文物管理委员会：《湖北红安金盆遗址的探掘》，《考古》1960 年第 4 期。

322. 杨锡璋：《长江中游湖北地区考古调查》，《考古》1960 年第 10 期。

323. 中国科学院考古研究所长江队三峡工作组：《长江西陵峡考古调查与试掘》，《考古》1961 年第 5 期。

324. 丁颖：《江汉平原新石器时代红烧土中的稻谷壳考查》，《考古学报》1959 年第 4 期。

325. 中国科学院考古研究所湖北发掘队：《湖北黄冈螺蛳山遗址的探掘》，《考古》1962 年第 7 期。

326. 四川省博物馆：《川东长江沿岸新石器时代遗址调查简报》，《考古》1959 年第 8 期。

327. 四川省博物馆：《四川省长江三峡水库考古调查简报》，《考古》1959 年第 8 期。

328. 四川省博物馆：《四川新繁县水观音遗址试掘简报》，《考古》1959 年第 8 期。

329. 四川长江流域文物保护委员会文物考古队：《四川巫山大溪新石器时代遗址发掘记略》，《文物》1961 年第 11 期。

330. 四川大学历史系考古学教研组：《广汉中兴公社古遗址调查报告》，《文物》1961 年第 11 期。

331. T. K. Cheng, 1957. *Archaeological Studies in Szechwan*, Cambridge University Press. （郑德坤：《四川考古论文集》，剑桥大学出版社，1957 年）

332. 作铭：《“四川考古论文集”（书评）》，《考古通讯》1957 年第 5 期。

333. 于豪亮：《略评“四川考古论文集”》，《考古》1959 年第 8 期。

334. 饶惠元：《江西清江的新石器时代遗址》，《考古学报》1956 年第 2 期。

335. 饶惠元：《清江遗址的文化分析》，《考古学报》1959 年第 3 期。

336. 江西省文物管理委员会：《江西清江营盘里遗址发掘报告》，《考古》1962 年第 4 期。

337. 江西省文物管理委员会：《江西修水山背地区考古调查与试掘》，《考古》1962 年第 7 期。

338. 江西省文物管理委员会：《江西波阳王家咀遗址调查简报》，《考古》1962 年第 4 期。

339. 江西省文物管理委员会：《江西南昌青云谱遗址调查》，《考古》1961 年第 10 期。

340. 湖南省博物馆：《湖南华容县时家岗发现新石器时代遗址》，《考古》1961 年第 11 期。

341. 周世荣：《湖南石门县皂市发现商殷遗址》，《考古》1962 年第 3 期。

第六章

342. 华东文物工作队福建组、福建省文物管理委员会：《闽侯县石山新石器时代遗址探掘报告》，《考古学报》第十册，1955 年。

343. 林钊：《闽侯县石山新石器时代遗址第二至四次发掘简报》，《考古》1961 年第 12 期。

344. 福建省文物管理委员会：《闽侯庄边山新石器时代遗址试掘简报》，《考古》1961 年第 1 期。

345. 曾凡、黄炳元：《闽东新石器时代遗址调查》，《考古》1959 年第 11 期。

346. 金关丈夫：《论台湾先史时代之北方文化的影响》，《台湾文化论丛》（第一辑），1943 年。

347. 林惠祥：《台湾石器时代遗物的研究》，《厦门大学学报社会科学版》1955 年第 4 期。

348. 林惠祥：《中国东南区新石器文化特征之一：有段石锛》，《考古学报》1958 年第 3 期。

349. 梁钊韬：《我国东南沿海新石器时代文化的分布和年代探讨》，《考古》1959 年第 9 期。

350. 贾兰坡：《广东地区古人类学及考古学研究的未来希望》，《理论与实践》1960 年第 3 期。

351. 莫稚：《广东考古调查发掘的新收获》，《考古》1961 年第 12 期。

352. 广东省博物馆：《广东东兴新石器时代贝丘遗址》，《考古》1961 年第 12 期。

353. 广东省文物管理委员会：《广东潮安的贝丘遗址》，《考古》1961 年第 11 期。

354. 广东省博物馆：《广东瓮源县青塘新石器时代遗址》，《考古》1961 年第 11 期。

355. 黄展岳、赵学谦：《云南滇池东岸新石器时代遗址调查记》，《考古》1959 年第 4 期。

356. 云南省文物工作队：《云南滇池周围新石器时代遗址调查简报》，《考古》1961 年第 1 期。

357. 云南省文物工作队：《云南昭通马厂和闸心场遗址调查简报》，《考古》1962 年第 10 期。

中国新石器时代

（2005年）

第一章　绪论

一　什么是新石器时代

新石器时代首先是英国史前学家拉波克于 1865 年划分出来的。他所使用的 Neolithic 一词源于希腊文，意思是指使用新的石器即磨制石器的时代，以区别于只会使用打制石器的旧石器时代[1]。

从旧石器时代到新石器时代，各地文化发展的进程不尽一致。拿欧亚大陆来说，中间还有一个过渡阶段——中石器时代（Mesolithic）。这一概念从托里尔（M. Torel）等提出至今也已有一百多年。由于它是一个过渡时代，文化特征不如旧石器时代或新石器时代那样突出，有时甚至不易同旧石器时代晚期或新石器时代早期相区别。因此名称也不一致，有的称为后旧石器时代或续旧石器时代，有的称为原新石器时代。欧洲中石器时代的基本特征是广泛使用细石器（Microlithic），而一般认为东南亚属中石器时代的文化则基本上没有细石器。我国北方从旧石器时代晚期开始就出现了有一定类型的细石器，而南方则很少有细石器。因而从旧石器时代向新石器时代过渡的道路也不相同。

新石器时代的基本特征主要表现在技术、经济和日常生活三个方面。

其一，在技术方面，主要是发展了以磨制为中心的石器加工的方法。旧石器时代的石器几乎全部是打制的[2]。中石器时代基本还是如此，只有个别的才被局部磨光。到了新石器时代，特别是在那些农业比较发达的地区，磨制技术得到了迅速的发展，成为一种鲜明的时代特征。

所谓磨制石器，并不是在加工的全过程中都用砥磨的方法。一件典型的新石

---

[1]　John Lubbock, 1865. *Prehistoric Times*, London.

[2]　在我国旧石器时代晚期的山顶洞文化和峙峪文化中都发现过磨制和钻孔的石珠，但那是极个别的例子，而且这种方法并没有应用到工具和武器上来。

器，通常要经过选料、开坯、琢平、磨光和钻孔五道工序才能完成。选料包括选取合适的石质和形状，形状不甚合适的必须开坯。开坯一般用打击法，到新石器时代晚期才出现切割法。如果是用打击法开坯，打出的毛坯必须琢平成型，然后才可能磨光。有些石器为了便于系绳或安柄，成型后还要钻孔。当然，并不是所有新石器都要经过五道工序。有的只需一两道，有的要三四道，要看具体情况而定。可以设想，用这些方法加工出来的石器，必定和旧石器具有全然不同的风格。

以磨制为中心的石器加工技术的优越性是显而易见的。第一，适于做磨制石器的材料比适于做打制石器的材料广泛得多，从而扩大了原材料的范围；第二，用这套技术能够制成比较确切的形状，可以使工具更加分化和复杂化，以满足人们不断增长的需求；第三，磨制提高了刃部的锋度，从而提高了工具的使用效能。这三条中尤以第二条为最重要。只要比较一下往后在青铜时代和铁器时代的许多工具和武器的基本形制，仍然是继承新石器时代的同类器物发展而成，就可以知道新石器的制造工艺在人类文化发展史上的地位了。

其二，在经济方面，学会了种植农作物和饲养家畜，使原先单纯的攫取经济变为生产经济，开辟了用人工方法增产食物的广阔途径。

农业和养畜业究竟是在何时何地、因为何种原因而发生的，人们曾经做过许多探索和研究，提出过许多理论和假说。不论各家的看法如何，有两条是很清楚的：第一，农业和养畜业都是人类文化发展到一定阶段的产物，而不是一种偶然的机遇。旧石器时代没有产生农业的条件，一些试图从旧石器时代的遗存中寻找农业证迹的努力，没有一个是成功的；第二，即使在新石器时代，由于各地的自然环境和气候条件不同，野生谷物和可被驯养的动物资源不同，农业和养畜业往往不是同时发生，也不单是在一个中心发生，而是或先或后地在几个重要的中心发生的。现知小麦和大麦最先在西亚种植，粟和黍最先在黄河流域种植，水稻最先在长江流域栽培，印度和东南亚也许还有另外的培育中心，而玉米则是在中美洲最先培育出来的。羊和山羊最先都是在西亚被家养的，猪可能是在中国最先被家养的，东南亚可能是另一个重要的起源地；牛和水牛可能起源于中国和印度；狗可能不只有一源，最早的家狗遗骨见于西欧、北欧和北美。随着考古发现不断增加，这些说法可能会有某些调整。但农业和养畜业不止一个起源地则是很清楚的。由于农业和养畜业对于人类的日常生活和文化的发展影响极其深远，所以英国著名考古学家柴尔德（V. G. Childe）把它的产生看成一场新石器时代的革命[1]。

---

〔1〕〔英〕柴尔德著，周进楷译：《远古文化史》第五章《新石器时代的革命》，中华书局，1958年。

应当指出，并不是所有新石器文化都有农业和养畜业。它最初出现的地方往往在山前平地或小河岸边，有的是在沼泽地带，以后才逐渐向别处传播。已知在一些地方农业和养畜业的同时存在，还有大部分地方保持着原始的攫取经济。其中有的以采集和狩猎为主，有的以捕鱼、采贝为主。从事农业的也往往把养畜业、采集和渔猎结合起来，而所从事的农作又有旱地和水田之分，同是旱地又有作物品种之分，实际情况是千差万别的。不同门类和水平的经济同时存在和并行发展，是新石器时代区别于旧石器时代的一个重要方面。

其三，在日常生活方面，普遍使用陶器，穿衣和住房都得到了很大的改善。陶器的发明同磨制石器和农业一样，也是人类物质文化发展到一定阶段的产物。早在旧石器时代，人们烧火时会把地面烧红变硬，有的土块可能会烧成陶质。在西伯利亚克拉斯诺雅尔斯克附近的一处旧石器时代晚期的遗址中，甚至发现过一件烧制不算好的陶塑人像[1]。但当时简朴而流动的生活不需要专门的炊器和盛食器，这种现象即使碰到了千百次也不会引起重视的。到了新石器时代，特别是那些已经过着相对定居的生活，并且发展了多种经济的人们，迫切需要有专门用来烧饭、盛食和储存的器皿，而在自然界又得不到现成的器物，才会想到利用泥土经火一烧就会陶化变硬的特性。这种想法一经付诸实践，陶器就发明出来了。每个地方的人民，只要条件成熟，都是可能发明陶器的。既然如此，陶器的起源就不会只有一个中心，也不会只有一个模式；应该是在不同的中心，以不同的方式或先或后地发明出来的。各地早期陶器差别极大的事实足以证明这一观点[2]。

---

〔1〕　3. A. 阿布拉莫娃：《苏联亚洲部分的后旧石器时代》，《苏联考古学》1984 年第 1 期（俄文）。

〔2〕　很早就有人研究陶器的起源。据泰勒（E. Tylor）说：戈奎（Goquet）"于上一个世纪最先提醒大家注意陶器发明的过程。他说，人们先将黏土涂在那种容易着火的容器上以免被烧毁，后来他们发现单用黏土本身即可达到这个目的，于是世界上便出现制陶术了"（E. Tylor, 1870. *Early History of Mankind*, *London*, p. 273）。戈奎的假设主要是根据美洲印第安人某些部落在木制容器上涂泥防火以作炊器的事实而推导出来的。这种情形在美洲不乏其例，还有用柳条或灯芯草编成篮子涂泥后放在火上的（〔美〕路易斯·亨利·摩尔根著，杨东莼、马雍、马巨译：《古代社会（新译本）》，商务印书馆，1977 年，16、17 页注④）。不过这只是美洲的情形，其他地方并非如此。例如安达曼岛上的土人制陶时把泥揉成半球形，用贝壳挖去内部即成容器（〔苏〕柯斯文著，张锡彤译：《原始文化史纲》，人民出版社，1955 年，117 页）。云南佤族用木拍子的柄部插入泥团再向外挤压成臼状，然后用卵石垫在里面，用拍子在外面不断拍打，就可以做出所需的器形（李仰松：《云南佤族制陶概况》，《考古通讯》1958 年第 2 期）。海南岛的黎族把揉好的泥擀成大薄片，然后捏拢成器，阴干后用柴草在露天烧成陶器。凡此都为探索陶器的起源提供了有益的启示。但现代落后的制陶方法跟古代发明陶器的方法毕竟是两回事。

　　陶器的优越性是显而易见的。它所使用的原料就是普通的泥土，是取之不尽，随手可得的；泥土的可塑性好，可以做成任何形状的器皿，足以适应日常生活中多方面的需要；泥坯经过晾干以后，只要加热到 600℃ 以上即可陶化，不但增加了硬度，而且耐火耐水，特别适于做炊器和饮食器等。因为陶器具备这些优点，当时没有任何东西可以取代，所以一经发明就得到广泛的应用和传播，成为新石器时代以来考古研究的重要内容。

　　新石器时代的另一项重要发明是纺织。在这时期的遗址中经常可以见到各式各样的陶纺轮或石纺轮，有时还能发现炭化的布片或者布的印痕。在当时从事纺织需要相当的智力和技巧，首先要发现和认识可以利用的纤维，比较容易得到的纤维是各种麻类。要等到麻长到一定程度后采剥麻秆皮进行脱胶处理，再用纺轮纺成麻纱，最后织成布匹并做成衣服。我国新石器时代不但已经广泛地采用麻布，在江浙一带还已发明了丝绸，稍晚在新疆等地又出现了毛织物。在往后很长一段时期内，我国的纺织品仍然是这三类。其中尤以丝绸最为有名，以至于一些西方人把中国称为丝国。

　　旧石器时代的人们一般住在洞穴或天然的岩厦下面，到旧石器时代晚期才有简陋的窝棚。新石器时代多种经济的发展和人口的扩大，已不可能都住到洞穴里了。这时出现了各种形式的聚落和房屋建筑，成为一个显著的特色。

　　过去一直以为要到新石器时代以后才有铜器，但是近年的考古发现使人们不得不改变传统的看法。现知最早的铜器可以上溯到原始新石器或中石器时代。伊拉克北部的沙尼达尔（Shanidar）曾出土用天然铜做的扣针和锥子；相距 4 千米并属于同一时期的扎维·克米也出过天然铜块，其碳 – 14 年代为公元前 9215 + 300 年和公元前 8935 ± 300 年。伊朗的阿里·柯什也发现了属于前陶新石器时代的用

（接 247 面注释〔2〕）要阐明陶器发明的具体途径，只有依靠田野考古提供的证据。现知最古老的陶器多半出自东亚。例如日本福泉寺洞穴第 10 层的豆粒纹陶片，用几种方法测得的年代为公元前 10500～前 8500 年（麻生优：《泉福寺洞穴の発掘記録》，佐世保市教育委员会，1984 年）。福井洞穴第 3 层出土隆线纹陶器的碳 – 14 年代为公元前 10750 ± 500 年（马渊久夫、富永健：《考古学のための化学 10 章》，东京大学出版会，1981 年，106 页）。俄罗斯布里亚特的乌斯季 – 恰克图的陶片，碳 – 14 年代为公元前 9555 ± 100 年和 10545 ± 150 年（芹泽长介：《土器制作のはじまり》，《考古学ジャーナル》第 239 卷，1984 年）。俄罗斯远东哈巴罗夫斯克（伯力）附近的萨卡奇·阿梁遗址中出土的陶器，碳 – 14 年代为公元前 11010 ± 120 年（А. П. 奥克拉德尼可夫等：《黑龙江下游嘎下多层遗址研究》，《苏联科学院西伯利亚分院通报》1983 年第 1 期，俄文）。所有这些陶器或陶片都没有用篮筐或其他容器做胎骨的痕迹。

天然铜做的器物，年代约为公元前6500～前6000年[1]。这些铜器的出现可能带有偶然性。因为当地出产天然铜，人们可以把它当作某种石头采集回来，用加工石器的方法进行琢打，就可发现它具有不同于一般石头的特性——延展性。利用其延展性继续锤打成器，就是最早的金属加工方法——冷锻法。这种偶然的事例难以使人们积累起系统的经验，也难以充分认识金属器具的优越性，所以在很长时期内都没有明显的进步和发展。

到了新石器时代末期，事情开始发生了变化。此时人们已经学会有意识地开采铜矿和进行冶炼，但还不懂得合金的技术，因而制成的金属器物多为红铜。偶尔有些青铜或黄铜制品，多半是采到共生矿后于无意中冶炼出来的。

人类首先用铜来做金属器具，是因为铜在有天然产状的少数几种金属中数量最多，比较容易采集；同时熔点又最低，在当时的技术条件下有可能进行冶炼。但这只是相对而言。当时能够用石器开采的铜矿毕竟是有限的，红铜的熔点为1084℃，不是很容易就能达到的。加以红铜硬度较低，做锋刃器还不如石器好用。所以在较长的时期内仅限于做某些小型器具和装饰品。这种已经有意识地冶炼和制造少量铜器而还不知道合金，不知道制造青铜器，仍然以石器作为基本的工具和武器的时代，在考古学中被称为铜石并用时代或红铜时代。它明显地具有过渡的性质，一方面还保留着浓厚的新石器时代的特点，另一方面又开启了青铜时代的先河。我国仰韶文化的晚期到龙山时代，大体上是属于铜石并用时代的。

由于中石器时代和铜石并用时代都具有过渡的性质，所以在有些著作中把二者都归入新石器时代。前者被划为新石器时代的最早阶段，称为原新石器时代；后者则被划归新石器时代晚期之末，或称为新石器时代末期。凡此均依具体情况而定。

二 中国新石器时代考古研究的对象和方法

（一） 中国新石器时代考古研究的对象

中国新石器时代考古是中国考古学的组成部分，研究的对象是中国境内的新石器时代实物遗存。它的任务是通过对这些实物遗存的研究，尽可能地恢复那个时期的历史。这里所说的新石器时代是广义性的，即指从旧石器时代以后到青铜

〔1〕 I. E. S. Edwards, C. J. Gadd, N. G. L. Hammond, 1970. *The Cambridge Ancient History*, Vol. 1, Part 1, London.

时代以前，包括狭义的新石器时代和铜石并用时代。旧石器时代和新石器时代之间的中石器时代或原新石器时代，暂时因为资料不太充分而无法展开，只是在适当地方略加阐述。

历史的发展是不平衡的，在一些地方进入青铜时代之后，还有不少地方仍然处在新石器时代的发展水平。本书的断代是以起主导作用的先进地区为标准，按照绝对年代来划分的。因此中国新石器时代的下限就断在二里头文化以前。因为二里头文化已经进入青铜时代，而且很可能是夏代的文化。当时在中国是最先进和起主导作用的文化，具有划时代的意义。这样处理既可以看清楚历史的发展，又可以看清楚同一时期各地文化之间的相互关系。如果按照各地文化发展的实际状况，把所有处在新石器时代的文化都纳入本书的内容，那是强调社会发展的逻辑关系而不利于讲述具体的历史。考古学既然是研究历史的，自然以按照年代的演进来讲述为胜。

新石器时代考古研究的实物遗存主要是指那些经过人类活动所留下的各种类型的遗址和大多包含在遗址内的遗迹、遗物和遗痕。要通过这些遗存来研究那个时代的历史，必须有一套有效的方法。下面对这些方法作一简单的说明。

（二）比较与复原的研究方法

比较与复原是新石器时代考古研究中最经常采用的方法。地层学和类型学都是建立在比较研究的基础上的，考古学文化的研究也是如此。只有全面比较不同时期和不同地区文化特征的异同，才能进一步探讨人类文化及其所反映的社会发展演变的轨迹。

复原的方法首先要有客观的根据，避免随意性和主观臆测。要考虑在什么样的情况下才可能复原，怎样复原才是科学的。一件陶罐，即使90%是完好的，如果没有口或没有底，或者中间断了接不上碴，就不能复原。因为不知道口或底是什么样子，中间断了对接不上就不知道有多高。假如只有少量陶片，如果从口到底都能够接上，并且有一定弧度看出是圆形的，一般就可以按弧度旋转复原。有些石器本来是有柄的，如果没有发现柄的痕迹就不能复原。有的学者参照民族志资料进行的"复原"，实际上只是一种参照，一种可能的选择，而不是真正意义上的复原。复原还有程度的不同，有的是完全复原，有的只能够半复原，总之要实事求是。

复原还有不同的层次。个别器物的复原是最基本的。如果把一座房子里的陶器都复原，就可以了解当时有哪些生活用具，是比较简单还是比较复杂，从而了解当时的生活状况。单个房子里的器物有时不能代表整个社区的情况。要了解整个社区的情况，单靠复原的器物是不够的，因为大多数陶器不能复原，而各种器物可能复原的概率也是不相同的。这样就有必要对全部陶片按单位进行统计，借以了解各种陶器的数量和比例，从而进一步对当时人们家庭生活的一个方面有所了解。对石器和其他工具的研究也是一样。如果能够把每种大致复原，用实验的方法了解它们的用途和功效，并且分门别类地进行统计，就能够进一步了解当时的生产门类、技术水平乃至生产力总体的水平。运用类似的方法，还可以从复原一座房屋到复原整个聚落，复原人们的家庭生活和社群组织。对于墓葬和墓地的研究也可以采用同样的方法，只是要注意墓葬是人们有意识的安排，既反映当时社会的实际情况，又反映当时的丧葬习俗。所有这些工作如果都做得好，做得科学，那么最后也就可以复原整个社会，复原不同地区的社会状况，以至于复原整个地区社会演变与发展的历史。这样的历史既具有形象的、直观的性格，又有内在的逻辑与历史的联系。尽管没有文字记载，仍然可以是一部活生生的历史。就像看哑剧一样，虽然表演者一句话都不说，观众通过他准确的动作和表情，尤其是他的表演从头到尾的逻辑发展，仍然可以了解他所表现的故事内容。

（三）　实验考古学的研究方法

在新石器时代考古研究中，当某些器物的制法、用途和功效难以确定时，往往采用对比实验的研究方法。例如石器和陶器的研究有时就采用这种方法。

石器制法的实验研究最早是从旧石器开始的。因为研究旧石器的时候，首先要明白人工打制的石器和自然破碎的石块有什么不同，同时要了解不同样式的石器究竟是怎样制作出来的，最简单的办法就是自己来仿制石器，把它同自然石块和真正的石器进行对比。新石器时代的石器类型比旧石器复杂得多，制法也复杂得多，有的凭肉眼观察就能明白，有的则要经过实验进行对比研究。为了明确石器的用途，有时也要进行实验，以便对使用痕迹进行研究。例如一件石器又像斧又像锛，就可以自己制造两件同样的石器，分别按照斧和锛来安柄使用，再对比它们的使用痕迹到底像哪一种，诸如此类。20 世纪 50 年代，苏联考古研究所的谢米诺夫曾经对石器使用痕迹进行系统的实验[1]，后来这种方法在许多国家采用并有了新的发展。

新石器时代陶器的制法多种多样，有些可以从陶器上留下的制作痕迹作出判断，有些则比较困难。要确实了解其制法，最好的方法是进行仿制。以前以为轮制陶器是到龙山时代才发展起来的，后来发现仰韶文化和马家窑文化的彩陶花纹

---

[1]　S. A. Semenov, 1964. *Prehistoric Technology*, London.

如果不在轮盘上就无法画成，其实有些大型陶器如果不放在轮盘上也是很难制作出来的，这只要做实验就可以得出明确的答案。事实上在仰韶文化的遗存中也发现了不少陶质的轮盘，只不过当时是用慢轮旋转而不是用快轮拉坯。龙山文化的蛋壳黑陶究竟是怎样制作出来的，过去一直是一个谜。有各种各样的推测，说得玄而又玄。后来经过多次实验，终于可以造出跟原来一样的器物。由此也就可以对龙山时代的制陶技术有一个符合实际的了解。

其实需要做实验的事情很多。例如陶器上的绳纹、篮纹和方格纹等是怎么做出来的，就有人做过很多实验。用石斧砍树，功效如何，能不能砍倒大树，做一做实验就知道了。对采集经济或早期农业也可以从多方面进行实验，例如粟的祖本植物是狗尾草，人们自然是先采集狗尾草果腹，然后才会想到栽培它。那要获取自然状态下的狗尾草，用不同的方法进行收割的功效如何，做一做实验也就心中有数了[1]。

（四）运用考古学文化的研究方法

人类从来不是孤立地生活的，总是要结成一定的社会关系以从事生产和各种社会活动。在远古时代，人们常常聚族而居，结成氏族—部落等不同级别的社会组织。部落之间也有亲疏不同，有的血缘较近，文化相同；或者相邻而处，关系密切；有的则有很大差别。因为没有文字记载，我们无法直接了解这些情况。只好通过实物遗存的相似程度来探讨人们之间的文化关系，于是在史前考古学研究中就出现了考古学文化这一概念。所谓考古学文化是指在考古学遗存中能够观察到的，存在于一定时间和一定地域，并且具有一定特征的共同体。例如仰韶文化就是在公元前5000～前3000年左右分布于黄土高原及其附近的，具有小口尖底瓶和瓶、钵、盆、罐、瓮陶器组合，并且有比较发达的彩陶的一个考古学文化。在建立考古学文化的理论与实践方面起过很大作用的英国考古学家柴尔德认为，要确立一个考古学文化，必须有一群具有明确特征的类型品，而且这些类型品还要经常地伴同着出土，单独一种器物或孤立一个遗址是无法构成一个考古学文化的[2]。为什么同一时期和同一地区的考古学实物遗存常常有很大的一致性，而不同时期和不同地区的实物遗存却有明显的差别呢？这是因为同一时期和同一

〔1〕　Tracey L-D. Lu, 1998. Some Botanical Characteristics of Green Foxtail（*Setaria viridis*）and Harvesting Experiments on the Grass, *Antiquity*, Vol. 72（278）: pp. 902 – 907.

〔2〕　V. G. Childe, 1956. *Piecing Together the Past*: *The Interpretation of Archaeological Data*, London, pp. 123 – 128.

地区的人常常有共同的历史文化传统，又有相同的自然环境和人文环境，容易进行直接的交往。在交往的过程中相互学习、相互影响，自然会在物质文化上表现出许多相同或相似的因素。不同时期和不同地区的人们则缺乏这些条件，所以在物质文化上容易发生较大的差异。这是就一般情况而说的。有时候相距遥远的地方，因为自然环境相似，也可以造成某些文化因素的相似。例如中国南方天气炎热潮湿，从新石器时代起就有一些房屋架在木桩上，通风避潮，古代称为干栏。日本西南部也很炎热潮湿，所以史前文化中也有这种样式的房屋，称为杭上家屋。两者之间并没有什么直接的联系，只不过是对于相同的环境采取了相同的适应方式罢了。因此在考古学研究中，不能仅仅看到有某些因素相似，就贸然断定存在某种实际的联系。要具体分析是什么因素相同或相似，为什么会造成它们相同或相似，才可能做出符合实际的判断。

在考古学文化研究中，文化是基本的单位，对文化可以分期，也可以划分为若干类型，有时候类型之下还可以划分为若干文化相乃至更小的单位。文化之上有时可以看到更大的文化群或文化集团。这种把考古学文化划分为不同层次的方法，有助于更加准确地把握社会历史的本来面目，是考古学文化理论的一个发展[1]。

（五）与其他学科结合研究的方法

新石器时代考古研究水平的提高不但依赖于自身理论和方法的完善，而且需要广泛地利用其他学科的研究成果和研究方法，或者与其他学科结合以解决某些共同的学术课题。

1. 与古史传说相结合的研究方法

在文字发明以前，人们对自己的历史同样是关心的，重要的故事往往代代相传。其中有一部分被较早的文献记录下来，就是人们所说的古史传说。我国先秦时期的许多典籍中，保存有不少关于远古时代的人物和事迹等方面的传说。由于时代久远，有些传说不免有传讹失实和张冠李戴的情况，有的甚至加进了后人的润饰和主观取舍。《韩非子·显学》篇中说："孔子、墨子俱道尧舜而取舍不同，皆自谓真尧舜，尧舜不复生，将谁使定儒墨之诚乎？"其实韩非子自己所说的尧舜，与孔子、墨子所说又不相同，这使研究古史传说的人遇到很大困难。如果只

---

〔1〕 严文明：《关于考古学文化的理论》，《走向 21 世纪的考古学》，三秦出版社，2000年，78～93 页。

是从古文献中去爬梳，很难做出客观的判断；若是能够与新石器时代考古相结合，便有了一个在时空和内容上都是客观的参照系，从而有可能凿通某些关键性的问题。例如蒙文通研究古史传说，将远古时代的居民区分为河洛民族、江汉民族和海岱民族[1]，徐旭生则称为华夏集团、苗蛮集团和东夷集团[2]。名称和具体划分方法虽有不同，在分为三块这一点上是完全相同的。人们虽然觉得他们的划分方法很有道理，却又感到有所不足，因为都缺乏坚实的客观基础。根据新石器时代考古的研究，中原或河洛地区、江汉地区和海岱地区确实存在着不同的文化系统，证明两位先生的研究十分成功。关于三大族系之间的关系的种种传说，也必定可以从考古学文化的关系的研究中得到检验和印证。再如《山海经》和《淮南子》等书中都曾讲到凿齿民的故事，后人在注疏时不明白其意思，以为是长着三尺长像凿子一样的牙齿的怪物。通过近年来的考古发现，才知道那指的是具有拔牙风俗的东夷人民的祖先[3]。类似的事情还有许多，所以研究新石器时代考古的人不能不同时研究古史传说的资料。

2. 民族考古学的研究方法

考古学和民族学有非常密切的关系。民族学中的许多理论问题，例如早年西方学者关于文化起源和传播的理论，德奥历史文化学派的文化圈理论，苏联学派的经济文化类型和历史民族区的理论，在考古学研究中是经常被借鉴或引用的。民族学对于近现代仍然保留着落后的社会形态和生活方式民族的研究资料，乃是考古学家十分关心的"社会活化石"。运用比较研究的方法，有时可以帮助解决某些考古学家感到困惑的难题。不过在进行这类比较研究时，一定不要生搬硬套。因为现今民族中残存的落后社会形态和生活方式都不是原生的，而是在周围社会的长期影响下逐渐形成的。拿它同几千年以前的实物遗存所反映的社会相比照自然要特别留意，可能有相通的一面，也一定有不同的情况。我们在对同一时代的考古学文化进行比较时都切忌舍近求远，何况是进行民族考古学的研究呢。

3. 考古人类学的研究方法

新石器时代的人类遗骸数以千计，通过体质特征的研究，可以了解人类种族

---

[1] 蒙文通：《古史甄微》，商务印书馆，1934 年。

[2] 徐炳昶（旭生）：《中国古史的传说时代》，中国文化服务社，1943 年。

[3] 严文明：《大汶口文化居民的拔牙风俗和族属问题》，《大汶口文化讨论文集》，齐鲁书社，1979 年。

的分布及其变迁的情况，了解种族划分同考古学文化的关系。在这方面的尝试已经取得积极的成果[1]。此外对人骨性别和年龄的鉴定再结合埋葬情况的研究，可以探讨当时的婚姻状况、家庭形态和社会组织结构。对人骨上的病变和牙齿磨损状况的研究，可以了解某些疾病和生活状况。对于人为的损伤和变形，如头骨变形或凿孔、齿弓变形、拔牙、锉牙、剥头皮、做头盖杯、砍头、刖足等方面的研究，可以了解当时的风俗习惯和社会状况等。

4. 环境考古学的研究方法

人们生活离不开自然环境，选择居住地点时先要察看当地的环境，要考虑是否便于生产、生活和交通，还要考虑安全的需要。经济文化的发展也与自然环境有密切关系，有的地方适于农业，有的地方适于畜牧业，有的地方则适于捕鱼或狩猎。人们的衣、食、住、行无不受到环境的影响。环境考古学研究的方法主要是对考古学资料进行第四纪地质学、地貌学、古植物学、古动物学、孢粉分析、植硅石分析、昆虫和寄生虫研究等，并且要与考古学的研究结合起来。

5. 自然科学技术的研究方法

近代考古学的发生是与自然科学方法的引进分不开的。地质学中地层学的引进产生了考古地层学，生物学中分类方法的引进产生了考古类型学，从此考古学才成为一门科学。近年来在新石器时代考古研究中越来越多地运用自然科学技术的方法。环境考古学和考古人类学本身就是运用自然科学技术于考古学研究的产物。此外如对房屋建筑技术的研究，对石器质地的鉴定、制造工艺和使用痕迹的研究，对陶器成分分析和产地的研究，还有脂肪酸分析和 DNA 分析等，都可以获得许多新的信息。

自然科学技术在新石器时代考古学研究中的突出成果是年代学的研究。因为新石器时代没有文字记载，不可能像历史时期的考古那样依据文献来考订年代，也不可能像旧石器时代考古那样借用地质学的年代学成果。新石器时代考古的相对年代全靠地层学和类型学，而绝对年代则需要采用各种科学技术手段。现在最常用的测年方法是碳－14 断代，中国新石器时代考古学文化的绝对年代几乎全部是由碳－14方法建立起来的。其他适于新石器时代测年的方法还有热释光法、光释光法、氨基酸外消旋法和考古地磁法等。要了解各种方法的基本原理和适用范围，要注意从采集标本到测试过程中可能产生的误差，以便正确地使用各种测年的数据。

---

〔1〕　韩康信、潘其风：《古代中国人种研究》，《考古学报》1984 年第 2 期。

三　中国新石器时代文化的分期与分区

（一）文化分期

从旧石器时代以后，中国史前文化大体经历了五个发展阶段，即中石器时代或原新石器时代、新石器时代早期、新石器时代中期、新石器时代晚期和铜石并用时代。不过直到目前为止，发现的中石器时代或原新石器时代的遗址甚少，文化特征和年代都还需要进一步斟酌，充其量只能画出个模糊的轮廓。今后有必要加强这一时期的考古工作。

1. 新石器时代早期

大约为公元前 10000～前 7000 年，前面与中石器时代或原新石器时代的界限不太清楚。这时的遗址也不是很多，主要分布在南方地区，北方只发现了河北南庄头等少数几个遗址。这个时期的主要成就是发明了农业，学会了磨制石器和制造陶器。因为都在起步阶段，所以在整个文化遗存中的比重还比较小。多数石器还是打制的，磨制的很少；陶器数量少，器形简单，基本上只有釜、罐。经济以集约式的采集和渔猎为主，农业仅仅处于萌芽状态。

2. 新石器时代中期

大约为公元前 7000～前 5000 年，这时在华北地区的磁山—裴李岗文化等发展了以种植粟、黍为主的旱地农业，在华中地区的彭头山文化等发展了以种植水稻为主的水田农业，其余地方仍然只有狩猎和采集经济。这样从全国范围来说，第一次基本形成了三大经济文化区。在农业区已经出现了定居的村落和简陋的房屋，有较大的公共墓地。磨制石器显著增加，尤其以华北地区最为突出。陶器多用泥片贴筑，篝火烧成，个别地方出现了陶窑。器物类别有所增加，已经有专门的炊器、饮食器和盛储器了。

3. 新石器时代晚期

大约为公元前 5000～前 3000 年，这是一个大发展的时期，过去范围较小的考古学文化这时已融合为几个很大的文化，诸如中原地区的仰韶文化、山东地区的大汶口文化和湘鄂地区的大溪文化等。聚落规模扩大，数目增加，通常有比较整齐的布局，个别地方出现中心聚落。墓地规模扩大，不少地方流行二次葬的风俗。

石器多为磨制，种类有所增加。陶器多为泥条盘筑，器物种类增加且注重装饰，出现大量的彩陶，成为这一时期的显著特点。

在这个时期之末，即大约为公元前 3500～前 3000 年的一段时期，农业和手工业都有较大的发展，社会酝酿着重大的变化，有的地方出现城址，有的墓地明显分化，从而为下一阶段的更大变化准备了条件。

4. 铜石并用时代

大约为公元前 3000～前 2100 年。又可大致分为早、晚两期，早期以庙底沟二期文化、屈家岭—石家河文化早期和良渚文化为代表，晚期以龙山文化和中原龙山文化为代表。这时普遍出现了小件铜器，石器磨制更加精致，一些地方的玉器、漆木器、象牙雕刻、高档陶器和丝绸等手工业都已经达到很高的水平。建筑业中比较普遍地使用夯筑技术，用石灰刷墙抹地，用土坯砌墙，不少地方出现水井。这个时期最引人注目的是大量土城和石城的出现，它是战争激化的产物，又是权力集中和膨胀的表现。说明这个时期的社会已经发生了重大变化，文明的曙光已经出现在神州大地上。

（二）地理环境与经济文化区

中国幅员辽阔，地形复杂，各地的生态环境和天然资源有很大的差别，人们利用资源和适应环境的方式也不相同，从而逐渐形成了不同的经济文化类型。

按照综合自然地理区划，可将全国划分为三个第一级单位，就是东部季风区、西北干旱区和青藏高寒区。东部季风区又划分为东北湿润半湿润温带区、华北湿润半湿润暖温带区、华中湿润亚热带区和华南湿润热带区。到新石器时代早期，华北区和华中区分别成为旱地粟作农业和水田稻作农业起源的温床，后来发展为两个互为补充的农业区，其余大部分地区则以采集和狩猎经济为主。不同的经济在文化上有许多不同的表现，从而形成不同的经济文化区。就全国范围来说，大约可划分为三个经济文化区和两个经济文化亚区。

1. 华北旱地农业经济文化区

范围大致相当于自然地理区划的华北区，包括黄河流域的主要部分。这个地区属于湿润、半湿润到半干旱气候，年降水量从四五百到六七百毫米不等，多集中于夏秋，基本能够满足春种作物的生长，对越冬作物的返青则不甚有利。因此华北区成为耐旱的粟和黍的起源地和主要产地，并且发展起来一套旱作农具如石铲、石刀、陶刀、石磨盘和石磨棒等。由于土地干燥，冬季较长，所以住宅多采用容易保暖的地穴式或窑洞式，粮食也多藏于地窖中。陶器发达，种类繁多，体量相对较大。

2. 华中水田农业经济文化区

本区范围基本上相当于自然地理区划的华中区，包括长江流域的大部分地区。这里属于湿润的亚热带季风气候，年降水量约 1000～1500 毫米，是水稻的重要起源地和主要产地。农具多为便于挖泥的骨铲和加工稻谷的杵臼，少用镰刀和磨盘、磨棒。由于气候潮湿炎热，所以房屋多采用平地起建或高架的干栏，粮食则多藏于高架的仓屋中。陶器种类复杂，以精致小巧的器物见胜。

3. 蒙新和青藏狩猎采集经济文化区

本区大致相当于西北干旱区和青藏高寒区，主要特点是干旱少雨的大陆性气候，无霜期短，加上大面积的高山与沙漠，生态环境较差，人口载荷量极小而流动性较大。经济长期停滞于采集和狩猎。遗址小而分散，很少见地层叠压打破关系。出土遗物多打制石器和细石器，磨制石器和陶器都很少见，以至于简单的考古编年都颇为困难。

4. 华南半农半采集狩猎经济文化亚区

本区气候潮湿炎热，长夏无冬，天然食物资源非常丰富，没有发展农业的动力和压力，所以农业发展较晚，比重也不大。本区海岸线长，多山脉和岛屿，交通有所不便，难以形成大型聚落。多见洞穴遗址、贝丘遗址和沙岗遗址，阶地遗址和丘岗遗址反而较少。陶器不甚发达，器形以圜底釜为主。

5. 东北半农半狩猎采集经济文化亚区

本区属湿润温带气候，冬季较长，年平均气温较低，所以农业发展较晚，比重也小。石器中打制的成分较多，包括有一定数量的细石器。陶器数量少，器形简单，以筒形罐为主。

经济文化区的划分并不是绝对的，旱地农业经济文化区内有些水源比较充足的地方可以种植水稻，水田农业经济文化区内也可以种植旱地农作物。这两个文化区内除了农业以外也还有养畜业、渔猎和采集等多种经济活动。狩猎采集经济文化区内的个别地方也有农业。至于文化上的交流与相互影响更是常见的现象，但这不妨碍基本经济文化区的划分。

（三）历史文化区的形成

经济文化区的范围是很大的，同一区域内的人们不可能发生经常性的交往。事实上在经济文化区形成之时，就已经出现了一些较小的文化区。在这个区域内的人们或者有亲族关系，或者有密切的交往，以至形成一个个的文化共同体。在往后的发展中，这些文化共同体有时会扩大，有时会出现分化或融合，但是在一定的范围内，仍然可以看出文化传承演变的轨迹，从而形成相对稳定的文化区和文化系统。由于这种文化区是历史地形成的，所以称为历史文化区。现在看来，比较稳定的历史文化区主要分布在华北的黄河流域和华中的长江流域，它们构成了中国新石器时代文化的主体。同时在周围也逐渐形成了许多文化区，它们同主体地区的文化都有或多或少的联系。

华北和华中有中原、海岱、燕辽、江浙、湘鄂和巴蜀六个文化区，另外还有四个亚文化区。

1. 中原文化区

位于河南、河北、山西和陕西的大部分地区，传说这里是黄帝和炎帝部落集团的活动区域，是华夏民族的老家。这里在新石器时代早期有南庄头等遗址，中期有磁山—裴李岗文化和白家文化，晚期有仰韶文化，到铜石并用时代发展为中原龙山文化。此后一跃而为中华文明的中心地区，历史上的夏、商、周文明都是先后从这里发源的。

2. 海岱文化区

位于山东全省和江苏北部，外及河南、安徽边界和辽东半岛。传说这里是太昊、少昊部落集团的活动区域，是东夷民族的老家。这里在新石器时代中期有后李文化和北辛文化，晚期有大汶口文化，最后发展为龙山文化。

3. 燕辽文化区

位于辽宁西部、内蒙古东南部和河北北部，这里在新石器时代中期有兴隆洼文化和赵宝沟文化，晚期有红山文化，以后发展为小河沿文化。

以上三个文化区都在华北，在其北部和西部边沿还有两个亚文化区。

4. 雁北亚文化区

位于山西北部和内蒙古中南部，这里较早是从中原迁入的仰韶文化的居民逐步开发起来的，到铜石并用时代发展为老虎山文化，自始至终都与中原文化区保持着密切的联系。此后即逐渐畜牧化，成为北方畜牧民族的重要组成部分。

5. 甘青亚文化区

甘肃全省、青海东北部和宁夏南部。这里较早是没有陶器的拉乙亥文化，其后仰韶文化逐步向西扩展到甘、青边界，并发展为马家窑文化，到铜石并用时代又发展为半山—马厂文化和齐家文化。此后也逐渐畜牧化，成为历史上有名的羌戎民族。

6. 湘鄂文化区

位于湖北、湖南和河南西南部，传说这里是三苗部落集团活动的区域。在新石器时代早期，这里有玉蟾岩等遗址，在那里发现了中国最早的栽培稻遗存。新石器时代中期有彭头山文化，晚期有大溪文化，铜石并用时代有屈家岭文化和石家河文化。此后进入一段低谷，到商代又有较大的发展，接着强大的楚文化在这里兴起。

7. 江浙文化区

位于江苏南部和浙江大部，是古越人活动的区域。较早的文化比较复杂，跨湖桥遗存明显受到湖南大溪文化早期的汤家岗类型的影响，此外还有河姆渡文化和马家浜文化，后者先后发展为崧泽文化和良渚文化。

8. 巴蜀文化区

位于四川和重庆市，是古巴人和蜀人的活动区域。较早的新石器时代文化还不甚清楚。到新石器时代晚期，在四川盆地北部边沿出现了类似马家窑文化的遗存，到铜石并用时代则有边堆山文化和宝墩文化。

以上三个文化区都在华中的长江流域，此外还有两个亚文化区。

9. 苏皖亚文化区

位于江苏北部、安徽大部和河南东南部，大部分在淮河流域。这里较早的侯家寨文化，较晚的有陵家滩文化和薛家岗文化等，明显受到中原、海岱和江浙文化区的影响。

10. 赣鄱亚文化区

位于江西，在新石器时代早期有仙人洞遗存，中期的情况不太清楚，晚期有拾年山遗存和樊城堆文化等，明显受到周围文化区的影响。

在以上各文化区的周围还有一些文化区。在东南有闽台文化区，华南有粤桂文化区，西南有云贵文化区和青藏文化区，北方有东北文化区和蒙新文化区。后者因为资料太少而难以划定，也许以后可以再分为较小的文化区。

各文化区的发展是不平衡的。大致说来，地处黄河流域和长江流域的六个文化区是比较发达的，其次是四个亚文化区，再次是周围的几个文化区，这很像一个重瓣式的花朵。黄河和长江是中华民族的母亲河。由于位置适中，文化发展水平较高，对周围文化的影响较大，这就很自然地形成一种凝聚式的向心结构。这结构的超稳定性，对于中国古代文明的起源和往后历史的发展都有着深远的影响。

为了更加明确起见，现将中国新石器时代文化分期与分区列于下表（表一），其中只列出主要的七个文化区和四个亚文化区，其余五个文化区考古工作较少，文化发展的谱系还不太清楚，暂时不列入表中，有待于今后再作补充。

表一　中国新石器时代文化分期与分区表

年代（BC）	分期	甘青亚文化区	中原文化区	雁北亚文化区	海岱文化区	燕辽文化区	江浙文化区	苏皖亚文化区	赣都亚文化区	湘鄂文化区	巴蜀文化区	粤桂文化区
10000~7000	新石器时代早期		南庄头遗址						仙人洞遗址	玉蟾岩遗址		甑皮岩一期
7000~5000	新石器时代中期	拉乙亥文化	磁山—裴李岗文化白家文化	姜家梁早期？	后李文化北辛文化	兴隆洼文化赵宝沟文化	跨湖桥遗址			彭头山—城背溪文化		顶蛳山文化
5000~3000	新石器时代晚期	仰韶文化马家窑文化	仰韶文化	仰韶文化	大汶口文化	红山文化	河姆渡文化马家浜文化	侯家寨文化凌家滩文化	拾年山文化	大溪文化	马家窑文化	咸头岭文化
3000~2000	铜石并用时代	半山—马厂文化齐家文化	中原龙山文化	老虎山文化	庙底沟二期龙山文化	小河沿文化	良渚文化	薛家岗文化	樊城堆文化	屈家岭文化石家河文化	边堆山文化宝墩文化	石峡文化

说明：

1. 本表中各考古学文化的绝对年代不一定像表列那样整齐，只是相差不大。具体年代可参阅有关各章内容。

2. 除本表所列各文化区外，还有闽台、云贵、青藏、东北和蒙新五个文化区。因考古工作较少，文化谱系还不太清楚，故暂不列入。

四　中国新石器时代考古简史

（一）艰难的起步

中国很早以前就发现过新石器时代的遗物。《国语·鲁语》有很长一段文字记述一个故事，说是根据孔子提供的线索，在陈国府库中找到了楛矢石弩，那是西周初年生活在今东北地区的肃慎人献给周武王的贡品。楛矢是楛木做的箭杆，石弩是较大的石箭头。当时肃慎人还处在狩猎采集经济的时代，只能使用楛矢石弩一类的武器。传为东汉袁康所著《越绝书·宝剑》篇中，引述春秋时人风胡子对楚庄王（公元前 613～前 591 年在位）的一段话说："轩辕、神农、赫胥之时以石为兵……黄帝之时以玉为兵……禹穴之时以铜为兵……当此之时作铁兵……"[1]这种把石器、铜器、铁器产生的年代依次排列的思想，在古罗马人卢克莱休（Lucretius，公元前 98～前 55 年）的哲学诗篇《物性》中也能见到。人们往往把后者看成划分考古学三个时期的最初启示。其实卢克莱休比风胡子晚了好几百年，他的物性诗中仅仅谈到人类使用石器、铜器、铁器的先后次序，并没有指明具体的时间。风胡子则明确指出使用石器、玉器是传说时代的事，夏禹的时代才使用铜器，他所处的春秋时代便已经使用铁器了，这同当代考古学研究的结果是十分吻合的。特别是他把黄帝用玉兵的时间放在用石兵和铜兵的时期之间，完全符合考古发现的情况。如果当时没有关于古代使用石器、玉器和铜器的知识，是很难把它们按照实际年代排比出来的。

汉唐以来，各地出土石器的记载不少。有的当作神物，有的当作宝物上贡。《唐书·高宗记》说："楚州刺史崔偡献定国宝玉十三枚，其十二曰雷公石斧，长四寸，阔二寸，无孔，细致如青玉。"宋沈括《梦溪笔谈》说："元丰中予居随州，夏日大震，一木折，其下乃得一楔……楔乃石耳，似斧而无孔。"中国的金石学虽然发生得很早，但对于没有文字的石器并不重视，谁也没有把它列为研究的对象。

从 19 世纪末到 20 世纪初，情况开始发生变化。西方列强用武力打开了中国的国门，英国、法国、德国、美国、俄国、日本、瑞典和丹麦等许多国家的学者或传教士纷纷到我国各地调查、"探险"，顺带采集了不少新石器时代的遗物并陆

---

〔1〕　风胡子把轩辕和黄帝看成两个人，而且认为轩辕、神农、赫胥都早于黄帝整整一个时代，这个说法跟以《史记·五帝本纪》为代表的传说颇不相同。

续发表，率先在学术界披露了在中国存在着新石器时代遗存的信息[1]。

中国新石器时代考古发掘和研究工作是从 1921 年开始的，这件事与瑞典学者安特生（J. G. Andersson）有很大的关系。安徒生原是地质学家，1914 年受聘为中国政府农商部的矿政顾问，对中国地质学和矿业建设多有贡献。他后来对考古学发生了兴趣，并以地质调查所为依托，从 1918 年起就在华北各地采集和收购了许多新石器时代的标本[2]，接着又发现和参与组织了北京周口店旧石器时代遗址的发掘。1921 年，安特生首先对辽宁锦西沙锅屯洞穴遗址进行了发掘，后来又根据地质调查所采集员刘长山提供的线索和自己实地考察的情况，以主要精力主持了河南渑池县仰韶村遗址的发掘，同时对周围几个新石器时代遗址进行了调查与试掘，发现彩陶、黑陶与磨制石器共存，认为是一种新石器时代末期或铜石并用时代的文化，并命名为仰韶文化[3]。仰韶村等遗址的发掘在我国考古学史上占有十分重要的位置，是第一次有目的和有计划进行田野考古发掘并且取得重要收获的工作，标志着我国近代考古学的开始，也标志着新石器时代考古研究的正式开始。可是比起考古学发生得较早的欧洲来已经足足晚了半个多世纪！

安特生等的田野考古工作持续到 1924 年，足迹遍及河南、河北、辽宁、山西、陕西、甘肃和青海等省，发现了数十处新石器时代至青铜时代的遗址，先后发表了多部考古报告和研究著作[4]，在学术界造成了很大的影响。但那时的工作基本上属于草创性质，发掘时不能正确地把握地层关系，研究上缺乏正确的方法和理论取向。他们关于中国新石器时代文化的起源与分期的论点时有摇摆且有不少错误，虽然有开创之功，却没有可能为我国新石器时代考古学的健康发展奠定必要的基础。这一任务是在 20 世纪 20 年代末到 30 年代逐步完成的。

---

〔1〕　陈星灿：《中国史前考古学史研究》，生活·读书·新知三联书店，1997 年，42～51 页。

〔2〕　J. G. Andersson，1920. Stone Imprements of Neolithic type in China. *China Medical Journal*，Issue 7，Shanghai.

〔3〕　安特生：《中华远古之文化》，《地质汇报》第 5 号，1923 年。

〔4〕　安特生的主要著作除《中华远古之文化》外，还有《甘肃考古记》（《地质专报》第 5 号，1925 年）、《黄土地的儿女》（*Children of the yellow earth*，London，1934）、《中国史前史研究》（Researches into the prehistory of the Chinese. *The Museum of Far Eastern Antiquities Bulletin*，No. 15，Stockholm，1943.）和《河南史前遗址》（Prehistoric sites in Honan. *The Museum of Far Eastern Antiquities Bulletin*，No. 19，Stockholm，1947）等多种。

中国学者独立地进行新石器时代的考古工作是从 1926 年开始的。那年清华学校国学研究院的李济在地质学家袁复礼的协助下，发掘了山西夏县西阴村仰韶文化遗址[1]。他发掘的面积虽然很小，但是事先画好了方格，严格地按照三维坐标进行发掘，采集的标本也按照坐标进行登记，发掘完以后又仔细测绘了地形。按照今天的标准来衡量虽然还有不够理想的地方，但比起安特生等的发掘还是前进了一大步。

1928 年，中央研究院历史语言研究所成立考古组，在集中精力发掘河南安阳殷墟的同时，也发掘和调查了许多新石器时代遗址。1930～1931 年，该组的吴金鼎和梁思永为着探索中国古代文明的起源，主持发掘了山东历城县龙山镇城子崖遗址（今属济南市章丘区），发现了一种以黑色陶器为特色的新石器时代文化遗存，并命名为龙山文化[2]。1931～1934 年，梁思永和刘燿（尹达）在河南安阳高楼庄后冈发掘时，发现了小屯（殷）、龙山和仰韶依次叠压的地层关系[3]，明确了三种文化在河南北部的年代序列，推进了中国古代文化起源和发展阶段的研究。考古组的工作人员还在山东、河南、安徽、内蒙古和黑龙江等省区进行了广泛的调查，并且发掘了十多处遗址，从而加深了龙山文化和仰韶文化一般特征和相互关系的认识，对于北部边疆以细石器为特征的文化遗存也有了一些新的了解。1936 年杭州西湖博物馆的施昕更在浙江杭县良渚镇附近调查和试掘，获知江南也有发达的新石器时代文化遗存[4]。

1937～1945 年，由于日本帝国主义的侵略给中华民族造成深重的灾难，考古工作被迫中断。之后又有三年的国内解放战争，考古工作仍然不能正常进行。刚刚起步的中国考古学面临着十分严峻的形势。

（二）第一发展时期

1949 年中华人民共和国成立，迎来了长期的和平建国时期。1949～1954 年，考古学领域要重新组织队伍，培训人才，加强管理，恢复中断了多年的考古发掘与研究工作。所以这一时期基本上是恢复、重建，为新时期考古学的发展准备条件。1955～1965 年是中国考古学首次获得较大发展的时期，也是新石器时代考古

---

[1]　李济：《西阴村史前的遗存》，清华学校研究院，1927 年。

[2]　傅斯年、李济、董作宾等：《城子崖——山东历城县龙山镇之黑陶文化遗址》，中央研究院历史语言研究所，1934 年。

[3]　梁思永：《小屯龙山与仰韶》，《庆祝蔡元培先生六十五岁论文集》，中央研究院历史语言研究所集刊外编第一种，1935 年。

[4]　施昕更：《良渚——杭县第二区黑陶文化遗址初步报告》，浙江省教育厅，1938 年。

获得较大发展的时期。这期间的田野考古工作主要受建设工程的推动，以前所未有的规模在全国展开，考古学研究也出现了崭新的局面。

为配合黄河开发计划，由文化部文物事业管理局和中国科学院考古研究所于1955年合组黄河水库考古工作队，在三门峡水库和刘家峡水库开展了全面的考古调查，发现了许多新石器时代遗址。这个时期考古发掘的重点便也在三门峡水库区及其附近，就是我国古代文化最发达的中原地区。不过在河南和陕西考古工作的重点有所不同。

河南考古工作的重点在于建立考古学文化的发展谱系。1956～1957年，中国科学院考古研究所发掘了庙底沟和三里桥遗址，两处的地层关系都证明仰韶文化早于中原龙山文化，证明20世纪30年代发现的后冈地层在中原具有普遍意义。而且由于两处的仰韶文化和龙山文化都不大相同，从而为两种文化本身的分期提供了初步的依据[1]。1959～1960年，北京大学考古专业在洛阳王湾进行发掘，同时在伊河与洛河流域进行了相当广泛的调查与试掘，发现了十分丰富的新石器时代文化遗存。从仰韶文化到中原龙山文化至少可以分为三大期八小期，建立了一个相当详细的新石器时代文化发展的年表[2]。这不只在中原地区有相当的代表性，就是在整个黄河流域和长江中游也有相当的参考价值。

陕西新石器时代考古发掘的规模是最大的，而且集中在对仰韶文化聚落和墓地的全面揭露方面。例如1954～1957年中国科学院考古研究所对西安半坡遗址的发掘，揭露面积一万多平方米，发现有居住区、墓葬区和烧陶器的窑场，居住区发现有40多座房子，其中有不少保存得非常好[3]。这一重大发现揭开了通过聚落形态研究和探讨社会组织结构和社会性质的序幕。1958～1960年，考古研究所发掘了宝鸡北首岭遗址，发现了一处类似半坡的聚落遗址。1958～1959年考古研究所发掘的华阴横阵村和北京大学发掘的华县元君庙，都发现了相当完整的仰韶文化墓地[4]。墓葬排列有序，流行多人合葬。根据人骨的性别、年龄、在墓葬中的位置和随葬品的情况等，可以研究当时的婚姻家庭形态、社会组织和社会性质。

〔1〕 中国科学院考古研究所：《庙底沟与三里桥》，科学出版社，1959年。

〔2〕 北京大学考古文博学院：《洛阳王湾田野考古发掘报告》，北京大学出版社，2002年；严文明：《从王湾看仰韶村》，《仰韶文化研究》，文物出版社，1989年。

〔3〕 中国科学院考古研究所、陕西省西安半坡博物馆：《西安半坡》，文物出版社，1963年。

〔4〕 中国社会科学院考古研究所陕西工作队：《陕西华阴横阵遗址发掘报告》，《考古学集刊》(4)，中国社会科学出版社，1984年；北京大学历史系考古教研室：《元君庙仰韶墓地》，文物出版社，1983年。

一场关于仰韶文化社会性质的讨论热烈地开展起来。此外，北京大学实习队还在华县发现了一种早于仰韶文化的新石器时代文化遗存，后来被命名为老官台文化。考古研究所在西安客省庄发掘时，发现了一种晚于仰韶文化的客省庄二期文化。这样在陕西的新石器时代文化的年代框架也基本上建立起来了。

这个时期在山东新石器时代考古的最重要收获，是发现了一个早于龙山文化的大汶口文化[1]。过去一直弄不清楚的龙山文化的来源问题终于获得了基本的解决。在山西、河北和北京等地，主要是发现了不同类型的仰韶文化和龙山文化，对于这两个文化本身的复杂性开始有了初步的认识。在甘肃的工作则已经基本上弄清楚了仰韶、马家窑、半山和马厂诸文化期的年代关系。在兰州白道沟坪发现了一处我国新石器时代最大的烧制陶器的窑场。在齐家文化的遗址和墓地中多次发现铜器，说明这个文化至少已经进入铜石并用时代了。

这个时期在长江流域也做了不少工作。南京博物院1955～1958年发掘了南京市北阴阳营遗址，发现了一种前所未见的文化遗存，曾经被命名为青莲岗文化或北阴阳营文化[2]。浙江省文物管理委员会于1959年发掘了马家浜遗址，后来将同一类遗存命名为马家浜文化。上海市文物保管委员会于1960～1961年发掘了青浦崧泽遗址[3]，后来将同一类遗存命名为崧泽文化。而浙江省文物管理委员会1959年发掘吴兴邱城遗址时，发现有马家浜、崧泽和良渚三种文化遗存相互叠压的地层关系，为江浙地区新石器时代文化的分期与编年提供了重要依据。

长江中游地区以湖北的工作做得较多。中国科学院考古研究所于1955年发掘了京山屈家岭和天门石家河遗址，发现了一种以蛋壳彩陶和彩陶纺轮为特征的文化遗存[4]，被命名为屈家岭文化。该所长江队于1958～1961年在汉水中游的丹江水库发掘了一系列新石器时代遗址[5]，基本确立了当地新石器时代文化的发展序列，并且为探讨长江流域与黄河流域新石器时代文化的关系提供了重要资料。四川省博物馆于1959年发掘了位于长江三峡的巫山大溪遗址，发现了一种早于屈家岭文化的遗存，后来这类遗存在湖北中西部和湖南北部多有发现，并被命名为大溪文化。

――――――――――

〔1〕　山东省文物管理处、济南市博物馆：《大汶口――新石器时代墓葬发掘报告》，文物出版社，1974年。

〔2〕　南京博物院：《北阴阳营――新石器时代及商周时期遗址发掘报告》，文物出版社，1993年。

〔3〕　上海市文物保管委员会：《崧泽――新石器时代遗址发掘报告》，文物出版社，1987年。

〔4〕　中国科学院考古研究所：《京山屈家岭》，科学出版社，1965年。

〔5〕　中国社会科学院考古研究所：《青龙泉与大寺》，科学出版社，1991年。

这个时期在华南的工作较少，但是有一个重要的突破，就是一向被认为属于新石器时代的几何印纹陶文化，实际上是属于青铜时代的。而当地真正的新石器时代文化乃是具有绳纹陶、橙黄砂陶和彩陶的文化。长城以北各省区主要是做考古调查。中国科学院考古研究所1962年在内蒙古巴林左旗的富河沟门发掘了一处以细石器、大型打制石器和篦纹陶器为特征的村落遗址，同类遗存后来被称为富河文化。

总起来说，这个时期由于建设工程的驱动，考古调查和发掘的规模都相当大。从零星的调查到成片的调查，从局部的发掘到整个聚落和整片墓地的发掘，都取得了明显的效果，积累了丰富的资料，田野考古方法也有许多改进。特别是确立了一系列新的考古学文化，根据考古资料来研究史前社会历史也进行了有益的尝试。1959年正式提出建立马克思主义的中国考古学体系的任务，得到全国考古界的积极响应。一些学者提出要反对考古学研究中见物不见人的倾向，进而对于考古学的性质与任务展开了讨论，明确了考古学是通过实物遗存来研究古代人类社会历史的学科。在刊物上还对仰韶文化的类型、分期、社会性质和它与龙山文化的关系等问题展开了学术争鸣。这时存在的主要问题是由于田野考古规模扩展太快，有些发掘和记录不够细致，积累起来的大批资料又来不及整理出版，研究工作无法深入。1958年"大跃进"刮起的浮夸风气在考古界也有一定影响，提出过一些不切实际的口号和违反考古学规律的见解。不过这种情况持续的时间不长，到20世纪60年代初期就得到了纠正，考古学研究又沿着正确的轨道更加扎实地开展起来。

1966～1976年是考古学研究基本停滞的时期。各级考古机构和大学的考古专业都已瘫痪，专业书刊全部停止出版。由于过分地强调深翻和平整土地，许多遗址遭受不应有的破坏。直到1972年后才稍许有些变化，专业人员陆续归队，三种全国性考古杂志复刊。田野考古工作虽然有所开展，但多是在深翻和平整土地时进行的抢救性发掘，工作十分被动。研究工作极少且多受极左思潮的干扰。中国科学院考古研究所从20世纪60年代开始筹建碳十四实验室，到70年代初终于成功地进行了测试；接着北京大学也建立了同样的实验室。新石器时代考古年代学研究从此有了一个有效的手段。

（三）第二发展时期

从1977年直到现在是一个全面发展的时期，学术空气一下子活跃起来。1979年成立中国考古学会，同时在西安召开了第一次年会。接着各省、市、自治区也相继成立考古学会，举行地方性考古学术研讨会。考古学书刊像雨后春笋一样涌现出来。定期的考古杂志就有20余种，如果加上不定期和非正式的刊物，总数可达300余种。此外还有通俗性的刊物《文物天地》和专业性的报纸《中国文物报》。在这些报刊上都发表了许多新石器时代的考古报告、论文和学术动态等，大大促进了学术的繁荣和学科的发展。

这个时期新石器时代考古的一个重大突破，就是一系列早中期文化的发现。以前发现的新石器时代文化大多是晚期的，当时主要注意了考古学文化的地方性差异，在中原地区则主要解决仰韶文化和龙山文化孰早孰晚的问题，根本没有可能建立整个新石器时代的分期和发展谱系。这个情况到 20 世纪 70 年代就发生了很大的变化。1976 年，河北省文物管理处等单位发掘了武安磁山遗址，发现了一种早于仰韶文化的遗存，此后被命名为磁山文化[1]。接着在河南省新郑裴李岗发现了一种与磁山文化相似又不大相同的文化遗存[2]，有的将它归入磁山文化，有的单独命名为裴李岗文化，有的把二者合在一起称为磁山—裴李岗文化。陕西的老官台文化又有许多新发现，其中比较重要的是 1982～1984 年发掘的临潼白家村遗址[3]，因而有人建议将老官台文化改名为白家文化。由于这些文化已经有比较发达的农业，磨制石器和陶器都不像刚刚起源时期的那么原始，于是暂定为新石器时代早期偏晚阶段[4]。后来由于与磁山—裴李岗文化同一时代的文化陆续又有新的发现，例如山东有北辛文化与后李文化，辽宁西部和内蒙古东南部有兴隆洼文化，湖南、湖北有彭头山—城背溪文化等，可以看出那是一个有明确特征的大的发展阶段。特别是在这一阶段以前的文化也逐步得到确立，其中由于广西桂林甑皮岩早期年代的确认[5]，连带确认了在广东、广西和江西等地区发现的一系列早期的洞穴和贝丘遗址。这样就有可能将这些文化遗存同磁山、彭头山等文化遗存明确地区分开来，分别划分为新石器时代早期和新石器时代中期[6]。至于龙山文化及其同一时代的各考古学文化不仅比仰韶文化晚，而且不止一次地出土了小件铜器，可以明确划分出一个铜石并用时代[7]。这样，整个新石器时代的发展序列就基本

---

[1]　河北省文物管理处、邯郸市文物保管处：《河北武安磁山遗址》，《考古学报》1981年第 3 期。

[2]　开封地区文物管理委员会、新郑县文物管理委员会、郑州大学历史系考古专业：《裴李岗遗址一九七八年发掘简报》，《考古》1979 年第 3 期。

[3]　中国社会科学院考古研究所：《临潼白家村》，巴蜀书社，1994 年。

[4]　严文明：《黄河流域新石器时代早期文化的新发现》，《考古》1979 年第 1 期。

[5]　北京大学历史系考古专业[14]C 实验室、中国社会科学院考古研究所[14]C 实验室：《石灰岩地区碳 –14 样品年代的可靠性与甑皮岩等遗址的年代问题》，《考古学报》1982 年第 2 期。

[6]　严文明：《中国新石器时代聚落形态的考察》，《庆祝苏秉琦考古五十五年论文集》，文物出版社，1989 年。

[7]　严文明：《论中国的铜石并用时代》，《史前研究》1984 年第 1 期。

上建立起来了。

　　不过人们认识到中国新石器时代文化并不是一元的，不止有一个文化系统，应该按照实际情况来进行概括。由于每个人的视角不同，划分的方法也不大相同[1]。但至少有一点是共同的，就是关于整个中国新石器时代文化的分期、分区与发展谱系，已经有可能勾画出一个基本框架了。

　　这个时期新石器时代考古的一个重要特点是注意了聚落考古和环境考古的研究，并且取得了重要的进展。新石器时代早期的聚落很小，到中期出现了定居的农业村落遗址。有些半农半狩猎—采集的村落已有相当大的规模。例如内蒙古敖汉旗的兴隆洼遗址经过多年的发掘已经全部揭露出来[2]，得知其房屋排列有序，是一种有中心的凝聚式环壕聚落，在燕辽地区有一定的代表性。新石器时代晚期的聚落有明显的发展，其中保存完好并被完全发掘出来的首推陕西临潼姜寨遗址，其第一期房屋分为五组，是一种内部有区划的向心式环壕聚落[3]，为研究当时的社会性质与组织结构提供了宝贵的资料。

　　铜石并用时代聚落的研究有更大的进展。辽宁牛河梁"女神庙"和大型积石冢群[4]以及甘肃大地湾大型聚落和原始殿堂的发现，说明在新石器时代之末或铜石并用时代之初出现了聚落的分化，出现了高于一般聚落的中心聚落。1975～1980年河南登封王城岗[5]和淮阳平粮台龙山城址的发现，揭开了铜石并用时代城市考古的序幕。其后在黄河流域和长江流域陆续发现了数十座城址，有的经过详细勘探，有的做过局部的发掘。各个城址的大小不同，功能也有差别。通过这些城址的研究来探索中国文明的起源，已经成为学术界关注的焦点。

────────────

　　[1]　这方面的代表性论述有以下一些。夏鼐：《碳－14测定年代和中国史前考古学》，《考古》1977年第4期；苏秉琦、殷玮璋：《关于考古学文化的区系类型问题》，《文物》1981年第5期；安志敏：《碳－14断代和中国新石器时代》，《考古》1984年第3期；石兴邦：《中国新石器时代考古文化体系及其有关问题》，《亚洲文明论丛》，四川人民出版社，1986年；佟柱臣：《中国新石器时代文化的多中心发展论和发展不平衡论——论中国新石器时代文化发展的规律和中国文明的起源》，《文物》1986年第2期；严文明：《中国史前文化的统一性与多样性》，《文物》1987年第3期。
　　[2]　中国社会科学院考古研究所内蒙古工作队：《内蒙古敖汉旗兴隆洼遗址发掘简报》，《考古》1985年第10期。
　　[3]　半坡博物馆、陕西省考古研究所、临潼县博物馆：《姜寨——新石器时代遗址发掘报告》，文物出版社，1988年。
　　[4]　辽宁省文物考古研究所：《牛河梁红山文化遗址与玉器精粹》，文物出版社，1997年。
　　[5]　河南省文物研究所、中国历史博物馆考古部：《登封王城岗与阳城》，文物出版社，1992年。

过去关于环境考古的研究多限于个别遗址动物和植物孢粉的鉴定与分析，这个时期则发展到区域性环境变迁与考古学文化发展关系的研究，特别是对某些气候敏感带的环境考古研究取得了不小的成果。中国第四纪委员会环境考古分会的成立，有力地推动了环境考古的发展。

在这个时期，将现代科学技术应用于考古研究的工作也有较大的进展。许多地方试验用物探方法调查遗址，航空考古也已经起步。地质考古学研究、植物孢粉和植硅石分析、石器制造工艺和使用痕迹研究、陶器制造工艺研究、农作物和家畜起源研究、体质人类学研究、DNA 分析、年代学研究和数学方法的应用等，有的在试验，有的已经取得显著的成果。

许多人关心考古学理论和方法的建设也是这个时期的一个特点。一批讨论考古学历史、理论和方法的著作陆续出版[1]，同时一些外国学者的著作也被翻译出版。讨论的问题多是考古学的基本问题，诸如考古学的学科性质、地层学、类型学、考古学文化、聚落考古、环境考古、考古学与民族学的关系、考古学与自然科学的关系、考古学如何研究社会历史以及中国考古学究竟应该走什么道路等问题，相信以后还将有更加深入的发展。

（四）问题、机遇和期望

中国新石器时代考古虽然有八十多年的历史，但真正开展田野工作和学术研究的时间不过五十多年。我们花了不少时间去学习西方和苏联的考古学，又用了更多的精力按照中国考古学遗存的实际情况来改进田野工作方法，逐步开展各方面的研究。可以看到我们的发展速度是很快的，并日益走向成熟的境地，但有待解决的问题仍然不少。

第一是关于中国新石器时代文化的起源问题，或者说是中国旧石器时代如何向新石器时代过渡的问题，至今还是很不清楚。一是新石器时代早期遗存发现得太少，在华北地区更少，难以准确地把握这个时期的基本文化特征。二是在它以前的所谓中石器时代或原新石器时代模糊不清。现在华北地区发现了许多以细石器为特征的文化遗存，大多未经科学发掘，地层关系不清楚，具体年代更不清楚。其中可能有些是属于中石器时代的，需要有扎实的田野工作才能确定。我们曾经

---

〔1〕　这方面的主要著作有以下几种。俞伟超：《考古学是什么：俞伟超考古理论文选》，中国社会科学出版社，1996 年；张忠培：《中国考古学：走近历史真实之道》，科学出版社，1999 年；严文明：《走向 21 世纪的考古学》，三秦出版社，1997 年；栾丰实、方辉、靳桂云：《考古学理论·方法·技术》，文物出版社，2002 年。

设想中国旧石器时代向新石器时代的过渡至少有三种不同的道路，但这需要有充分的资料来证明。这涉及中国的农业和家畜的起源、陶器和磨制石器技术的发明等一系列问题，也就是所谓新石器时代革命的问题。探索这类问题不能单纯用新石器时代考古的方法，也不能单纯用旧石器时代考古的方法，而要把两者结合起来。还要特别注意环境考古的研究，要考虑在怎样的环境条件下促进了新石器时代革命的发生。如果这个问题解决得好，还将大大促进考古学理论的发展。

第二是各地考古工作不平衡的问题亟待改变。现在的情况仍然是黄河流域的工作较多，长江流域次之，其他地方很少，有的地方还是空白。虽然近年来在黄河、长江流域以外也做了一些工作，但基本的格局还是没有多大改变。如果这个问题不解决，整个中国新石器时代文化区系的结构就是不完整的。无论如何，这个问题的解决，对于正确阐明中国新石器时代文化的发展乃至中华文明的起源与发展都是至关重要的。

第三是聚落考古和环境考古的方法有待加强。现在虽然注意了聚落考古和环境考古，但是还不普遍，无论理论研究还是具体应用方法都还有进一步加深和提高的空间。要认识到这是提高新石器时代考古研究水平的关键。

第四是要更加积极地促进实验考古学和现代科学技术的应用。例如石器、陶器和其他各种器物的制造工艺和使用功效的实验研究，这任务很早就提出来了，却很少有人实行。现代科技的发展是无限的，在考古学中的应用也是无止境的。要使考古学跟上时代的步伐，必须积极地寻找应用的切入点并努力实行，以期在同一研究对象中获取尽可能多的科学信息，提高考古研究的质量。

中国的地域广大，考古学文化非常复杂，各种考古学文化自身的发展和相互之间的关系实在是多种多样，千差万别，是发展考古学理论和方法最好的土壤。现在经济建设规模越来越大，田野考古的任务非常繁重，时时刻刻都会有新的重要的发现，需要及时地研究消化，更需要在理论和方法上不断提高。这是发展考古学的极好机遇，一定要紧紧地把握这个机遇，在人才培养、工作部署和科研课题上做出切实的有远见的安排。中国考古学是世界考古学的组成部分，研究中国新石器时代考古不能不了解世界其他地方新石器时代考古的成就和研究方法。如果在这方面也下些功夫，我国的新石器时代考古会得到更加健康的发展。

第二章　新石器时代早期[*]

（约公元前 10000～前 7000 年）

一　从旧石器时代向新石器时代的过渡

（一）更新世晚期以后的自然环境

更新世晚期的盛冰期大约距今 25000～15000 年，是人类历史上最寒冷的时期。从那以后直到全新世早期，地球上气候的总趋势是逐渐回暖，同时有多次冷暖交替的波动。在几千年不太长的时期里，经历了一个副间冰期和一个副冰期即晚冰期，后者又细分为三个仙女木冰阶（oldest dryas, older dryas and younger dryas）和两个间冰阶，此后才进入全新世。中国的情况也是一样。据徐馨等研究，长江中下游晚冰期的孢粉组合所反映的古气候就有明显的五个带[1]。

（1）距今 13700～13000 年，干冷，温带草原植物，气温大约比现代低 5～7℃。

（2）距今 13000～12600 年，较温暖，暖温带针阔混交林，气温和降水量基本与现代接近。

（3）距今 12600～11600 年，冷湿，草原植被带。

（4）距今 11600～10800 年，较温暖，温带暖温带针阔混交林，气温和降水量基本与现代接近。

（5）距今 10800～10200 年，较冷湿，疏林草原带。

华北地区也有类似的情况。北京地区气候的变化甚至更为频繁，并且具有突发性的特点。仅在距今 13100～11850 年之间就有五次明显的变冷，一二百年就能够完成一次冷暖交替。

---

[*]　本篇为未完成书稿的一部分。

[1]　徐馨、沈志达：《全新世环境》，贵州人民出版社，1990 年，53 页。

中国幅员辽阔，地形复杂，各地自然环境的变化颇不相同。大致说来，南方纬度较低，气候的变化不那么剧烈；北方纬度较高，气候的变化相对剧烈一些，对人类文化发展的影响也大一些。从旧石器时代向新石器时代的过渡就发生在这一时期。

大约到距今 10000 年以后进入全新世，气温开始稳步回升，但也有若干次的波动。北方地区的标志是板桥侵蚀期的出现。早在 1939 年，瑞典地质学家安特生依据北京西郊清水河中游板桥村所见因流水侵蚀深切更新世晚期黄土和砾石层的现象，提出了板桥期的名称，而为板桥期切割所形成的黄土台地则被称为马兰台地[1]。近年来，周昆叔在全面研究华北地区几个新石器时代早期遗址的地质情况后，认为在全新世的下界的确有一个局部不整合的侵蚀期[2]。距今 8500 或 8000 年至 4000 年为全新世中期，是气候最适宜期，也是新石器时代文化发展的主要时期。

（二）从旧石器时代向新石器时代过渡的不同道路

一般认为从旧石器时代过渡到新石器时代是从全新世开始的，时间不早于 10000 年，而且中间还要经过一个中石器时代[3]。不过西亚的那吐夫文化一般认为属于中石器时代，有时又细分为中石器时代和原新石器时代两个阶段，总体都还是处在更新世末期。只是到距今约 10000 年开始的前陶新石器时代才进入全新世[4]。中国的考古资料似乎比这个年代还要早些。如果按照碳－14 测年提供的数据，中国新石器时代可能开始于公元前 10000 年以前，南方的年代可能还要早些，也就是进入了更新世末期，似乎难以置信。这可能有两方面的原因。一是关于更新世和全新世的分界或全新世的底界至今还没有一致的认识。例如中欧定在距今 10000 年，北美为距今 9000 年，我国东北为距今 10500~10300 年，我国西藏为距今 13000 年[5]。标准本来就不一致。一般地说，低纬度地区进入全新世的年代要相对早些。二是距今 10000 年的底界是国际第四纪委员会于 1932 年年会提出

---

〔1〕 J. G. Andersson, 1939. The Malan Terreces of Northern China, Topographical and Archaeological Studies in the Far East. *The Museum of Far Eastern Antiquities Bulletin*, 11, Stockholm.

〔2〕 周昆叔：《中国北方全新世下界局部不整合——兼论板桥期侵蚀》，《花粉分析与环境考古》，学苑出版社，2002 年。

〔3〕 裴文中、安志敏：《史前考古学》，《中国大百科全书·考古学》，中国大百科全书出版社，1986 年，476~478 页。

〔4〕 O. Bar-Yosef and F. R. Valla, 1991. The Natufian Culture in the Levant. *International Monographs in Prehistory*, Archaeological Series 1.

〔5〕 徐馨、沈志达：《全新世环境》，贵州人民出版社，1990 年，4 页。

来的，那时并没有碳 – 14 测年的方法。50 年代开始用碳 – 14 方法测年。早先以 5568 ± 30 年为半衰期计算，地学界往往沿用，得出的年数较短。中国考古界几乎都以 5730 ± 40 年为半衰期计算，并且还要用树轮年代校正，得出的年数较长。表面上看起来矛盾很大，实际上差距没有那么大。

其次要注意中国各地自然环境的差别，这主要表现在三个方面：一是纬度跨越大，跨越了从热带到寒温带的几个气候带，南北气候和生态环境大不相同；二是经度跨越大，东南距离海洋近，受季候风影响强烈，湿润多雨；西北距海洋远，大陆性气候显著，干旱少雨；三是地形复杂，高原、高山占有很大比例。特别是青藏高原平均海拔约 4500 米，面积 220 多万平方千米，约占全国总面积的四分之一。不但使本来处在亚热带的地方一变而为寒冷的荒原，而且改变了低层行星风带的走向，加大了东亚季风环流的发展，对全国各地的气候都有很大影响。所以从全国范围来说，从晚冰期向冰后期转变的具体情况是很不一致的，对人类文化发展的影响自然也有很大的差别。这就决定了从旧石器时代向新石器时代过渡的途径很不相同[1]。兹依黄河流域、长江流域、岭南地区、东北地区和西部地区作一简略的考察。

1. 黄河流域

黄河发源于青藏高原的巴颜喀拉山北麓，全长 5464 千米，流域面积为 752443 平方千米，位于全国的核心地区。黄河流域的自然环境有三大特点。一是属于中纬度暖温带季风气候，夏季炎热多雨，水热同步。年降水量约 400 ~ 800 毫米，且变率很大，基本上是半湿润至半干旱状态。冬季受极地大陆气团控制，时有寒潮，气候寒冷，1 月平均气温比世界上同纬度的其他地区低 8 ~ 10℃。加上春季干旱且多风沙，大陆性气候的特点比较明显。在更新世末期，这里气候波动剧烈，大部分地方为草原和荒漠草原所覆盖。二是黄土广泛分布。从更新世早期开始，定向的西北风把蒙古高原的沙尘吹向整个华北大地，形成世界上面积最大、堆积最厚和发育最全的黄土。黄土集中的地方在黄土高原，中心地区的堆积厚达 100 ~ 200 米。一般地区也有 50 ~ 100 米。华北平原则主要是从黄土高原冲刷下来的黄土的再造堆积，也有部分风成的黄土堆积。黄土质地疏松，易受侵蚀，土壤发育不良。但在河谷和平原地带土壤比较肥沃，易于耕作。三是黄河的作用。黄河在进入黄土高原后，携带大量的泥沙，成为世界上大河中含沙量最高的河流。可是经过三门峡后地势平缓，大量泥沙沉淀下来，河床不断淤高，河流就不断改道。造成了

---

〔1〕　严文明：《中国史前文化的统一性与多样性》，《文物》1987 年第 3 期。

以郑州西北的沁河口为起点，北至天津，南到淮阴大约 25 万平方千米的冲积平原——华北大平原。

在上述自然环境条件下，在旧石器时代末期及其以后的一个时期，在黄河流域出现了一系列细石器文化遗址。其中包括青海的拉乙亥，陕西的沙苑，山西的夏川、薛关、柿子滩，河南的灵井、大岗、小南海，河北的虎头梁，山东的东贾柏、凤凰岭和黑龙潭等一大批出土细石器的地点。

所谓细石器不仅个体细小，而且在石材选择、制造方法和器物类型上都有显著的特色。细石器选用的材料绝大部分是燧石和石英系统的造岩矿物，包括石英及其变种——纯净透明的水晶，由放射状石英晶体组成的石髓，具有霓虹色彩的玛瑙，质地致密的氧化硅碧石，非晶质的含水氧化硅蛋白石等。一般具有一定的韧性，硬度甚高，常见贝壳状断口，并且有红、黄、灰、褐、白等各种美丽的颜色。

制造细石器常用间接打击法，先将石核打出台面，在台面上垫一木棒或骨棒，再用锤击棒，使冲击力减缓而作用力传递较远，可以打出较长的石片。石核因为被反复剥离，往往形成多棱的圆锥形、扁锥形或楔形。少数石核事先做成相对的两个台面，反复剥离之后便成了多棱柱形。剥离下来的石叶有时直接用于刮削或切割，有的还要进行第二步加工。用直接打击法加工的疤痕深而短，多用于制造尖状器、钻或刀类的刃片；用压削法加工的疤痕浅而长，多用于制造刮削器和箭头等，也制造刀、矛之类的刃片。

细石器最早发现于欧洲，一般认为属于中石器时代。其特点是将石叶折断，成为半月形、梯形和三角形等几何形状，用作镶嵌的复合工具[1]。后来在北亚、中亚、西亚、东亚、北非和美洲也颇流行。不过中国、北亚、日本和美洲的细石器往往以细长石叶为特征，而不进一步改制成半月形、三角形等几何形状，与欧洲等地的细石器显著不同，应属于两个不同的系统[2]。

中国的细石器过去多发现于长城以北的东北、内蒙古和新疆等地，有时与陶器共存，一般认为属于中石器时代和新石器时代，且以后者为多，反映狩猎—畜牧经济比较发达[3]。长城以南应该是农业经济区，所以不见细石器。然而从 20 世纪 50 年代起，黄河流域陆续发现了许多细石器遗址，年代多在旧石器时代晚期

〔1〕 B. Oramsch，1981. *Mesolithikum in Europa*，Berlin.

〔2〕 贾兰坡：《中国细石器的特征和它的传统、起源与分布》，《古脊椎动物与古人类》1978 年第 16 卷第 2 期。

〔3〕 裴文中：《中国细石器文化概说》，《燕京学报》第 33 期，1947 年。

之末或中石器时代，从而大大改变了人们对我国细石器文化遗存的认识。其中影响最大的是下川遗址群的发现。

下川在山西南部的沁水县，遗址在一个山间小盆地周围的二级阶地上，有十多处，是一个细石器遗址群[1]。下川有两个文化层，下层为微红色亚黏土，属晚更新世晚期早段，上层为灰褐色亚黏土，属晚更新世晚期晚段，碳 - 14 测年为距今 23000～16000 年。而细石器主要出自上层的上中部，因此年代应该在 2 万年以内。下川的细石器大部分以优质的黑色燧石打制而成，剥片方法有锤击法和间接打击法，修理则均用间接打击法。石核有锥形、楔形和柱形等多种，石叶长而薄，数量极多。细石器类型有端刮器、刮削器、尖状器、琢背小刀和石镞等。此外还有石锤、砺石和石磨盘等。

在山西南部，除下川外还有蒲县薛关和吉县柿子滩等一大批遗址，文化特征均与下川相同或相似。其中薛关遗址碳 - 14 测年为距今 13550 ± 150 年，柿子滩碳 - 14测年为距今 2 万至 1 万多年[2]。

陕西省主要有渭河下游的沙苑遗址群，那里发现有 15 个石器地点，采集到细石器和石片等 3000 余件。发现者认为属于中石器时代至新石器时代早期[3]。

河南许昌灵井遗址是在挖蓄水池时发现的，大量的细石器存在于深至 10 米的粉砂土层中，还有一些人骨和动物骨骼[4]。灵井和沙苑的石器有许多类似之处，如细石器的个体都比较小，多为一面加工；石核都以锥形为主，很少有细长石叶，而刮削器种类和数量都很多，有的形状也很相似，说明两者在文化上有一定的联系。但沙苑有较为进步的石镞，压削法的技术比较成熟，也许灵井比沙苑的年代稍微早些。河南舞阳大岗的细石器遗存也以燧石为主要原料，有楔形、半锥形和船底形石核，石器加工精致，有各种刮削器、尖状器和琢背小刀等，细石叶也较多，还有一件磨刃石片[5]。总体特征与山西柿子滩和薛关等处相近，年代也应该不相上下。值得注意的是大岗的细石器被叠压于新石器时代中期的裴李岗文化

〔1〕　王建、王向前、陈哲英：《下川文化——山西下川遗址调查报告》，《考古学报》1978年第 3 期。

〔2〕　山西省临汾行署文化局：《山西吉县柿子滩中石器文化遗存》，《考古学报》1989 年第 3 期。

〔3〕　安志敏、吴汝祚：《陕西朝邑大荔沙苑地区的石器时代遗存》，《考古学报》1957 年第 3 期。

〔4〕　周国兴：《河南许昌灵井的石器时代遗存》，《考古》1974 年第 2 期。

〔5〕　张居中、李占扬：《河南舞阳大岗细石器地点发掘报告》，《人类学学报》1996 年第 15 卷第 2 期。

遗存之下，二者在文化特征上没有任何相似或承袭演变的关系。说明二者在年代上可能有较大距离，同时由于气候的剧烈变动，所处生态环境也已经大不相同。至于安阳小南海则是在黄河流域发现含细石器遗存的唯一的洞穴遗址[1]。洞穴堆积共分7层，下部第6层距今24000年左右，上部第2~3层距今约11000年。上下的石器和动物化石没有明显的差别。动物群反映的是森林—草原的生态环境。各层出土石制品数以万计，多系打剩下来的废品，真正的石器很少，可能是制作石器的场所。

河北的细石器遗址主要发现于泥河湾盆地的虎头梁和簸箕滩等地，这里已经是华北地区的北部，属于海河水系。不过黄河也曾经夺海河入海，所以也未尝不可以算是广义的黄河流域。虎头梁有一个细石器遗址群，发现石制品数以万计[2]。细石器多楔形和柱形石核，有各种形状的端刮器、边刮器和雕刻器等，还有用贝壳、鸵鸟蛋壳和鸟骨制成的装饰品。在73101地点还发现了三个“灶坑”，同出有许多木炭粒、烧骨和少量石器，有的坑中还有穿孔贝壳和赤铁矿块。近旁则散布大量的石片、石片碎屑和细石器等，与欧洲旧石器时代晚期狩猎文化的短期营地十分相似。

山东的细石器遗址发现较晚，但数量很多，有100多处，主要分布在东南部的沂沭流域和西南部的汶泗流域，前者更向南伸展到了江苏北部[3]。比较重要的遗址有临沂凤凰岭、青峰岭和郯城黑龙潭等处，前者经过清理，发现有烧火坑等遗迹现象，后两处进行过正式发掘，有明确的地层关系。黑龙潭有两个文化层，上层出细石器，下层出一般性打制石器。下层的碳-14年代为距今22450±520年，上层最多也只有1万多年。山东细石器多用遗址附近的砾石，有的以燧石为主，有的以石英、玛瑙等为主。石核以船底形为主，也有锥形、楔形和柱形的，长石叶少见，以各种刮削器为主，还有尖状器、雕刻器和箭镞等，与山西、河北等地的细石器相比显得不那么精致。

黄河流域在晚更新世之末普遍出现细石器说明那时气候干冷多变，广大地区为疏林草原所覆盖。人们以猎捕小型动物为生，同时采集某些植物性食物。居住地难以固定，但也不是漫无边际地游荡。往往在一个小区内来回活动，从而形成

〔1〕安志敏：《河南安阳小南海旧石器时代洞穴堆积的试掘》，《考古学报》1965年第1期。

〔2〕盖培、卫奇：《虎头梁旧石器时代晚期遗址的发现》，《古脊椎动物与古人类》1977年第15卷第4期。

〔3〕山东省文物考古研究所：《山东20世纪的考古发现和研究》第二章《细石器遗存》，科学出版社，2005年。

一个个的细石器遗址群。这有利于人们对当地各种动植物的习性加深认识，为往后选择某些动植物进行驯化奠定基础。

前面谈到黄河流域因受季风影响，冬季漫长而寒冷。食物的匮乏会促使人们寻找那些既便于种植又易于储藏的可食用植物，一年生禾本科植物是最容易种植的，在黄河流域勉强可食用的禾本科植物的种子只有野生黍和狗尾草。当进入全新世气候稍稍变温暖湿润（还只是半湿润半干燥状态），人们就会留意培养和种植野生黍和狗尾草，使之逐步驯化为黍和粟，并逐步发展为以种植黍、粟为主的旱地农业。伴随着旱地农业的产生必定会发明能够炊煮食物的陶器，还有能够收割和加工谷物的磨制石器，这样便进入了考古学上的新石器时代。只是这个转变的关键时期的资料至今还十分缺乏，因而在黄河流域从旧石器时代向新石器时代过渡的具体情况还不甚清楚。

2. 长江流域

长江位于黄河之南，是我国第一大河，全长6300千米，流域面积1807199平方千米。长江流域大部分位于北纬25°～34°之间，按照一般规律应该属于副热带高压控制的干旱气候。但是由于青藏高原的隆起导致行星风系的改变，使这里成为湿润的亚热带季风气候，冬冷夏热，四季分明，年降水量约为1000～1600毫米，个别地方可达2000毫米以上，且季节分配比较均匀，是全球同纬度气候条件最好的地区。长江支流特别发达，水量丰沛，其流量几乎是黄河的20倍。中下游地区水网密布，湖泊星罗棋布，中国的五大淡水湖鄱阳湖、洞庭湖、太湖、洪泽湖和巢湖都在长江流域，所以水产资源十分丰富，水上交通也十分便利。本区有肥沃的长江中下游平原，水热条件都很优越，适宜于种植水稻等农作物，历来是我国农业和多种经济最发达的地区。

3. 岭南地区

岭南地区位于我国最南部分，年平均气温超过20℃，年降水量约1400～2000毫米，是一个高温多雨、四季常绿的热带—南亚热带区域，自然资源十分丰富。本区海岸线特长，且多岛屿，水上交通便利，但是夏季易受台风侵袭。陆地多山而平地较少，所以农业发展滞后，而海外贸易开展较早且是比较发达的。

西南地区气候条件与华中地区相近，而且同属于长江流域，只是地势较高，大部分位于长江的上游。本区多山而少有平地，交通多有不便；自然资源虽然丰富却难以发展大规模农业，所以人口分散而民族复杂，民族文化多姿多彩而经济相对滞后。

4. 东北地区

东北地区不但纬度高，而且正北面不远便是号称世界上最冷的寒极维尔霍扬斯克，冬季受西伯利亚和蒙古高压气团的控制，气候严寒，比世界上同纬度的其他地区平均低10℃左右。在盛冰期这里是冻原和苔原，以后虽然逐渐变暖但还是偏低，部分地区还存在冻原。直到全新世早期仍然残留着猛犸象和披毛犀等冰河时期的动物[1]。由于气温低，蒸发微弱，降水量适中，所以植被多为冷湿性森林与草甸草原，是发展狩猎和采集经济的好地方。从旧石器时代向新石器时代过渡的时间比较晚，在经济上也没有明显的变化，只是人们活动的地方从山麓向平原伸展，为适应捕猎小动物而发展了细石器工业。

5. 西部地区[2]

不论各地气候有多么大的差别，在全新世到来之后都趋向于变得温暖湿润或更加炎热潮湿，天然食物和其他生活资源更加丰富，史前文化在这种条件下容易得到较快的发展，从而先后进入了一个崭新的时代——新石器时代。

二　北方的新石器时代早期文化

（一）原新石器时代文化遗存

我国中石器时代文化的研究起步虽然比较早，但至今发现的遗址数目还是很少，经过科学发掘的遗址更少。多数层位不清，年代不易确定，甚至是不是属于中石器时代都还存在着不同的看法。至于原新石器时代和新石器时代早期的分界也是很难确定的，这里只能作一些简单的介绍。

在北方，包括华北和东北地区在内，可能属于原新石器时代的遗址有陕西朝邑和大荔之间的沙苑、河南许昌灵井、山东沂源凤凰岭、河北阳原虎头梁、内蒙古呼伦贝尔盟的扎赉诺尔、松山和黑龙江哈尔滨郊区的顾乡屯等处。

虎头梁遗址，位于河北阳原县泥河湾盆地，有大量的细石器，同时出土有平底素面的陶器残片，年代约为公元前一万二三千年，是中国北方最早的陶器，也

---

〔1〕　石彦蔚：《扎赉诺尔附近木质标本的 C[14] 年代测定及其地质意义》，《古脊椎动物与古人类》1978 年第 16 卷第 2 期。

〔2〕　编者注：此部分内容作者未写完，只列了题目。

是北方原新石器时代遗址中唯一出土陶器的地方。

扎赉诺尔遗址，位于呼伦贝尔满洲里附近的呼伦湖边，从 20 世纪初起因采褐煤而发现了许多动物化石，以后又陆续发现了许多石器和骨器[1]。1933 年发现的第一号人头骨化石为女性，1944 年发现的第二号人头骨化石为男性，生前曾经过人工缠头而发生变形，顶骨被压得很低矮；后来又发现一块下颌骨和肢骨。1973 年以来又陆续发现 6 个人头骨化石[2]。所有人骨均为圆头型，体质特征属于蒙古大人种。对于扎赉诺尔的年代曾经有旧石器时代、中石器时代和新石器时代等种种说法，有人怀疑那里的遗物是否属于同一时代。后来的调查证实在东露天矿深约 8 米的细砂层底部有人头骨化石、动物化石、石器和骨器共存，基本上是同一时代的。石器中以细石器为主，也有个别磨制石锤和穿孔角锤，骨器中有锥、刀梗和鱼镖等，动物化石中虽然有披毛犀，考虑到那里纬度较高，披毛犀可能到全新世早期才逐渐灭绝。因而扎赉诺尔的考古学年代还应该属于中石器时代或原新石器时代。根据东露天矿第 5 层顶部木质标本的碳 – 14 年代测定，为公元前 9850 ± 230 年[3]，如果加上适当的校正当在公元前 10000 年以上。

松山遗址群，位于内蒙古海拉尔市西郊一片固定沙丘上，因有松林而名曰松山。1928 年东省文物研究会曾发现 8 处地点有细石器遗存，1956 和 1962 年两次调查又发现了 16 个地点，采集到许多细石器等遗物[4]。由于定向风的作用，沙丘被吹出许多椭圆形的沙窝子。从沙窝边缘的剖面可以看出，在更新世沙层之上覆盖着一层含腐殖质的红褐色沙土，其中出土细石器等遗物。细石器石核多为扁体的船底形和楔形等，也有圆锥形和圆柱形的。石叶甚多，一般长 2 厘米，很少有第二步加工。器类有刮削器、尖状器、雕刻器，箭头只见到一件，为平底三角形。与细石器同出的还有一些大型打制石器，包括石斧、砍砸器和刮削器等。

顾乡屯遗址，位于哈尔滨郊区的温泉河谷，早年因为取土烧砖而发现许多动

〔1〕 赤堀英三：《北满ヂャリノール遗迹出土の新资料》，《人类学杂志》第 54 卷第 3 期，1939 年。

〔2〕 黑龙江省博物馆、黑龙江文物考古工作队：《黑龙江文物考古三十年主要收获》，《文物考古工作三十年》，文物出版社，1979 年，113 页。

〔3〕 石彦蔚：《扎赉诺尔附近木质标本的 C¹⁴ 年代测定及其地质意义》，《古脊椎动物与古人类》1978 年第 16 卷第 2 期。该文中的碳 – 14 年代系依半衰期 5568 年计算的，本书改以半衰期 5730 年计算。

〔4〕 安志敏：《海拉尔的中石器遗存》，《考古学报》1978 年第 3 期。

物化石。1931～1938 年曾经进行过 7 次发掘[1]。这里的动物化石与扎赉诺尔的基本相同，文化遗物也很相似，曾经被合称为扎赉文化。这里出土的细石器中不少有很好的第二步加工，还有典型的船底形石核。同出的骨器有凿和锥等。

北方原新石器文化的共同特征：上述各遗址的共同特征是有大量细石器，同时有不少普通打制石器。经济上以狩猎和采集为主，未见农业痕迹；个别遗址已出现陶器，表现为从旧石器时代到新石器时代的过渡状态。

（二）早期新石器时代文化遗存

北方早期新石器时代文化遗存发现甚少，目前还只有河北徐水南庄头[2]、北京怀柔转年[3]和门头沟东胡林等少数几处。南庄头遗址位于古沼泽的边缘，上面有黑色的泥炭层，底部是较薄的文化层，估计面积有 2 万平方米，但断断续续不相连接。遗迹有小灰沟和烧火堆等，其中或附近有大量被烧过的树枝、树皮、木棍、动物骨骼、木炭和灰烬等。出土石器主要有磨盘和磨棒，其余是打制的刮削器等。还有骨锥、角锥和角叉等。动物骨骼中有狼、狗、猪、麋鹿、斑鹿、马鹿、麝和鹤等，还有珠蚌、中华原田螺，以及菱角和其他植物种子。估计当时的经济是以采集和狩猎为主，可能已有农业的萌芽。两次发掘共出土陶片 60 余块，有夹砂灰陶和粗泥黄褐陶两种。夹砂灰陶中掺蚌壳末和石英砂，多平底筒形罐，颈部常饰一道附加堆纹，上腹往往有很浅的细绳纹，下腹有烧烤痕迹，当为炊器。粗泥黄褐陶多为碗钵之类，素面无纹，当为饮食器。南庄头遗址的年代，经碳－14 测定多数落在公元前 8865±140 至前 7860±100 年之间，若是经过校正还可以适当提前一些。

三　南方的新石器时代早期文化

（一）原新石器时代文化遗存

1. 地理环境

长江以南的广东、广西以及江西、湖南、贵州等省区的部分地区，喀斯特地

〔1〕　V. V. Ponosov, 1937. Stone Implements from Kuhsiantung, *Bulletin of the Institute of Scientific Research*, Vol. 1, No. 3, pp. 7－11.

〔2〕　保定地区文物管理所、徐水县文物管理所、北京大学考古系等：《河北徐水县南庄头遗址试掘简报》，《考古》1992 年第 11 期。

〔3〕　郁金城、李超荣、杨学林等：《北京转年新石器时代早期遗址的发现》，《北京文博》1998 年第 3 期。

形非常发达，有许多石灰岩山洞，人们不难从中选择适合自己居住的处所，因此
从旧石器时代到新石器时代都有许多洞穴遗址。一般来说，较早的遗址相对较高，
年代越晚离地面越近。相对高程在 15 米以下的溶洞或地面洞穴遗址，发现有贝壳
堆积的，大多属于新石器时代甚至延续到更晚的时期。

（未完稿。以下仅列出目录）